Melitta Walter

ELTERN SEIN
heute

Ein Mutmachbuch
für eine
abenteuerliche
Lebensform

Kösel

Für Bernd,
der meine weibliche Sicht aufs Leben
durch seine männliche bereichert.

Verlagsgruppe Random House FSC-DEU-0100
Das für dieses Buch verwendete FSC®-zertifizierte Papier
Classic 95 liefert Stora Enso, Finnland.

Copyright © 2011 Kösel-Verlag, München,
in der Verlagsgruppe Random House GmbH
Umschlag: fuchs_design, München
Umschlagmotiv: iStockphoto/Ivanastar
Druck und Bindung: GGP Media GmbH, Pößneck
Printed in Germany
ISBN 978-3-466-30864-4

Weitere Informationen zu diesem Buch und unserem gesamten lieferbaren
Programm finden Sie unter
www.koesel.de

Inhalt

Ich wünsche mir eine glückliche Familie oder: Familiäre Wirklichkeiten ... **53**

Die »gute« Mutter – eine ernüchternde Bestandsaufnahme ... **96**

Mutter oder Vater werden –
das Normalste der Welt?!

>*Was die Menschen zu wollen meinen und was sie wirklich*
brauchen, muss nicht unbedingt dasselbe sein.
Da kommen dann diese ›absichtlichen Unfälle‹ ins Spiel.
Die Kräfte der Natur scheren sich nicht um unsere halbgaren
Vorstellungen über unser Leben. Leben ist das,
was mit uns passiert, während wir etwas ganz anderes planen.«[1]

Eine Frau kann etwa 35 Jahre ihres Lebens lang schwanger werden – ein Mann ist bis ins hohe Alter fähig, Kinder zu zeugen. Für
eine Frau bedeuten diese Jahrzehnte der Fruchtbarkeit vielleicht
mehrmals Angst vor einer ungewollten Schwangerschaft oder
wiederholte Enttäuschung, weil es mit dem Schwangerwerden
wieder nicht geklappt hat. Für einen Mann bedeutet diese lange
Zeitspanne der Zeugungsfähigkeit eher eine beruhigende Bestäti-
gung seiner Potenz.

Das Thema hat viele Facetten: Ist die Schwangerschaft gewollt,
ungewollt, geplant, ungeplant? Frauen sind nah dran, heißt es;
sind Männer weit weg?

Liegt es nur an der Biologie, dass Frauen sich so stark mit der
Möglichkeit, Mutter zu werden, beschäftigen (müssen), während
Männer im Normalfall von ihrer möglichen Vaterschaft viel weniger in Anspruch genommen werden? Inwieweit ist dieses Ungleichgewicht naturgegeben und damit unausweichlich oder sozial geprägt und damit veränderbar?

9

Heute stürzen viele Frauen und Männer in die Planungsfalle: Wann ist der ideale Zeitpunkt, um ein Kind in die Paarbeziehung aufzunehmen? Es ist jedoch ein Irrglaube, zu meinen, dass der Wunsch nach einem Kind auch automatisch zur Schwangerschaft führt.

»Das ist doch ungerecht«, klagt eine 38-Jährige, die seit vier Jahren schwanger werden will: »Die einen kriegen einfach Kinder und wollen sie eigentlich nicht und wir wollen so gern und es klappt einfach nicht!« Wenn der Wunsch nach einem Kind so stark wird, dass Sexualität nichts mehr mit Lust, sondern nur noch mit dem Eisprungdatum zu tun hat, reißt vielleicht der Gesprächsfaden zwischen dem Paar ab und der unerfüllte Kinderwunsch wird als ständige Bedrohung der eigenen Identität erlebt.

Im Film geht das Schwangerwerden manchmal wie von selbst. Dazu fällt mir zum Beispiel der Film *Antonias Welt* der niederländischen Regisseurin Marleen Gorris aus dem Jahre 1995 ein. Ein Frauenfilm, in dem es an Deutlichkeit nicht fehlt. Darin eröffnet eine Tochter ihrer Mutter, dass sie zwar gern ein Kind, aber keinen Mann an ihrer Seite haben wolle. Mutter und Tochter fahren also in die Stadt, um nach einem geeigneten jungen Mann Ausschau zu halten. Den finden sie auch, die Tochter verbringt einige Stunden mit ihm in einem Hotel, dann verschwinden Tochter und Mutter wieder. Die Tochter ist schwanger und bekommt ein Mädchen. Dieses Kind wird von den Frauen aufgezogen, vom Vater ist nie die Rede. In diesem Film werden uns Großmutter, Tochter, Enkelin als mögliche Vorbilder angeboten. Alle drei wissen, was sie wollen, und setzen ihre Wünsche zeitnah in die Tat um.

Was aber, wenn sich eine Frau wirklich so eindeutig artikuliert? Dann verhält sie sich »nicht ihrer Natur entsprechend ...«. Denn vom weiblichen Geschlecht wird immer noch erwartet, dass es die eigenen Bedürfnisse zurücksteckt, sich emotional verhält, geduldig ist, sich anpasst und sich aufopfert.

Aber dem männlichen Geschlecht ergeht es in seiner Gesamtheit nicht besser: Vom Mann wird erwartet, dass er logisch denkt, entscheidungsfreudig ist und keine Schwächen zeigt.

Vielleicht widersprechen Sie jetzt: Aber heute ist das doch gar nicht mehr so, da haben Frauen doch alle Freiheiten der Welt und Männer dürfen doch auch Schwächen zeigen …!

Es stimmt, im Laufe der letzten 50 Jahre widersetzten sich beide Geschlechter zunehmend starrer Rollenzuschreibungen. Die etablierten »Gesetzmäßigkeiten« haben Sprünge bekommen: Junge Frauen wollen heute über ihren Lebensweg und auch über das Ja oder Nein zum eigenen Kind selbst bestimmen; junge Männer bekennen sich zunehmend zu ihren emotionalen Seiten und Bedürfnissen und wollen sich auch als Vater im Alltag erleben. Das heißt, Frauen und Männer haben sich zu sehr wandelbaren Menschen weiterentwickelt. Erst einmal werden Wünsche realisiert, die beeinflussbar sind. Realitätstüchtig sozusagen.

Versicherungsagenturen versprechen die »große Freiheit«, private Krankenkassen stehen für »alle Risiken« gerade, Wirtschaftsbosse versprechen Wunder … Aber was passiert, wenn die Natur sich einfach über all diese schier endlosen Möglichkeiten der Einflussnahme hinwegsetzt?

Am Anfang war doch alles so wunderbar stimmig …

Eine Frau und ein Mann verlieben sich ineinander. Sie werden ein Paar. Am Anfang nehmen sie sich ganz viel Zeit füreinander, sehen im Gegenüber die perfekte Ergänzung des eigenen Ichs. Irgendwann verwandeln sich Prinzessin und Prinz dann in ganz normale Menschen mit Ecken und Kanten. Es entstehen erste Fremdheitsgefühle. Im Alltag geht dem Paar die Lust, die Neugierde aufeinander, die Begeisterungsfähigkeit füreinander verloren: »Irgendwie ist da gar nichts mehr, was prickelnd ist.«

Beide sind so sehr mit ihren eigenen Alltagsnotwendigkeiten beschäftigt, dass sie die Fähigkeit verlieren, die Gedanken und Gefühle des anderen wahrzunehmen. Eine fatale Entwicklung. Wenn wir bedenken, dass wir unsere Autos regelmäßig zur Wartung geben, damit kleine Mängel sofort behoben werden, dann ist die geringe Aufmerksamkeit, die wir der Paarbeziehung schenken, schon bedenklich.

Wenn sich im Alltag eine solche Eigendynamik entwickelt, ist erst einmal Schluss mit dem Traum vom harmonischen Familienleben. Solange Paare kinderlos miteinander leben, gibt es eine schnell umsetzbare Lösung: »Wenn nichts mehr geht, trennen wir uns halt.« Aber vielleicht denken sie auch: »Ein bisschen geht es doch noch …« Das Zusammenleben wird »sich schon wieder einspielen«, und bei vielen Paaren im Freundeskreis »sieht's ja noch schlimmer aus«.

Was hat diese Paarbeschreibung ohne Kinder mit Müttern und Vätern zu tun? Sehr häufig bekommen Paare ein ernsthaftes Problem, sobald das erste Kind unterwegs ist: Die Frau ist plötzlich schwanger, oft ungeplant, überraschend. Bisher unausgesprochene Konflikte – die das kinderlose Paar bisher ignoriert hat – drängen in den Vordergrund.

»Wir Frauen kennen das doch: Wir ziehen uns in die Hausarbeit zurück, weil wir keinen Nerv zum Streiten haben. Da wird weggeputzt, was besprochen werden sollte«, bringt es eine schwangere Frau auf den Punkt. »Sollen wir jetzt den ganzen Schmutz wieder vorholen, um zu entscheiden, ob wir gemeinsam ein Kind aufziehen können?«

Gefühle emotionaler Verletzung, Trauer, Enttäuschung und Wut brechen sich Bahn. Das Trennende ist leicht zu benennen, das Verbindende dagegen scheint nicht mehr greifbar.

»In 15 Minuten kann sich die Welt verändern«, so der Slogan eines Nachrichtensenders. Aber schon innerhalb einer Sekunde, nämlich durch die Verschmelzung von Samenzelle und Eizelle, verändert sich für eine Frau und für einen Mann die Welt. Durch den Akt der Zeugung eines Kindes stellen sich für die potenziellen Eltern viele Fragen: Will ich, wollen wir das Kind oder nicht? Wie werde ich mich als Mutter mit diesem Mann als Vater fühlen? Werden oder können wir den Lebensweg mit der vollen Verantwortung für ein Kind gemeinsamen meistern?

Die Gedanken rasen, das bisherige Selbstverständnis ist infrage gestellt, ist doch nicht voraussehbar, ob sich die heimlichen individuellen Sehnsüchte und Lebensträume in einer verantwortlichen Elternschaft realisieren lassen, ob sich die Konsequenzen einer so tief gehenden Veränderung der Lebenssituation überhaupt bewältigen lassen.

Test positiv! Macht und Ohnmacht liegen nah beieinander

Wenn eine Frau feststellt, dass ihre Periode sich verspätet, ist der Gang in die Apotheke unvermeidbar. Diese Situation, in der die Luft angehalten wird, die Zeit fast stehen zu bleiben scheint, haben wir oftmals schon in Filmen gesehen, in Romanen beschrieben gelesen: die Frau allein im Bad auf dem Toilettendeckel sitzend, auf den Stick des Schwangerschaftstests starrend. Und das Ergebnis »schwanger« schlägt wie ein Blitz ein, der entweder diesen Moment und die Zukunft in warmes Licht taucht oder aber alle Hoffnungen und Lebenspläne zunichtezumachen scheint.

»Hoppla, dachte ich, das wird einen totalen Bruch mit dem mir so lieb gewonnenen Ablauf meines bisherigen Lebens bedeuten«, erinnert sich eine 36-jährige Frau an den ersten Gedanken nach dem positiven Testergebnis.

Seit Jahrzehnten führe ich Gespräche mit Frauen, die ungeplant oder ungewollt schwanger geworden sind. Mal hatten sie sich eigentlich für ein Leben ohne eigene Kinder entschieden, mal hatten sie aktuell andere Lebensschwerpunkte gesetzt. Mal wollten sie sich sowieso schon vom aktuellen Partner trennen, mal entstand die Schwangerschaft durch einem Moment sexueller Lust ohne Gedanken an mögliche Konsequenzen. Und schwupp, sind Frauen schwanger geworden, haben Männer ein Kind gezeugt. »Ich kenne den Mann doch kaum, ich will doch gar keine ernsthafte Beziehung zu ihm …« Oder die männliche Variante: »Also, sie ist eine Zufallsbekanntschaft, hat sich nach dem Klubbesuch halt so ergeben, dass wir im Bett landeten.«

Lassen Sie mich ohne erhobenen Zeigefinger einfach registrieren: Diese Konstellation kommt in den besten Familien vor. Bedeutet diese unerwartete Schwangerschaft nun aber, sich zusammenzuraufen, gar heiraten zu müssen, wie es in der Elterngeneration erwartet wurde?

Die mögliche Entscheidung für einen Schwangerschaftsabbruch bedeutet nicht automatisch, dass diese Frau, dieser Mann niemals eigene Kinder aufziehen wollen. Mal haben sie schon ein Kind, mal werden sie einige Jahre später gezielt Eltern, vielleicht auch mit einem anderen Partner, einer anderen Partnerin. Es geht also nicht ausschließlich um ein Entweder-oder, sondern auch um jetzt oder später.

Ich sprach mit Frauen, die an der Grenze ihrer körperlichen und emotionalen Belastbarkeit durch schon vorhandene Kinder angelangt waren: »Noch eins mehr, und ich breche zusammen.« Ihnen mit dem »Wunder des werdenden Lebens« zu kommen, wird dann als blanke Ironie empfunden. Auch Väter, die mit Mitte 40 ihren Arbeitsplatz verlieren, die befürchten, nie mehr ein sicheres und für die schon bestehende Familie ausreichendes

Einkommen nach Hause bringen zu können, sehen das Nein zur erneuten Schwangerschaft als Verantwortung den schon vorhandenen Kindern gegenüber: »Wir haben schon zwei Mäuler zu stopfen, mehr ist finanziell nicht drin.«

In Konstellationen, in denen die emotionalen und körperlichen Kräfte verbraucht sind und das Geld nur zum Nötigsten reicht, ist immer Vorsicht geboten mit guten Ratschlägen. Schnell dahin geworfene Sätze wie »Du schaffst das schon!« oder »Andere haben es doch auch geschafft ...« helfen den Betroffenen gar nicht. Entscheiden müssen die Frauen und Männer immer selbst.

Wie geht es weiter, wenn sich die Frau nicht sicher ist, wenn sie einfach kein Kind in ihren Alltag, in ihre Zukunftsplanung hineinlassen will oder kann? Dann muss sie, um einen legalen Schwangerschaftsabbruch durchführen lassen zu können, einen Beratungstermin bei einer Schwangerschafts-Konfliktberatungsstelle in Anspruch nehmen. Sie wird dort gefragt: Sind wirklich alle Möglichkeiten durchdacht? Gibt es Hilfestellungen, von denen die Frau nichts wusste? Oder braucht es einfach nur ein ausführliches Gespräch, um das Für und Wider in Worte zu fassen? Nicht jede Schwangere hat das passende soziale Umfeld für ein so intimes Gespräch. Viele Frauen wollen auch einfach nicht, dass ihr Umfeld überhaupt von dieser Schwangerschaft erfährt, nicht einmal der eigene Partner.

Der schwangere Mann

Auch wenn der Partner während des Beratungsgesprächs nicht anwesend ist, spielt er eine nicht zu unterschätzende Rolle. Frauen sprechen über ihn, sie interpretieren aufgrund ihrer vermeintlichen Kenntnis seine Reaktion auf die Eröffnung der Schwangerschaft: Das wird ihm gar nicht gefallen, er wird eine Krise kriegen, als Vater ist er gänzlich ungeeignet, nie werde ich mich auf ihn verlassen können, er hat doch schon ein Kind …

Fatal ist, dass immer noch viele Frauen wie selbstverständlich davon ausgehen, dass sie die Entscheidung für oder gegen das Kind allein fällen müssen.

Doch halt: All die vielen Paare, die sich über einen positiven Schwangerschaftstest wahnsinnig freuen, sollen an dieser Stelle nicht vergessen werden. Sie nehmen kein Konfliktgespräch in Anspruch, denn sie sind sich einig und willens, die besten Eltern der Welt zu werden! Von ihnen wird in diesem Buch hauptsächlich die Rede sein. Im Moment aber sehen wir uns noch die beschriebene Konfliktsituation genauer an, denn hier werden die Weichen gestellt für oder gegen Mutter- und Vaterschaft.

Entspricht es noch den Tatsachen, dass Frauen annehmen, der Partner empfinde eine Vaterschaft als »Druckfehler in seinem Lebenslauf«? Spielen Männer heute noch die Rolle des Passiven, des Unbeholfenen, der lieber die Frau allein entscheiden lässt? Männer waren lange Zeit nicht an diesen Ja- oder Nein-Entscheidungen – die immer unter immensem Zeitdruck stehen – beteiligt; dies war eben Frauensache.

Wenn eine Frau dem Mann mitteilen will, dass sie schwanger ist: Welchen Augenblick wählt sie? Ein Ratgeber für Väter mit der Zielgruppe Fußballfans beschreibt diesen Moment so:

»Meistens fängt es so an: Sie kommen nach Hause und stellen schon beim Essen fest, Ihre Frau hat irgendetwas auf dem Herzen, schwankt zwischen Euphorie und Depression. Als guter Ehemann lassen Sie sich aber nichts anmerken, greifen wie gewohnt nach der Zeitung, und als Sie gerade mit dem Sportteil begonnen haben, sagt sie: Schatz, ich bin schwanger. Wenn der erste Überschwang der Freude vorbei ist, gehen Sie ins Bad, und tatsächlich, da steht eine Packung mit diesen Stäbchen, die sich verfärben. Kontrolle hat noch nie geschadet. Ein Schwangerschaftstest.

Ziemlich sicher. Es ist also wahr. Das, lieber werdender Vater, ist natürlich zunächst ein Schock. Sogar ein schwerer Schock. Vergleichbar etwa mit einer WM-Gruppenauslosung, bei der Deutschland für die Vorrunde Brasilien, Argentinien und Italien zugelost bekäme.«[2]

Diese Darstellung – von Mann zu Mann sozusagen – amüsiert mich, ist sie doch so ganz anders, als Frauen die gleiche Situation beschreiben.

Aber fernab von Comedy: Wie ergeht es Männern wirklich, wenn sie erfahren, dass sie ein Kind gezeugt haben? Greift ein Mann zum Telefon, um diese Neuigkeit seinem Freund mitzuteilen und darüber zu reden? Wird seine erste, spontane Reaktion auf die Mitteilung »Du, ich bin schwanger von dir …« entscheidend sein für den weiteren Verlauf der Beziehung? Wird aus (möglichem) Erschrecken Akzeptanz und sogar Freude?

Begleiten Sie mich zurück in die 1970er-Jahre. Ich beriet damals Frauen, die ungewollt/ungeplant schwanger waren. Wie selbstverständlich ging auch ich davon aus, dass die Alternative »Kind – ja oder nein« eine Entscheidung der Frau ist.

Männer kamen sehr selten mit zu den Beratungsgesprächen, sie wirkten unsicher, inaktiv. Im Nachhinein kann ich diese Unbeholfenheit der Männer nachvollziehen. Die Ausgestaltung der Beratungsräume signalisierte zum Beispiel durch Plakate: Hier wird »von Frau zu Frau« gesprochen.

Meine Wahrnehmung der Männer in diesen Räumen veränderte sich erst 1982. Da trat ein junger Mann mir fast die Tür zum Beratungszimmer ein. Drinnen saß ich mit seiner Freundin. Er wollte auch angehört werden. Dieser Mann war 32 Jahre alt, arbeitete als Verkäufer in einem Schallplattenladen. Das Paar lebte seit drei Jahren in einer kleinen Wohnung. Die Freundin stand kurz vor dem Examen und wollte kein Kind, »jedenfalls jetzt noch nicht …«, er aber wollte das Kind, »jetzt – denn irgendetwas wird immer sein, das nicht ganz passt«. Er war mit drei Geschwistern aufgewachsen, hatte ein durchweg positives Gefühl einer Vaterschaft gegenüber.

Wozu auch immer dieser Mann bereit war: einen Liebesbrief zu schreiben, einen großen Blumenstrauß auf den Küchentisch zu stellen, in einem notariell beglaubigten Vertrag zuzusichern, dass er sich intensiv um das Kind kümmern wird – nichts half: »Der Test war positiv und von dem Moment an waren wir nicht mehr Frau und Mann, nicht mehr ein Liebespaar. Wir standen uns sprachlos gegenüber, ich ohnmächtig, sie kriegerisch …«, so beschrieb dieser Mann die Situation. Die Frau entschied sich gegen das Kind, dieses Paar trennte sich zeitnah.

Noch einmal zurück zu den Männern als Gesamtgeschlecht: Was denken sie, was fühlen sie? Haben sie Freunde, mit denen sie über den Moment der Erkenntnis »Ich werde (vielleicht) Vater« reden können, zum Beispiel über ihre Hoffnungen und Sorgen in Bezug auf diese auch ihnen neue Lebensaufgabe?

1985 entstand aufgrund vieler Gespräche mit Männern das Buch *Schwangerer Mann – was nun? Eine Gratwanderung.*[3] Auf dem Titelbild zeigten wir einen Mann mit dickem/schwangeren Bauch. Die Ironie der Geschichte: Nach dieser Fotoinszenierung erhielt das bis dahin in England sehr erfolgreiche männliche Fotomodell keine Aufträge mehr! Ich erinnere mich, dass Buchhändler dieses Buch damals nicht ausstellen wollten. Einer sagte mir ins Gesicht: »Wollen Sie uns Männer lächerlich machen, uns da mit reinziehen in Ihre Frauenangelegenheiten?«

25 Jahre später hat sich die Situation doch sehr verändert. Männer, so viel steht fest, sind insgesamt keine verantwortungslosen Egoisten.

Kind – ja oder nein? Eine Rückschau

Zum Ostermarsch 1980 riefen Frauen in Gorleben zum Gebärstreik auf. Aus aktuellem Anlass wurde ich damals zu einer Rundfunksendung des Senders Freies Berlin (SFB) als Gesprächspartnerin eingeladen. Der Titel der Sendung lautete »Kind – ja oder nein?«. Vor Kurzem hörte ich mir den alten Mitschnitt noch einmal an. Hat sich Entscheidendes in den letzten 30 Jahren geändert? Was sprach für oder gegen Kinder? Könnten diese Aussagen heute als tagesaktuell durchgehen? Hier ein paar Zitate von damals, gerechterweise gleich viele von Frauen und Männern:

Mann, 35 Jahre: »Ich bin vor drei Monaten Vater geworden, wir haben uns recht spät dazu entschieden. Mehr oder weniger aus beruflichen Gründen. Wir haben studiert und sind jetzt fertig. Meine Generation verschiebt die Kinderfrage nach hinten. Ich wollte ja immer Kinder, ich finde, das gehört zum Leben, und jetzt war es einfach höchste Zeit.«

Frau, 34 Jahre: »Wir lesen jede Menge Prospekte, bevor wir uns Möbel kaufen. Wenn es gerade finanziell eng ist, zahlen wir in Raten ab. Aber Kinder setzen wir in die Welt, bevor wir uns genügend mit Erziehung, den Kosten und Lasten auseinandergesetzt haben. Und dann können wir diese Entscheidung nicht revidieren.«

Mann, 42 Jahre: »Wir sind seit acht Jahren verheiratet, konnten immer tun und lassen, was wir wollten. Und jetzt, mit einem Baby, merken wir, dass man auf das Kind viel Rücksicht nehmen muss. Ein Kind haben heißt Freiheit ade, das muss man einfach akzeptieren. Aber das tun wir wirklich gern.«

Frau, 37 Jahre: »Ich habe zwei Kinder, die sind jetzt schon zwölf und 14 Jahre alt. An sie will ich all das weitergeben, was ich selbst nicht für mich verwirklichen konnte. Das ist meine wichtigste Aufgabe in diesem Leben und darum gehe ich auch nicht arbeiten.«

Mann, 36 Jahre: »Wir wollten immer viele Kinder. Mittlerweile haben wir vier Kinder und in meinem Kollegenkreis gelten wir als asozial. Asozial, was soll das denn heißen? Unsere Kinder haben genügend zu essen, sie sind ausreichend gekleidet und wir verbringen viel Zeit miteinander. Ist das asozial? Asozial ist, dass wir behandelt werden, als wären wir Karnickel.«

Frau, 29 Jahre: »Es geht mir so auf die Nerven, dass ich ständig gefragt werde, warum ich keine Kinder haben will. Das ist doch anmaßend, ich frage ja auch nicht Eltern, warum sie Kinder haben wollten. Das geht mich doch nichts an.«

Mann, 38 Jahre: »Ich bin Lehrer und habe in den vielen Arbeitsjahren festgestellt, wie nervenaufreibend Kinder sind. Das, was man theoretisch will, kann man praktisch nicht umsetzen. So ist das doch auch mit den Erziehungsvorstellungen: guter Wille am Anfang und dann machen einen die Realitäten fertig.«

Frau, 40 Jahre: »Kinder werden in unserer Gesellschaft doch behandelt, als ob sie ein Hindernis, eine Zumutung wären. Ich habe keine Kinder, bin aber gerne Tante und sehe doch, wie oft sich meine Schwägerin anhören musste, dass sie verantwortungslos ist, in diese Welt ein Kind gesetzt zu haben. Und einen Kindergartenplatz hat sie auch immer noch nicht, das Kind kommt nächstes Jahr in die Schule. Ich glaube einfach keiner Partei mehr, die schöne Familien-Sonntagsreden schwingt.«

Diese Aussagen von Frauen und Männern, die mittlerweile zwischen 59 und 72 Jahre alt sind, also die Elterngeneration der jetzigen Mütter und Väter, wirken auf mich zeitlos und sehr gegenwärtig.

»Schreck, lass nach« oder »Ja, endlich!«?

Von Müttern und Vätern höre ich immer wieder, dass sie noch nie mit jemandem über ihre Irritationen, Ängste und Gewissheiten sprachen, »damals, als ein Kind gedanklich im Raum stand«. Hier deshalb als Identifikationsmöglichkeit einige mir gegenüber ausgesprochene Erinnerungen:

Mann, 32 Jahre: »Ich hatte sofort das Gefühl: Was immer ich jetzt auch sage oder mache, es kann nur falsch sein. Also habe ich nichts gesagt und nichts gemacht.« Die Folge war, dass die Partnerin sich von ihm alleingelassen fühlte. Aber da gab es eine sehr feinfühlige Schwiegermutter, die dem Paar ein Wochenende am Meer schenkte, damit sie sich in Ruhe entscheiden können. Diese Frau ist jetzt begeisterte Großmutter und genießt seit sieben Jahren einmal die Woche den Enkelsohn.

Frau, 43 Jahre: »Komisch, ich freute mich gar nicht richtig. Ich war eher erschrocken, es kam so plötzlich und ich war gerade im Beruf so gut vorangekommen. Aber mein Freund ist schier ausgeflippt vor Freude.« Das Paar hatte nicht mehr damit gerechnet, noch Eltern zu werden. Die Tochter kommt jetzt in den Kindergarten, die Mutter konnte ihren Berufsweg weitergehen, weil der Vater für sein Kind die eigene Karriere erst einmal hintangestellt hat.

Mann, 48 Jahre: »Ich war so verdattert von ihrem Anruf, dass ich erst Stunden später nach Hause gehen konnte. Ziellos lief ich durch die Straßen, wie durch einen Nebel. Als ich dann die Wohnungstür aufschloss, hörte ich sie mit ihrer Freundin telefonieren. Der erste Satz, den ich hörte, war: ›Hoffentlich ist ihm nichts passiert!‹ Was für eine wunderbare Frau.« Aus dem Kind wurden Zwillinge und die beiden stehen heute kurz vor dem Abitur.

Frau, 29 Jahre: »Mein erster Gedanke war, jetzt geht das nicht. Ich bin doch zu jung für so viel Verantwortung. Und dann habe ich stundenlang nur geheult. Den Mann kannte ich kaum, er war einfach nur ein Ferienflirt in Frankreich.« Name und Wohnort des Erzeugers waren ihr unbekannt. Ihre Herkunftsfamilie begleitete sie in der Entscheidungsfindung. Ihr Sohn geht jetzt in die 2. Klasse. Die Familie ihres großen Bruders springt ein, wenn's eng wird.

Mann, 42 Jahre: »Die Frau, mit der ich befreundet war, hat mir weinend erzählt, dass der Schwangerschaftstest positiv war. Und da habe ich gesagt: ›Jetzt haben wir den Salat.‹ Der Schreck war mir wirklich in die Glieder gefahren. Die Frau war irgendwie so gar nicht wie eine Mutter oder so, wie ich mir eine Mutter für meine Kinder vorgestellt habe.« Die Partnerin entschied sich für einen Schwangerschaftsabbruch (was ihn sehr erleichterte). Er bekam später mit einer anderen Frau zwei Kinder.

Zum Abschluss dieser sehr persönlichen Erinnerungen kommt noch ein *Elternpaar* zu Wort, das sich 40 Jahre zurückerinnert:

»Wir wollten immer Kinder, erst ganz viele, später dann lieber nur noch eins. Beim ersten Schwangerwerden waren wir noch gar nicht auf diese Elternrolle vorbereitet. Eigentlich hatten wir beide große Angst, haben aber beide so getan, als hätten wir keine. Jetzt sind es doch noch vier Kinder geworden. Mit jedem Kind lernten wir uns mehr kennen. Wir sind mit den Kindern gewachsen und jetzt – wo alle aus dem Haus sind – finden wir, es war gut, es war richtig. Aber, ob wir das unter den heutigen Bedingungen auch so durchgezogen hätten, das können wir nicht mit Sicherheit sagen.«

Und plötzlich ist alles anders ...

Wenn Ihnen heute als Mutter, als Vater, vielleicht auch als Großmutter oder Großvater die Frage gestellt werden würde: Wie war das wirklich, als die Schwangerschaft feststand? Könnten Sie sich noch daran erinnern? Irgendwann fragen die eigenen Kinder (oder Enkelkinder) und wollen wissen, wie es war, als sie entstanden sind.

»Wie war das damals, als Ihr wusstet, dass Mama mich im Bauch hat?« ist eine häufige Frage von kleinen Kindern, wenn sie realisieren, dass Frauen mit einem »dicken« Bauch ein Kind in sich tragen. Zumindest in vielen Aufklärungs-Bilderbüchern beginnt so die Geschichte. Und immer erzählen dann Mama und Papa, wie sehr sie sich gefreut haben und es gar nicht abwarten konnten, bis das Baby auf der Welt war.

Für Eltern im wirklichen Leben sieht die Erkenntnis einer Schwangerschaft jedoch oft ganz anders aus. Dieser Moment ist selten ausschließlich ein Grund zum Jubeln. So viele Gedanken schießen beiden Beteiligten durch den Kopf. Vor allem widersprüchliche.

Sagen wir es deutlich: Es gibt wohl kaum eine angstfreie Schwangerschaft. Dieser Moment der Gewissheit, hier entwickelt sich neues menschliches Leben, gehört zu den eindringlichsten Augenblicken überhaupt. Wie reagieren nun Frauen, wie Männer? Die individuellen Erinnerungen schwanken zwischen Ehrfurcht und Entsetzen, zwischen Überraschung und Genugtuung, zwischen Lachen und Weinen. Das Gefühlsspektrum pendelt von jetzt auf gleich stark hin und her und kann Schwindelanfälle auslösen. Diese Spannweite der Gefühle ist beiden Geschlechtern eigen. Nicht nur Frauen, auch Männer verlieren oft den Boden unter den Füßen.

Mit erstaunlicher Regelmäßigkeit kommt dann oft auch die Frage nach der Qualität der Partnerschaft: Hat die Beziehung eine Zukunft? Ist es für mich ernst, aber für meinen Partner/meine Partnerin nicht? Plötzlich treten Spannungen auf, die vorher un-

23

bewusst vielleicht schon vorhanden waren, die sich aber erst jetzt zur Krise ausweiten. Ganz problematisch wird es, wenn eine Schwangerschaft als Kitt einer sich auflösenden Liebesbeziehung herhalten soll. Kann ein Kind die Liebe retten? Mit welchen Erwartungen wird dieser sich entwickelnde Embryo schon überfrachtet, bevor er eine eigenständige Person ist?

Aber dürfen werdende Eltern dann auch ehrlich sein? Dürfen Frauen aussprechen: »Ich wollte doch gar nicht Mutter werden, ich wollte nie ein Kind. Ich habe einfach große Angst!« Müssen Männer in diesem Moment ganz stark sein und trösten: »Mach dir keine Sorgen, ich bin ja da …« Oder ist es zulässig, einfach nur zu schweigen?

»Als wir erfuhren, dass Marlis schwanger war, das war, als sei die Liebe aus einem langen Exil zurückgekommen«, erzählte mir ein Mann, Mitte 30. So schön gesagt und was für ein Glück für die beiden. Wenn Männer von diesem Moment erzählen, werden sie, falls dieser Moment sie beglückte, geradezu poetisch. Und oftmals sind sie dann so sehr werdender Vater, dass sie ihre Partnerin behandeln, als sei diese krank und gebrechlich. »Ich bin nicht krank, ich bin nur schwanger …«, ist dann eine leicht genervte Reaktion der Frauen. Wie auch immer: Wenn klar ist, wir bekommen das Kind, wir werden Mutter und Vater, wir werden ein Elternpaar, beginnt die Reise ins Ungewisse!

Instinktiv wird Frauen klar, dass die Geburt eines ersten Kindes umfangreiche Veränderungen des eingespielten Alltags nach sich ziehen wird. Gibt es Möglichkeiten, die Umverteilung der Aufgaben im Haushalt zulasten der Frau (dass sie plötzlich viel mehr macht, als vorher geplant war) nicht zur Selbstverständlichkeit werden zu lassen? Wenn diese Frage zwischen den Partnern auftaucht, geht sie meist von den Frauen aus. Sie fürchten, in eine Sackgasse zu geraten. Der Mann gibt sich überwiegend optimistisch, er meint es auch so: »Das kriegen wir schon hin …«

Hier das ernüchternde Ergebnis einer Befragung von Paaren

aus dem Jahr 2000: »Sehr interessant ist schließlich der Befund, dass die Traditionalisierung der Geschlechtsrollen – der Mann ist zuständig für das Familieneinkommen, die Frau für Haushalt und Kinder – nicht nur die tatsächliche Ausübung der beruflichen und familiären Rollen berührt, sondern sogar die Zuschreibung der Verantwortung für den Eintritt der Schwangerschaft steuert.« So schildern Wassilios E. Fthenakis und Bernhard Kalicki ihre Forschungsergebnisse in ihrem Beitrag »Die ›Gleichberechtigungsfalle‹ beim Übergang zur Elternschaft«.[4]

Dies steht im deutlichen Gegensatz dazu, dass Frauen und Männer heute erst einmal sehr viel individueller in Liebesbeziehungen hineingehen. Sie leben partnerschaftlich, gleichwertig und verbringen beide weiterhin Zeit mit Freundinnen und Freunden. Sie schaffen sich eine Spülmaschine an, und wenn das Geld reicht, auch eine Putzfrau. Das heißt, Arbeit und Freizeit sind wichtig, im Haushalt hält man sich dafür eher zurück, vor allem wenn auch noch am Arbeitsplatz zu Mittag gegessen wird.

1995 wurde dazu in der Zeitschrift *Psychologie heute* konstatiert: »Eines der auffälligsten Phänomene der heutigen Gesellschaft ist die ›Ent-Traditionalisierung‹. Tradition und traditionelle Institutionen verlieren an Bedeutung. Die heutige Gesellschaft steht im krassen Gegensatz zur Gesellschaft von 1975.«[5] 1975 hatte noch kaum eine Frau, kaum ein Mann die Möglichkeit, »ent-traditionalisiert« zu leben.

Wir wollten alles anders machen ...

Ehrlichkeit ist in vielen Lebenssituationen nicht einfach. Und in der Erinnerung neigen wir gern dazu, eine Situation entweder »weich zu spülen« oder »schwarzzumalen«. Beides entspricht dann zwar nicht ganz der Wahrheit, wird aber so in die eigene

Biografie aufgenommen und an die nächste Generation weitergereicht. Welche Mutter wird ihrem fragenden Kind antworten: »Also, weißt du, ich war voller Hass, als du dich so einfach in mein Leben eingeschlichen hast ...«? Kann ein Vater seinem Sohn sagen: »Ich hatte so viele Pläne in diesem Leben, dein Erscheinen schien alles zunichtezumachen ...«?

Nein, weder die eine noch die andere Aussage wäre vertrauenserhaltend und zukunftsfördernd. Denn: Kein Kind kann etwas dafür, dass Frauen und Männer es gezeugt und empfangen haben. Und Kinder fühlen sich sowieso immer schuldig, wenn zu Hause der Familiensegen schiefhängt.

Die meisten Paare gehen mit den besten Vorsätzen an die neue Aufgabe heran, Eltern zu werden. Doch die Realitäten überholen die Ideale. Gut, wenn in der eigenen Umgebung realistische Vorstellungen herrschen.

Einen Bekannten, der selbst als junger Mann ein vehementer Verfechter der sogenannten antiautoritären Erziehung war, holte irgendwann die Realität ein: »Ich habe in den vielen Jahren als Vater festgestellt, wie nervenaufreibend Kinder sind. Es gab Zeiten, da wäre ich am liebsten abgehauen.« Dieser Vater von zwei Söhnen liebt Zitate. Als wir über das vorliegende Buch sprachen, gab er mir sein Lieblingszitat mit auf den Heimweg:

Im Augenblick kann sich begeben, was man nie gedacht im Leben. (Deutsches Sprichwort)

Erst wenn die Kinder einigermaßen erwachsen sind, können sich Mütter und Väter noch einmal mit dieser einschneidenden Situation auseinandersetzen und dann auch ihre Erinnerungen – modifiziert – an die Kindergeneration weitergeben.

Die jugendliche Zuversicht, dass es gelingen wird, »alles ganz anders zu machen«, wird vielleicht dann ebenso thematisiert wie die ernüchternde Feststellung, dass das tatsächliche Handeln im wirklichen Leben oftmals wenig kühn verläuft.

Mütter und Väter, die ihre heranwachsenden Kinder am Hin

und Her eigener Gefühlserinnerungen teilnehmen lassen, indem sie – ohne Schuldgefühle in den Kindern zu schüren – ehrlich ihre Ambivalenzen darstellen, können reale Vorbilder für die eigene Zeit der Entscheidungsfindung werden, wenn es darum geht: Kind – ja oder nein?

Krankheit Schwangerschaft?

Fällt die Entscheidung schließlich für ein Kind, verwandeln sich Frau und Mann in werdende Eltern. Der werdenden Mutter ist diese Veränderung im Laufe der Monate durch den stetig wachsenden Leibumfang anzusehen. Der Mann bleibt äußerlich unauffällig, wird als werdender Vater nur an ihrer Seite sichtbar.

Einem werdenden Vater begegnete ich in einem Kaufhaus; er wollte erkannt werden. Ein T-Shirt mit eindeutigem Aufdruck schmückte ihn. Auf der Brustseite war zu lesen: »Achtung! Ich werde Vater«, auf der Rückseite: »Haben Sie Kinder?« Dieses Kleidungsstück hatte er von seinem Schwager bekommen, der keine Lust mehr hatte, »ständig Opfer meiner nervösen Fragen zu sein. Er hatte diese Zeit ja hinter sich.«

Aber weshalb die Frage auf der Rückseite? »Ich will angesprochen werden, ich will sehen, wie Leute auf einen werdenden Vater reagieren.« Und gab es Reaktionen? »Klar, die Kassiererin ist jetzt ganz nett zu mir, alte Frauen halten mich nicht mehr für einen Rüpel und einige Väter haben mir freiwillig erzählt, was sich für sie geändert hat, seit sie ein Kind haben.« Ein voller Erfolg also.

Auf schwangere Frauen und ihre Partner kommen nun ganz neue Erfahrungen zu. Bisher waren sie Individuen mit sehr viel mehr persönlichem Freiraum als alle Generationen vor ihnen. Wenn sie sich nicht ganz danebenbenahmen, konnten sie tun und lassen, was sie wollten. Aber nun geht das nicht mehr. Ihr Handeln wird ständig kommentiert.

Der Mann soll sich auf seine verantwortliche Aufgabe vorbereiten, ihm sollen die Flausen ausgetrieben werden. Schluss mit nächtlichen Touren mit den Freunden, ein werdender Vater hat ständig an der Seite seiner Frau zu sein, denn vielleicht braucht sie ihn dringend.

Die Schwangere soll: nicht mehr reisen – oder doch? Sport treiben – oder lieber nicht? Weniger Schwarztee trinken? Für zwei essen? Um Himmels willen, nein! Auf Fastfood verzichten?

Aus Sicht verschiedener Experten und Expertinnen, die je nach beruflicher Sparte für oder gegen dies oder das argumentieren, gibt es viele Empfehlungen, die eine Zeit lang hochaktuell, dann plötzlich nicht mehr gültig sind.

Ein hartnäckiges Vorurteil kursiert schon lange. Demnach sind schwangere Frauen unkonzentriert, stimmungslabil und vergesslich. Im Englischen gibt es für diesen Zustand sogar eigene Begriffe: »Baby brain« und »Placenta brain«. Wenn dem so wäre, müssten berufstätige Schwangere sofort von verantwortungsvollen Aufgaben freigestellt werden, Hausfrauen müssten ein »Herdverbot« erhalten. Der Partner müsste den Einkauf allein übernehmen.

So gesehen könnten Frauen ihre Schwangerschaft bis ins Absurde ausreizen: Ich brauche nicht mehr zu denken, ich kann mir ja sowieso nichts merken, ich bin unzurechnungsfähig. Wie praktisch, wie bequem könnte das Leben für uns sein, wenn wir Frauen immer schwanger wären!

Im *British Journal of Psychiatry* (Bd. 196, 2010, S. 126) wird mit diesen Vorurteilen aufgeräumt. Die australische Psychologin Helen Christensen hat eine sehr plausible Erklärung dafür. Dieser Mythos ist eine sich selbst erfüllende Prophezeiung, die ständig in Ratgebern für Schwangere wiederholt wird: »Diese Bücher vermitteln Frauen beharrlich, dass sie in den kommenden neun Monaten wahrscheinlich an Gedächtnis- und Konzentrationsproblemen leiden werden«, erklärt die Wissenschaftlerin. »Sobald der Bauch rund wird, warten die Schwangere und ihr Partner auf erste Anzeichen der Vergesslichkeit.«[6]

Was sich dagegen wirklich ganz schnell ändert, wenn Frauen schwanger sind, ist ihre Wahrnehmung der Umwelt. Eine Frau sagte zum Beispiel: »Ich habe erst jetzt realisiert, dass unser Wohnhaus steile Stufen hat. Wie kriege ich denn da einen Kinderwagen hoch?« Auch werdenden Vätern ergeht es so: »Plötzlich sah ich überall schwangere Frauen und Mütter mit Kinderwagen, das ist mir früher gar nicht aufgefallen«, erinnerte sich ein Mann und schob noch einen interessanten Aspekt nach: »Wenn mir in dieser Zeit irgendeine Frau sagte, dass sie schwanger sei, habe ich sie sofort behandelt, als sei sie nun nicht mehr ganz verantwortlich für das, was sie tut.« Der Mythos lebt!

Die oben zitierte australische Wissenschaftlerin und ihr Team begleiteten mehr als 1 200 junge Frauen über mehrere Jahre. Sie notierten die kognitiven Leistungen in der Zeit vor, während und nach der ersten Schwangerschaft. Unterschiede in Gedächtnistests und Konzentrationsübungen fanden sie nicht. Vergessliche Frauen blieben vergesslich, die anderen, die sich vorher gut konzentrieren konnten, behielten ihre Konzentrationsfähigkeit auch in der Schwangerschaft bei.

Auffallend ist, wie unterschiedlich auf schwangere Frauen und ihre Partner reagiert wird. Sind junge Frauen schwanger, werden sie bemitleidet, weil sie »so früh schon Verantwortung übernehmen müssen«, weil sie »erst mal etwas Ordentliches lernen sollten«. Sind Frauen ab Mitte 30 schwanger, gehören sie in Deutschland schon zur »Risikogruppe«. Sie werden in ein weltweit einmalig umfangreiches Kontrollsystem gepresst. Da ist es wirklich nicht verwunderlich, dass eine Schwangerschaft oft zum Angstthema für die Frauen wird.

Junge werdende Väter werden bemitleidet, weil »sie ihr Leben versaut haben …«, belächelt, weil »sie sich ein Kind haben anhängen lassen …«. Ältere Väter werden gefragt, ob »sie sicher sind, dass sie noch die Nerven für Babygeschrei haben …« oder ob »sie sich ihre Zeugungskraft beweisen mussten …«.

Plötzlich mutieren bis dahin gesunde Frauen zu Klientinnen, Patientinnen, Antragstellenden im öffentlichen Gesundheits-, Bildungs- und Behördenapparat. Ob sie wollen oder nicht, von nun an werden ständig Menschen um sie herum sein, die sie beurteilen, kontrollieren, bewerten.

Vom »Risiko«, schwanger zu werden

»Kaum habe ich Freundinnen erzählt, dass ich schwanger bin, höre ich jede Menge guter Ratschläge, die alle auf eins hinauslaufen: Tu dies nicht, lass jenes, pass auf«, erzählte mir eine 36-jährige Frau. »Ich war ganz schön erschrocken, als mein Arzt mir die vielen Risiken aufzählte, denen ich jetzt ausgesetzt bin. Da habe ich mich gefragt: Bin ich für das Kind ein Risiko oder ist das Kind für mich eins?« Der Gynäkologe dokumentierte die »Risikoschwangerschaft« durch einen entsprechenden Vermerk im Mutterpass, nachdem er der Frau im Ultraschall den sich entwickelnden Fötus gezeigt hatte: »›Diese Blase soll ein Kind sein?‹, rutschte es mir da raus. ›Das fand er gar nicht passend, aber ich habe auf dem Monitor wirklich nichts erkannt.‹«

Was heißt hier eigentlich »Risikoschwangerschaft«? Im Juli 2008 erschien zu dieser Frage ein Artikel in der Zeitschrift *Eltern*: »Im Mutterpass gelten bereits 35-Jährige als ›Risikoschwangere‹. Dieser Begriff wird heute jedoch von manchen Ärzten als überholt eingeschätzt. Studien haben immer wieder gezeigt, dass bei guter Betreuung nicht von einer höheren Gefahr für Mutter und Baby die Rede sein kann.« Nachdem einige Risiken aufgelistet worden waren, kam die Entwarnung: »Weil reifere werdende Mütter die

Vorsorgeuntersuchungen besonders gewissenhaft wahrnehmen, werden die erhöhten Risiken zumeist schnell erkannt.«[7]

Eine Hebamme schreibt auf der Website www.hebamme4u. net: »Eigentlich wollte ich diesen Begriff (der Risikoschwangerschaft) gar nicht verwenden, aber wie Sie sehen, mache ich es nun doch. Das gibt mir nämlich die Gelegenheit, ihn ein wenig kritisch zu beleuchten. In keinem Land Europas gibt es über 50 Risikofaktoren wie in Deutschland. Ob die nun wirklich alle nötig sind, bezweifle nicht nur ich. Allergien zum Beispiel können eine Belastung für das Kind später sein. Oft verschwinden Heuschnupfen & Co der Schwangerschaft. Und wenn nicht, sind sie kein Drama für das Baby. Psychische und soziale Belastungen sind zweimal aufgeführt. Warum, ist mir schon seit Jahren ein Rätsel.«

Die »Mama & Co-Redaktion« will werdende Mütter beruhigen: »Gelten Sie als Risikoschwangere, ist das zunächst kein Grund zur Panik – mittlerweile wird jede zweite Schwangerschaft als Risikoschwangerschaft eingestuft! Der Grund liegt darin, dass der Faktorenkatalog in den letzten Jahren und Jahrzehnten kontinuierlich erweitert wurde, gleichzeitig aber die Versorgungsmöglichkeiten für Mutter und Kind stetig verbessert wurden.«[8]

Entspannen Sie sich, falls Sie erstmals oder nochmals vorhaben, schwanger zu werden: »Die alleinige Diagnose Risikoschwangerschaft muss niemanden in Angst versetzen, da es immer darauf ankommt, aus welchem Grund die Diagnose gestellt wurde. Liegt es nur am Alter der Mutter, ist es durchaus möglich, dass die Schwangerschaft ohne jegliche Komplikationen verläuft.«[9]

Heute schwanger zu werden, ist nicht mehr ein natürlicher Vorgang, sondern der Gang durch ein Rund-um-die-Uhr-Kontrollprogramm. Wer profitiert hiervon am meisten? Wie durch ein Vergrößerungsglas werden Schwangere betrachtet, ihnen wird suggeriert, dass sie ständig auf der Hut sein müssen.

Risikofrei ist das Leben grundsätzlich nie, das steht wohl außer Frage. Was hier aber geschieht, versetzt Frauen in Angst und

Schrecken. Sie sorgen sich, sie fürchten sich, irgendetwas falsch zu machen und dann schuld an möglichen Beeinträchtigungen ihres zukünftigen Kindes zu sein. Gibt es in der Arztpraxis Sprechstunden für verängstigte Schwangere? Anscheinend nur in Ausnahmefällen, denn einer überdurchschnittlich guten Versorgung schwangerer Frauen auf physischer Ebene steht eine sehr mäßige beziehungsweise nicht vorhandene Versorgung auf psychischer, emotionaler und affektiver Ebene entgegen.

Vertrauen Sie Ihrem gesunden Menschenverstand

Frauen, die heutzutage schwanger sind, können gar nicht anders, als sich mit ihrem Zustand ausgiebig zu beschäftigen. Was geht ihnen so durch den Kopf, worum sorgen sie sich, worauf achten sie?

Unter dem Titel »Singen oder schreien – egal! Hauptsache, laut« berichtete in der ZEIT vom 30.12.2009 eine Hebamme über ihren Alltag. Ziemlich hervorstechend erscheint mir folgende Beobachtung: »Ich besuche eine Frau in ihrer zwanzigsten Woche zu Hause in ihrer Wohnung – und da hängen die Ultraschallbilder, gerahmt. Da ist das Kind noch Fötus, heißt aber schon Helene oder Maximilian. Eine Frau ist heute nicht mehr nebenbei schwanger. Sie ist nicht mehr nur guter Hoffnung, sondern ebenso sehr in angespannter Erwartung. Konzentriert, fixiert, überinformiert.« Diesen Typ der Schwangeren, von der hier berichtet wird, ordnet die Hebamme der Gruppe »die deutsche Mittelschicht aufwärts« zu.

Selbst wenn dem im Einzelfall so ist, beim nächsten Kind wird sich die Aufgeregtheit dieser Schwangeren gelegt haben.

Das »Ultraschallkino« hat in den letzten 20 Jahren eine eigene Dynamik bekommen. Drei von der Krankenkasse bezahlte »Bilder« gehören routinemäßig ins Vorsorgepaket der Mutterschaftsrichtlinien. Frauen tragen diese kleinen ausgedruckten Fotos in der Handtasche mit sich und zeigen sie stolz herum: Seht her, dies ist ein Bild von meinem Kind, ist es nicht süß? Körperlich ist die Schwangerschaft noch nicht sichtbar, aber so fixiert lässt sie sich beglaubigen.

Von Zeit zu Zeit werde ich Zeugin der Angebotsflut, mit denen die zukünftigen Eltern überschwemmt werden. Die freundliche Apothekerin, der Gynäkologe, die Kirchengemeinde, die Freundin, das Versandhaus bieten mit bunten Werbeblättchen ihre Unterstützung an.

So erging es auch einer mehrfachen Mutter, die auf das oben beschriebene Interview mit der Hebamme einen aufschlussreichen Online-Kommentar beisteuerte:

»Ich sah mich eh einer wahren Kursflut vor und nach der Geburt gegenüber; Vorbereitungskurs, Geschwisterkurs, Babyschwimmen, Pekip … Ich glaube, dass diese Kurse eher die Finanzen des Anbieters auffrischen, als dass sie wirklich notwendig für die Mütter/Babys wären. Ähnlich die Ratgeberliteratur; liest man drei oder vier Bücher, stehen einem danach nicht selten die Haare zu Berge aufgrund der sich widersprechenden Aussagen. Also Mütter, Väter, Kinder – wieder mehr Vertrauen in den gesunden Menschenverstand!!«[10]

Dieser Aufforderung schließe ich mich gern an.

Von jetzt an sind
wir Eltern

Das Kind ist da, es ist gesund, Gott sei Dank! Und die »junge Mutter«, die Frau? Wohlauf. Alles ist gut gegangen, besser kann es nicht gehen! Beide Elternteile sind jetzt glücklich, sie haben jetzt glücklich zu sein, sie haben jetzt glückliche Eltern zu sein – so sind nun mal die Erwartungen.

Der »frischgebackene Vater« streicht der »soeben Mutter gewordenen« Frau, die ja eine beachtliche Leistung vollbracht hat, liebevoll über die noch schweißnasse Stirn und blickt stolz auf das Ergebnis ihrer Mühe: das neugeborene Kind. Dieser Ablauf entspricht dem Klischee, und von Arzt, Hebamme, Kinderkrankenschwester, dem Familien- und Freundeskreis bis hin zu den Kolleginnen und Kollegen erwarten alle genau diese Reaktionen.

Und oftmals ist es ja auch so. Dieses Paar besteht nun nicht mehr nur aus Frau und Mann. »Jetzt sind wir zu dritt …!« – mal lachend, mal mit großer Ernsthaftigkeit beschreiben die neuen Mütter und Väter diese Konstellation. Gleichwohl ist ihnen bewusst: Es gibt nun keinen Weg mehr zurück. Von heute an tragen wir Verantwortung, eine große, nicht enden werdende Aufgabe liegt jetzt vor uns!

Was aber, wenn das Kind nicht auf Anhieb mütterliche oder väterliche Gefühle weckt, wenn die Mutter nur ihre Ruhe haben will und der Vater das Kind einfach hässlich findet? Das darf nicht sein. Haben wir nicht gelernt, dass das mütterliche Herz sofort vor überbordender Liebe heftig zu schlagen beginnt, dass der väterliche Beschützerinstinkt sofort in Aktion tritt?

Im Untergeschoss des Museums Brandhorst in München ist die Skulptur »Mother and Child« des australischen Künstlers Ron Mueck ausgestellt. Sie sollten sich dieses beklemmend realistische Kunstwerk wenigstens im Internet ansehen, denn diese Darstellung von Mutter und Kind nach der Geburt hat eine unbeschreibliche Ausstrahlung, die richtig unter die Haut geht.[1]

Was macht dieses Kunstwerk so besonders? Da liegt eine nackte Frau, völlig am Ende ihrer Kräfte, und blickt mit angespannten Fußzehen und geballten Fäusten auf das auf ihrem Bauch liegende Neugeborene. Das Baby – noch krebsrot und schmierig – ist gerade aus ihrem Leib gepresst worden. Es ist noch nicht abgenabelt und blinzelt aus kleinen Augenschlitzen. Wir sehen kein strahlendes Glücksempfinden auf dem Gesicht der Frau, sondern das, was ist: eine total erschöpfte Mutter, die unter Schmerzen ein Kind geboren hat, und ein Neugeborenes, das den Geburtskanal mit größter Mühe passiert hat. So beklemmend wirklichkeitsecht ist diese Darstellung, dass ich im ersten Augenblick dachte: Die Frau atmet ja. Beinahe hätte ich ihr und diesem Säugling über den Kopf gestreichelt und ihnen zugeflüstert: »Ich drücke euch die Daumen für das weitere Gelingen!«

Der von Ron Mueck so beeindruckend festgehaltene Moment unmittelbar nach der Geburt steht vor jedem Empfinden der Mutterliebe. Es ist die Darstellung totaler Erschöpfung beider.

Als ich mir dieses Kunstwerk erstmals ansah, stand ein Museumswärter in Uniform hinter der Skulptur und verfolgte mit seinen Blicken, wie ich immer und immer wieder fasziniert diese Mutter-Kind-Gruppe umkreiste. Ich fragte ihn: »Wie finden Sie diese Darstellung?« Der Mann, höchstens Mitte 30, zog die Nase kraus und sagte ziemlich schroff: »Eklig.« Ich: »Warum stehen Sie dann hier in diesem Raum, es gibt doch noch andere Objekte, die bewacht werden sollen?« Er: »Weil hier die Leute so nah rangehen, das kann ich gar nicht verstehen …« Ich hakte nach: »Sind es Frauen und Männer?« Er: »Nein, es sind fast nur Frauen, die so drauf sind …!«

Nun, dies verwundert mich nicht, denn gebärende Frauen erleben diesen Moment »danach« zwar selbst ganz intensiv, aber sie werden erst dann fotografiert, wenn auch die Nachgeburt herausgepresst, die Nabelschnur durchtrennt und Mutter und Kind gesäubert und frisch eingekleidet sind. Dieses dann auf solchen Fotos festgehaltene erste vorsichtige Lächeln in ihrem Gesicht drückt vielleicht nur Erleichterung aus.

Wir kennen alle diese Fotos aus Zeitschriften: Eine prominente Mutter, perfekt geschminkt, frisiert, im Designernachthemd, hält ihr frisch gewaschenes und modisch verpacktes Neugeborene im Arm. Neben ihr der stolze Vater, ebenfalls mediengerecht präsentiert.

In ihrem biografischen Roman *Mein liebes Kind* beschreibt Lidia Ravera das Erlebnis der Geburt als wenig beglückend. »… als man mich fragte: ›Wollen Sie Ihr Kind sehen? Wollen Sie es einen Augenblick in den Arm nehmen?‹ Da habe ich geantwortet: ›Nein, jetzt noch nicht, noch nicht.‹ Wie eine, die ihrem Verlobten die Tür vor der Nase zuschlägt, weil sie sich nicht mit ungekämmten Haaren sehen lassen will. Wie eine, die müde ist oder die Angst hat. (…) Ich bin ein Wesen mit verzögertem Mutterinstinkt.«[2]

Liebe Mütter, sollte es Ihnen ebenso ergangen sein: Haben Sie deshalb immer noch ein schlechtes Gewissen? Packen Sie es ein und versenken Sie es in einem tiefen See – Sie sind nicht allein mit dieser Erfahrung!

Männer im Kreißsaal

Und die Väter, was wird von ihnen an diesem Tag erwartet? Wie fühlen sie sich? Als aktive Mitgestalter? Als hartgesottene Männer, die nichts erschüttern kann?

Was sagt die Wissenschaft über die Erlebnisse von Männern, die bei der Geburt ihres Kindes dabei waren? Immerhin begleiten die meisten Männer ihre Partnerin in den Kreißsaal.

In den Jahren 2004 bis 2008 wurde zu dieser Fragestellung erstmals eine Studie durchgeführt. Warum diese Befragung? »Im Gegensatz zu den Frauen fehlen bei Männern noch weitgehend Daten zu den Auswirkungen der Geburt eines Kindes auf ihre psychische Gesundheit. In der Bonner Studie wird untersucht, ob eine unmittelbar postpartum noch auf der Wochenstation erfolgende Befragung der jungen Väter aussagekräftige Ergebnisse liefern kann.«[3]

Um dies zu erreichen, wurden 171 Männer unmittelbar nach der miterlebten Geburt interviewt. Hatten sie dieses Geburtserlebnis für sich selbst als beglückend erlebt? Nein, fast 25 Prozent der Väter erinnerten sich an diese Situation als »ein sehr schreckliches Erlebnis«. Die Väter »fühlten sich unter einem großen gesellschaftlichen Druck, bei der Geburt dabei sein zu müssen. Die Mehrheit der werdenden Väter war auf Wunsch der Frau im Kreißsaal anwesend. Außerdem hegten sie unrealistische Hoffnungen auf einen einzigartigen Moment.«

Diese Aussage trifft doch den Kern: Natürlich ist die Geburt eines Menschen jedes Mal wieder ein Wunder. Was allerdings selten deutlich vermittelt wird, ist, dass diesem Wunder Schmerzen und Schreie der Frau vorausgehen. Dass von Schönheit und Sphärenklängen nicht die Rede sein kann. Eine Geburt ist ein blutiges Spektakel. Sind die werdenden Väter ausreichend darauf vorbereitet worden?

Von den Befragten hatten 62,3 Prozent der Erstväter ihre Partnerinnen in einen Geburtsvorbereitungskurs begleitet. Das half aber wenig, denn »der Besuch … stellt weder bei Erstvätern noch in der Gesamtgruppe (aller Väter) einen signifikanten Einflussfaktor auf die Entsprechung der Erwartungen mit dem Erleben oder die Dimensionen des Geburtserlebens dar.«

Auf gut Deutsch: Diese Kurse haben den Vätern gar nichts geholfen, ihre Erwartungen haben sich nicht erfüllt. Ist es aber wirklich wichtig für die Paarbeziehung, dass werdende Väter sich selbst auf Gymnastikbälle legen, Gebärhaltungen einnehmen, tief ins Becken atmen, um so der werdenden Mutter ihre Solidarität zu bekunden? Weshalb müssen sich Schwangere rechtfertigen, entschuldigen und verteidigen, wenn sie allein, ohne ihren Partner, diese Kurse besuchen?

Ist es dann nicht vernünftiger, die werdenden Väter zu Hause zu lassen? Sie könnten doch in der Zeit, in der die schwangere Partnerin im Kurs ist, ihr das Abendessen zubereiten. Vielleicht bin ich an diesem Punkt zu altmodisch, aber ich kann mir ein Lächeln nicht verkneifen, wenn ich sehe, wie Väter mit großer Konzentration in diesen Veranstaltungen »schwanger sein« spielen.

»Ich hätte viel lieber meine beste Freundin bei der Geburt dabeigehabt als meinen Mann. Er war so nervös, dass ich selbst fast die Nerven verlor«, erinnerte sich eine junge Frau an ihr Erleben im Kreißsaal. »Im Nachhinein habe ich gedacht, dass er sicher froh gewesen wäre, nicht dabei sein zu müssen. Aber wir meinten, das gehört sich heute so!«

Diese Erwartung der Gesellschaft spüren auch die werdenden Väter. Der Partner dieser jungen Frau ergänzte ihre Erinnerung mit dem Satz: »Wie hätte ich denn vor meinen Kumpels dagestanden, die waren doch auch dabei! Aber hinterher hat keiner was Tolles darüber gesagt – ich hab auch vorsichtshalber nicht nachgefragt.«

Dieses Paar entschied, dass der Vater bei der nächsten Geburt nicht anwesend sein soll. »Jetzt haben wir eine gute Ausrede: Ich

kümmere mich um unser Kind, statt dass wir es zu den Großeltern bringen. Da kann niemand etwas dagegen sagen«, erklärte
der Vater.

Jedes Paar tut gut daran, vor der Geburt – ohne Blick auf die
anderen Paare – für sich zu entscheiden, ob die Präsenz des zukünftigen Vaters bei der Geburt notwendig und hilfreich oder
störend und belastend sein wird. Ich bezweifle, dass die Anwe-
senheit der Väter im Kreißsaal für ihre liebevolle Bejahung des
Neugeborenen unabdingbar ist. Und vielleicht fühlt sich ja die
Gebärende in Begleitung der eigenen Mutter, der besten Freundin oder Schwester selbst wesentlich wohler. Entscheidend ist
doch das beruhigende Gefühl, wenn eine vertraute Person die
Hand hält, ein feuchtes Tuch Kühlung bringt. Vielleicht ist es
kein Zufall, dass Geburten früher Frauensache waren. Ihre selbst
erlebten, oft schmerzvollen, manchmal tagelangen Geburts-
erfahrungen konnten entlastend und damit praktisch hilfreich
sein.

Die erste gemeinsame Zeit zu dritt

Gehen wir davon aus, dass Mutter und Kind gesund sind. Die
Sorge, ob bei der Geburt alles gut gehen wird, hat sich in Luft
aufgelöst. War es eine Krankenhaus- oder eine Hausgeburt? Eine
Statistik aus dem Frühjahr 2010 belegt, dass nur knapp zwei Prozent der Mütter ihr Kind zu Hause gebären – eine für mich überraschend kleine Gruppe.[4]

Wenn dann zu Hause das Baby gebadet, gewickelt und gestillt
wird und die Eltern auf Zehenspitzen durch die Wohnung schleichen, dann ist der neue Alltag endgültig spürbar.

Wie viel Lärm erträgt ein Neugeborenes? »Meine Frau flüs-
terte nur noch. Jedes Tellergeklapper löste bei ihr Panik aus.« So

beschreibt ein Vater die ersten Tage daheim nach der Geburt des Sohnes.

»Bei uns war es so, dass mein Mann das Baby ständig beobachtete. Es war so still, wenn es tief schlief. Und dauernd hatte er Angst, es könnte gestorben sein«, erinnert sich eine Mutter. Im Nachhinein lachen beide Eltern darüber. Doch in den ersten Wochen ist jeder Moment mit dem Kind so neu, so unbekannt, da kann es schon zur einen oder anderen fürsorglichen Überreaktion kommen.

Erste unterschiedliche Einschätzungen darüber, was dem Säugling guttut oder nicht, führen vielleicht zu ersten kleinen Spannungen zwischen dem Elternpaar. Diese Tage nach der Geburt lassen kaum emotionale Atempausen zu. Die gegenseitigen Erwartungen sind vielleicht (zu) hoch, zu wenig greifbar. Für das Paar ist nichts mehr wie vorher. Sie sind einfach nur noch verunsichert.

Jetzt wird die »Wir sind nun zu dritt-Lektüre« studiert. Wo in früheren Zeiten Mütter, Tanten und Nachbarinnen selbstverständlich (aufdringlich?) mit Ratschlägen und praktischen Handreichungen zur Verfügung standen und die Männer sich vorsorglich heraushielten, gilt heute das geschriebene Wort der Expertinnen und Experten. Nachfragen sind da leider nicht möglich. Bei Irritationen wird halt noch ein anderes Buch gelesen oder in einem der vielen Mütter-Foren im Netz um Rat gefragt. Denn heute gibt es für viele junge Mütter kaum mehr die Möglichkeit, mal eben schnell mit einer engen Freundin oder vertrauten Nachbarin eine aktuell wichtige Frage oder Sorge persönlich zu besprechen.

Und so wird dann zweckargumentiert: »Ich habe doch meinen Frauenarzt, mit dem bespreche ich alles. Und meine Buchhändlerin weiß am besten, was es gerade an Neuerscheinungen auf dem Markt gibt …«, erklärte mir eine 32-jährige Mutter, als ich sie nach den Menschen fragte, die sie während der Schwangerschaft und bei der neuen Rollenfindung begleitet haben. Eine andere lehnte grundsätzlich alles ab, was die Älteren vorschlugen: »Heute ist das doch ganz anders als bei Müttern vor 30 Jahren!«

Wenn es um die Gefühle, die Ängste und Unsicherheiten, die innere Befindlichkeit der Schwangeren, Gebärenden und Mütter geht, ist nichts »ganz anders«. Das erste Kind war und bleibt immer eine riesengroße Herausforderung.

Und auch Vätern täte ein Freund, ein Vater, ein Onkel gut, der sich erinnert: Wie war das damals, als das erste Kind da war?

In vielen Familien wird es nun turbulent: Jetzt kommen sie von nah und fern, Familienmitglieder, Freunde und Freundinnen, alle wollen das Baby sehen, alle wollen auch noch freundlich empfangen werden, denn sie bringen Geschenke fürs Baby mit. Ein Neugeborenes braucht keine Geschenke, es nimmt die Teddys und Puppen und Mobiles und was es noch so alles für es gibt, gar nicht wahr. All diese Dinge sind optisches Schmuckwerk für die Erwachsenenwelt. Wenn schon Geschenke, dann sind oft ein großes Badelaken fürs Baby oder ein Gutschein für eine Massage für die erschöpften Eltern viel sinnvoller. Neugierige Besucher und dann noch das schreiende Baby – das ist einfach zu viel!

Entspannter gelingt die erste Annäherung an die neue Lebenssituation, wenn Eltern es sich leisten können, als junge Familie in Klausur zu gehen. Es gilt zwar als nicht sehr gastfreundlich, niemanden reinzulassen, aber egal! Zutritt gewährt wird nur den Personen, die die Wäsche waschen, den Einkauf erledigen und kochen.

In den meisten Kulturkreisen der Welt befinden sich Kinderbett, Hängematte oder Wiege dort, wo die Familienmitglieder sich hauptsächlich aufhalten. Oftmals ist es selbstverständlich, dass andere Familienmitglieder und Nachbarinnen wesentlich bei der Betreuung und Versorgung des Säuglings helfen. Mich fragen immer wieder Frauen aus anderen Ländern: »Eure Kinder haben ein eigenes Zimmer? Das Baby muss dort ganz allein sein? Macht ihr das wirklich? Wie grausam! Ein Kind gehört doch zu den anderen!«

Babys schlafen überall und fühlen sich bei vertrauten Geräuschen wesentlich wohler und geborgener, als viele Eltern meinen. »Tatsächlich können Kinder besser einschlafen, wenn sie hören, dass um sie herum Leben ist, das alles ist wie immer. Babys wollen auch Stimmen hören, am besten die von Mama und Papa, die sich leise unterhalten. Selbst Knacken, Knistern und Rauschen wäre schön, wenn's geht, auch Geschirrklappern. Sie wollen einfach wissen: Ich bin nicht allein.[5]

Seit mehr als 30 Jahren gibt es nun das Babyfon. Heute ist sogar eine bidirektionale Nutzung möglich. Aus einem anderen Zimmer heraus kann das Baby über Funk überwacht werden – warum nicht mal schnell hingehen, wenn es weint, und es mit der eigenen Stimme und mit Körperkontakt beruhigen? Es sind sogar schon Babyfone mit Kamera erhältlich, der Empfangsteil kann über den TV-Bildschirm laufen. Das scheint mir doch ziemlich absurd: Statt dem Säugling einen Blick zuzuwerfen, schauen dann Eltern auf den großen Flachbildschirm, um ihr Kind zu sehen. Mit dem Slogan »Babyfone geben Ihrem Kind mehr Sicherheit und Ihnen mehr Freiheit!« wirbt eine Herstellerfirma – Freiheit vom Baby?

In der *Frankfurter Allgemeinen Zeitung* vom 06.08.2008 schrieb Florentine Fritzen einen Artikel über das »Projekt Kind« und erinnerte sich: »Als wir Kinder waren, war das Elternsein noch nicht so kompliziert. Wenn wir auf Familienfesten müde wurden, legten uns unsere Mütter und Väter in einen Korb im Nebenzimmer. Obwohl das Babyfon noch nicht erfunden war, starben wir dort nicht am plötzlichen Kindstod, und wenn wir brüllten, hörte uns eigentlich immer jemand.«

Wenn der Baby-Blues erklingt

Die Begriffe »Elternzeit« oder gar »Vätermonate« sind erst Erfindungen der letzten Jahre. (Übrigens: Das Wort »Vätermonate« wurde selbst von meinem modernen Word-Programm unterkringelt. Als Alternative wurde mir doch tatsächlich der Begriff »Wintermonate« angeboten!) Nicht immer beginnen Eltern diesen neuen Lebensabschnitt wohlgestimmt und optimistisch. Vom großen Familienglück ist dann oft noch nichts zu spüren! Vielleicht hält eine Mutter ihr Baby im Arm und weint und weint. Nicht weil sie ihr Kind nicht leiden kann, nicht weil sie ihrem dicken Bauch nachtrauert. Nein, wegen der Umstellung der Hormone. Hinzu kommen chronischer Schlafmangel und eine gefühlte Fremdheit dem eigenen Körper gegenüber.

Als neulich eine Mutter mit dreimonatigem Baby im Tragetuch von einer älteren Frau in der Straßenbahn gefragt wurde: »Na, wie alt ist denn der süße Fratz?«, brach die Mutter in Tränen aus: »Warum fragt eigentlich niemand, wann ich das letzte Mal richtig geschlafen habe?« Die freundliche ältere Frau reagierte ziemlich gekränkt: »Entschuldigung, Sie sind aber ganz schön empfindlich heute!« Nicht nur heute, nein tagelang, wochenlang kann diese gereizte Stimmung einer Mutter anhalten.

Im schwedischen Comic-Aufklärungsbuch: *Peter Ida und Minimum. Familie Lindström bekommt ein Baby*[6] aus dem Jahr 1977 wurden nicht nur Schwangerschaft und Geburt thematisiert, sondern auch die Zeit danach. Frau Lindström ist schon zweifache Mutter und einige Tage nach der Geburt des Jüngsten mit den Nerven am Ende. Das Baby schreit »jede Nacht ›Blää blää blää‹«, die Mutter weint, der bleiche, müde Vater trägt das Kind durch den Raum, die Familie verschläft morgens mehrfach, die Geschwister streiten, und irgendwann hat die Mutter genug. Als der Vater von der Arbeit kommt und die Kinder streiten hört, sagt er: »Ich glaube, ich gehe wieder. Hier kann man es ja nicht aushalten.« Da drückt die Mutter ihm das schreiende Baby in den Arm: »Genau, jetzt mache ich einen Spaziergang«, und verschwindet.

Natürlich geht diese Geschichte gut aus. Später kommt die Mutter mit einem Kuchenpaket zurück, die Familie versammelt sich zum gemütlichen Plausch. Trotzdem ist dieses Buch eine wohltuende Ausnahme, das gängige Klischees von der »nur tollen« Zeit der Schwangerschaft und nach der Geburt infrage stellt. Beste Aufklärungsunterhaltung, zum Glück immer noch im Buchhandel erhältlich.

Haben Sie schon einmal einen jungen Vater erlebt, der tagelang den Tränen nahe ist? Auch er kann in ein seelisches Tief fallen und von Schwermut geplagt sein. Aber am Arbeitsplatz muss er sich zusammenreißen. Wenn dann Mutter oder Vater plötzlich leiden, selbst wenn sie sich auf das Kind gefreut hatten, wird der Alltag bedrückend und kaum aushaltbar. Wie bekannt, leiden viele Mütter unter der sogenannten Wochenbettdepression – für die entsprechenden depressiven Phasen der Väter gibt es bisher noch keinen Fachausdruck.

Unter dem passenden Titel »Papa hat den Baby-Blues« wurden 2005 Ergebnisse von Studien vorgestellt, die deutlich aufzeigen, dass beide Geschlechter auf diese neue Herausforderung mit Depression reagieren können. So untersuchten englische und amerikanische Psychiater die Niedergeschlagenheit junger Eltern: »Von 11 800 Müttern, die an der Studie teilnahmen, waren zwei Monate nach der Geburt zehn Prozent depressiv. Von 8 400 Vätern erfüllten immerhin vier Prozent die Kriterien einer Depression.«[7]

Anke Rohde, Professorin für Gynäkologische Psychosomatik an der Universität Bonn, wird in dieser Studie wie folgt zitiert: »Um die Väter nicht aus dem Blick zu verlieren, muss man vom frauenspezifischen zum geschlechtsspezifischen Denken kommen. Die Geburt eines Kindes stellt schließlich das Leben von Frau und Mann auf den Kopf.«

Falls es Ihnen selbst gerade so ergeht oder Menschen in Ihrem Familien- oder Freundeskreis, dann gibt es schnelle Hilfe durch eine kompetente Anlaufstelle. Das Klinikum Frankfurt am Main hat eine spezielle Hotline für von dieser Depression heimgesuchte Eltern eingerichtet: »Wir bieten Unterstützung für Mütter und Väter, die nach der Geburt ihres Kindes Symptome wie Niedergeschlagenheit, innere Leere, Schuldgefühle oder zwiespältige Gefühle gegenüber dem Kind verspüren. (...) Wenn Sie selbst betroffen sind, die Symptome bei Ihrem Partner beobachten oder als betreuende(r) Hebamme/Arzt Auffälligkeiten bemerken, rufen Sie uns jederzeit an.«[8] Eine sinnvolle Unterstützung, wenn Mütter und Väter nicht mehr ein noch aus wissen und sich nicht getrauen, in ihrer näheren Umgebung um Hilfe zu bitten.

Wie heißt es denn, das Kleine?

Nach der Geburt bekommt das Kind seine Geburtsurkunde, den ersten Schein seines Lebens. Darin werden die Eltern, die Anschrift, der Zeitpunkt und Ort der Geburt, das Geschlecht des Kindes und dessen Vorname oder Vornamen eingetragen und amtlich bestätigt. Dieser Vorname muss innerhalb eines Monats nach der Geburt dem zuständigen Standesamt mitgeteilt werden. Wurde er schon länger vor der Geburt oder nun im Eiltempo entschieden?

»Den ersten richtigen Krach als zukünftige Eltern hatten wir, als wir uns für den Namen für unseren Sohn entscheiden mussten. Wir konnten uns einfach nicht einigen. Am Ende haben wir gewürfelt«, erinnert sich eine 33-jährige Mutter.

Von vielen Eltern hörte ich, dass sie möglichst frühzeitig das biologische Geschlecht ihres Kindes erfahren wollten, damit »wir früh mit der Namenssuche anfangen können«. Allerdings geht dieser Wunsch wohl eher von den Frauen als den Männern aus. »Meine Frau verteilte in der ganzen Wohnung Zettel und immer, wenn sie im Radio einen Namen hörte, der ihr gefiel, schrieb sie ihn auf. Nach drei Wochen konnten wir uns vor möglichen Vornamen nicht mehr retten«, klagte ein Vater. Am Ende wählten sie »ganz konservativ, damit der Junge später nicht gehänselt wird«. Der Sohn bekam einen Namen, der zu denen der Kinder im Freundeskreis passte. Sehr praktisch gedacht und sicher keine Fehlentscheidung. Denn die Vornamen der Kinder im Bekanntenkreis sind ein Merkmal der eigenen sozialen Gruppe und drücken ein Zugehörigkeitsgefühl aus.

An der Universität Heidelberg gingen vier Psychologie-Studentinnen 2007 der Frage nach, nach welchen Regeln Eltern letztlich entscheiden, wie ihr Kind genannt werden soll. In einem Forschungsprojekt befragten sie in einer Online-Untersuchung rund 500 Eltern, was ihnen bei der Entscheidung des Namens ihres Kindes am wichtigsten war. Das Ergebnis im Wesentlichen: »Der Name soll einen schönen Klang haben, keinen Anlass zu Hänseleien geben und für jedes Lebensalter passen.«[9]

Gehen die zukünftigen Eltern gleich an diese so wichtige Aufgabe heran? Immerhin soll der Vorname ein Leben lang akzeptiert werden! Nein, hier denken zukünftige Mütter anders als zukünftige Väter: »So machen sich etwa Frauen über ästhetische Gesichtspunkte mehr Gedanken als Männer und stellen auch praktische Überlegungen an. Sie berücksichtigen eher, dass der Name eine schöne Bedeutung hat, leicht zu schreiben ist und einen schönen Klang hat. Männer dagegen empfinden nur zwei Regeln wichtiger als Frauen, nämlich dass der Name dem Vorbild eines Prominenten oder eines Freundes entsprechen soll.«

Bei Mädchen oder Jungen wird unterschiedlich entschieden: »Einen Geschlechter-Effekt hat die Studie auch bei den Kindern festgestellt: Jungen bekommen einen Namen, der leicht zu schreiben ist. Bei der Schreibweise von Mädchennamen bevorzugen Eltern hingegen ausgefallene Varianten. Dieses Ergebnis bestätigt frühere Forschung aus den USA, nach der Männernamen Stabilität und Bodenständigkeit ausdrücken sollen, währenddessen Frauennamen modisch sein und Attraktivität widerspiegeln sollen.«

Emanzipation hin oder her, bei der Namensvergabe gelten offenbar noch alte, traditionelle Regeln.

Während die meisten Eltern im ersten Drittel der Schwangerschaft mit der Suche beginnen und sich im dritten Drittel endgültig entscheiden, stand der Name für 17 Prozent der Befragten bereits vor der Schwangerschaft fest. Allerdings gibt es auch eine kleine Anzahl von »Spätzündern«, die erst nach der Geburt anfangen, einen Namen zu suchen.

In begründeten Fällen können Erwachsene später ihren Vornamen ändern.

Vielleicht macht es ja Sinn, diese Gründe schon vor der Namenswahl des Nachwuchses zu bedenken:

»Vornamensänderungen sind in Deutschland nur zulässig, wenn ein wichtiger Grund vorliegt. Zuständig ist das örtliche Standesamt. Mögliche Gründe für die Zulässigkeit einer Vornamensänderung: exotischer Vorname bei Einbürgerung, Verwechslungsgefahr, Vornamen, die lächerlich oder anstößig klingen, das Geschlecht ist nicht eindeutig erkennbar, problematische Schreibweise oder Aussprache, Vornamen, die Auslöser für psychische Probleme sind (zum Beispiel durch Assoziationen).«[10]

Wenn all diese hier angeführten Gründe nicht zutreffen, gibt es immer noch eine individuelle Lösung: den Künstlernamen.

Mit nackter Brust in der Öffentlichkeit

Stillen oder nicht? Diese Frage wird sich jede Schwangere stellen und für sich passend die Lösung suchen. Frauen ein schlechtes Gewissen einzureden, weil sie nicht stillen wollen oder können (weil die Muttermilch einfach nicht genügend fließt), halte ich für unredlich. Ist denn die Mutter, die ihren Säugling stillt, automatisch die »bessere« Mutter?

In der Öffentlichkeit durfte die nackte Brust einer stillenden Mutter im letzten Jahrhundert zumindest in den Städten nicht gezeigt werden. Im Jahr 1910 ließ der »Frankfurter Bund für Mutterschutz« eine Postkarte mit einer Radierung von Heinz Wetzel vervielfältigen, auf der eine stillende Frau dargestellt war. Die für die Säuglingsfürsorge sammelnden Damen entrüsteten sich über diese »unanständige« Abbildung und weigerten sich, die Postkarten zu verkaufen. Auch Geschäftsleute wiesen das »anstößige« Plakat zurück.[11]

Interessant an dieser kleinen Episode ist, dass die jahrtausendelange Darstellung von stillenden Müttern in der Kunst, ebenso wie die stillende Jungfrau Maria in der christlichen Kirche, nicht als anstößig gesehen wurde.

Was in anderen Kulturen selbstverständlich ist, wird hierzulande mit Befremden kommentiert. Eine stillende Frau auf der Parkbank oder im Restaurant ist bis heute selten anzutreffen. Dabei ist das Stillen sehr praktisch, kann die Mutter doch das Baby überall mit hinnehmen. Wenn sich junge Mütter heute noch fürs Stillen an einem ruhigen öffentlichen Ort rechtfertigen müssen oder dort nicht stillen sollen, heißt dies doch in letzter Konsequenz, dass sie über Monate quasi vom öffentlichen Leben ausgeschlossen sind.

In Kindergärten konnte ich immer wieder beobachten, wie kleine Kinder auf stillende Mütter reagieren: Sie schleichen sich an, staunen und werden bald selbst ganz still. Mit großen Augen wandert der Blick vom Gesicht der Mutter auf den Kopf des Säuglings. »Ich hatte das früher auch«, »Schmeckt das dem Baby gut?« oder »Ich habe immer ganz doll gerülpst« sind dabei die geflüsterten Kommentare der Kinder zueinander.

Für Mütter, die stillen und gleichzeitig berufstätig sind, bietet das Mutterschutzgesetz im § 7 Stillzeit einen hilfreichen gesetzlichen Rahmen. Den Wortlaut dieses Textes finden Sie im Internet unter www.gesetzesweb.de/MuSchG.html

»Nimmst du mich überhaupt noch wahr?«

Mütter und Väter, die die ersten zwei Monate gemeinsam ihr Kind versorgen und auch zu Hause das Lebensgefühl als Familie erlernen können, haben es sicher viel einfacher, als die junge Familie, in der sich Vater und Mutter den ganzen Tag über nicht sehen. Denn wenn dort der Vater abends von der Arbeit zurückkommt, ergeht es ihm vielleicht so wie dem Vater, der mir erzählte:

»Ich kam todmüde nach Hause und schon, wenn ich den Schlüssel ins Türschloss steckte, hielt ich die Luft an. Alles bei uns war so anders, so fremd: Es roch anders, keine laute Musik mehr, keine lockere Hänselei. Wir waren plötzlich so ernst und erwachsen im Umgang miteinander.«

Alles dreht sich mit einem Male nur noch ums Kind. Es fehlt die Zeit für gemeinsame Ruhepausen, die Zeit zum Erzählen und Zuhören. Und wie der Vater so anschaulich schilderte: Die Leichtigkeit und die Unbeschwertheit sind vielleicht auch abhandengekommen. Das ist für beide Elternteile schmerzlich. Auch ganz persönliche Bedürfnisse, wie zum Beispiel, erst einmal laut die Lieblingsmusik zu hören, mit einem Freund in Ruhe zu telefonieren, müssen auf ein Minimum zurückgeschraubt werden. Es gibt Tage, da ist das Gefühl sehr stark, immer nur zu kurz zu kommen.

Beim ersten Kind braucht es viel Geduld und Toleranz im Umgang miteinander – beim zweiten Kind können die Eltern schon viel besser mit einer solchen Situation umgehen.

Unter dem Titel »Verpass nicht die Rolle deines Lebens« bat die Kirchenzeitung für das Bistum Aachen im Jahr 2004 Eltern um Antworten auf den Fragenkomplex »Was ändert sich durch die Geburt des ersten Kindes?«. Sehen wir uns an, wie gleich oder unterschiedlich Frauen und Männer als Mütter und Väter die Veränderungen in ihrer gemeinsamen Lebenssituation einschätzten.

Eine Frage lautete: »Nahmen Streit und Auseinandersetzungen zu?«

Die Wahrnehmung der Geschlechter unterschied sich hier kaum, denn 36 Prozent der Mütter und 38 Prozent der Väter antworteten mit einem Ja.

Dazu folgendes typisches Beispiel: Ein halbes Jahr nach der Geburt des ersten Kindes war die Beziehung eines Elternpaares aus dem Ruder gelaufen und beide Partner waren völlig verzweifelt. Beide empfanden diesen Zustand als so desolat, dass sie mich um ein Beratungsgespräch baten.

Früher, vor der Geburt des Kindes, trugen beide gleichwertig zum Familieneinkommen bei, sie reisten gern und viel und wollten nun »aus einem Paar eine Familie machen«. Jetzt blieb die Frau zu Hause. In der Firma des Mannes ging es drunter und drüber. Von ihm wurde ständige Verfügbarkeit »für den Notfall« erwartet. Selbst nach Dienstschluss blieb er in Rufbereitschaft. In dieser für ihn so angespannten Situation als Alleinernährer fehlte ihm »die Gelassenheit, um nicht alles, was meine Frau sagt, persönlich zu nehmen«. Die Mutter hatte während der Schwangerschaft »mit Freundinnen geredet, die auch gerade schwanger waren«. Sie tauschten sich aus: »Wir träumten zusammen von der Zukunft in einer glücklichen Familie.«

Beide Elternteile bestätigten, dass sie sich sehr auf das Kind gefreut und dass sie ihre Beziehung bis zur Geburt des Kindes als ausgewogenes Miteinander erlebt hatten. Doch dann, als das Baby da war, verlor die 35-jährige Frau ihr Selbstbewusstsein: »Ich fühlte mich ständig von meinem Mann beobachtet und beobachtete mich selbst. Mir rutschte das Baby einmal fast aus dem Arm. Es war so schrecklich. Ich hatte Angst, das alles nie zu packen.«

Für den gleichaltrigen Partner stellte sich die Situation ganz anders dar: »Früher konnten wir über alles reden, wir stritten und versöhnten uns. Ich fühlte mich gleichwertig in unserer Beziehung. Wir haben uns nicht gegenseitig dominiert. Aber plötzlich wusste meine Frau immer alles besser und ich fühlte mich wie ein Trottel.«

Sie: »Ich wollte unbedingt Sicherheit ausstrahlen, und da habe ich so getan, als wüsste ich alles besser.«

Er: »Ich hatte einfach nicht einkalkuliert, dass sie mit dieser Aufgabe als Mutter nicht sofort klarkam.«

Da saßen sie sich nun gegenüber: verzweifelt und hilflos. Das erwartete große Glück hatte sich in eine Entfremdung zwischen ihnen gewandelt. Er war im Stress, sie war im Stress. Und das Kind? Da waren sich beide einig: »Das Kind selbst ist nicht das Problem, es ist ganz prima. *Wir* sind das Problem!« Das Kind selbst lag während dieses Gesprächs auf einem großen Kissen, ab und zu schmunzelte es im Traum. Es schien, als würde es über die Probleme der Eltern lächeln.

Gut, dass sie den Mut hatten, professionelle, neutrale Hilfe in Anspruch zu nehmen. Am Ende unseres Gesprächs trafen die Eltern eine wichtige Entscheidung: *Wir akzeptieren, dass wir beide am Üben sind, dass wir nicht perfekt sein müssen.* Dies ist schon mal eine sehr kluge Sichtweise! Und dieses Paar ging noch einen Schritt weiter: »Aber bei aller Verantwortung als Eltern – einen Abend alle zehn Tage brauchen wir für uns allein – ohne Kind!« Sie hatten einen bedeutsamen Entschluss gefasst, nämlich den, sich wieder als Paar, als Liebespaar erleben zu wollen. Und das Handy bleibt an diesem Abend ausgeschaltet! Eine ältere Nachbarin bot sich schnell als »Gast-Oma« für diese Abende an.

Zurück zum Kirchenzeitungs-Fragebogen. 38 Prozent der Mütter und 58 Prozent der Väter waren der Meinung, dass mit dem ersten Kind Unfreiheit und Einschränkungen zunahmen. Ein deutlicher Unterschied zwischen Müttern und Vätern.

Menschen müssen sich absprechen, wenn sie zu zweit durch den Alltag gehen wollen. Wann wir allerdings Absprachen als Einschränkung der individuellen Freiheit erleben, ist sehr situationsbedingt – auch ohne Kind. Offenbar fühlen sich Väter dabei sehr viel mehr als Mütter in ein Korsett gedrängt.

Schon ganz zu Beginn dieser neuen Alltagssituation werden die Weichen für die Zukunft gestellt: Wie gehen Paare nach der Geburt eines Kindes miteinander um? Sind sie noch aufmerksam, nehmen sie sich gegenseitig noch ausreichend wahr oder gilt alle Aufmerksamkeit nur noch ihrem Kind?

Die Antworten auf diese Frage finde ich sehr interessant, denn 72 Prozent der befragten Frauen waren der Meinung, dass die Aufmerksamkeit und Zuwendung ihres Partners sank. Männer scheinen sich hier nicht so sehr zurückgesetzt zu fühlen, wie allgemein vermutet wird, denn »nur« 55 Prozent der Väter fühlten ein Defizit an Zuwendung. Wird nicht üblicherweise davon ausgegangen, dass Mütter ihre ganze Energie in die Aufmerksamkeit dem Kind gegenüber stecken und Männer sich deshalb oft wie das fünfte Rad am Wagen fühlen? Allerdings blieb hier offen, welche Form der Aufmerksamkeit gemeint ist.

Als Trost für Mütter und Väter, die sich gerade in dieser intensiven Phase mit einem Baby befinden, hier ein Ausblick für die Zeit danach: »Wenn die Geburt des Kindes schon länger zurückliegt, also das Kind nicht mehr das neue, vieles bestimmende Ereignis ist, nehmen auch außerhäusliche Freizeitaktivitäten bei den Eltern wieder zu. Dies gilt nicht nur für die Väter, sondern auch für die Mütter.«[12]

Ich wünsche mir
eine glückliche Familie oder:
Familiäre Wirklichkeiten

Auch wenn Schwangerschaft, Geburt, das Alltagsleben in einer Partnerschaft, die Fürsorge für Kinder als extrem privat, persönlich und einmalig erlebt werden, gibt es parallel in der Welt jede Menge Frauen, die genau in den gleichen neun Monaten schwanger sind und am gleichen Tag ein Kind zur Welt bringen. Extrem unterschiedlich allerdings sind Lebensalter, soziale Stellung, Gesundheitsversorgung sowie Zugang zu Bildung und Lebenserwartung von Mutter und Kind. Mütter leben entweder in der Klein-, der Groß- oder der Mehrgenerationenfamilie. Mal sind sie die einzige Frau an der Seite des Mannes, mal eine unter mehreren. Die eigene Lebensrealität ist jedoch die ausschlaggebende, in der sich Frauen und Männer zurechtfinden (müssen).

Was wir über andere Familien wissen, zu wissen meinen, ist immer nur ein kleiner Ausschnitt der Wirklichkeit. Ständig werden neue Fakten veröffentlicht, die be- oder widerlegen sollen, in welchem Zustand sich die Familienwirklichkeit hierzulande gerade befindet. Früher, so wird uns weisgemacht, hielten die Ehen länger, bekamen die Frauen mehr Kinder. Statistiken mit mehrfarbigen Kurven sollen dies verdeutlichen, die Linien gehen hoch oder runter. Aber stimmen die Aussagen und auf welcher Grundlage wurde das statistische Datenmaterial erhoben?

Der 1919 geborene Historiker Georges Duby beschrieb die Gefahren von Geschichtsforschungen sehr treffend:

»Den ersten perspektivischen Fehler begeht der Historiker, wenn er sich nur an die normativen Aussagen hielte, an den Wortlaut der Vorschriften, an die Formeln juristischer Schriftstücke, wenn er nur den Worten vertraute und glaubte, dass sie tatsächlich das Verhalten der Menschen bestimmt hätten. Vergessen wir niemals, dass jede gesetzliche oder moralische Vorschrift nur ein Element inmitten eines ideologischen Gebildes ausmacht, das geschaffen wurde, um bestimmte Handlungen zu rechtfertigen und in einem gewissen Maß zu verschleiern. Unter dem Deckmantel, mit dem sich das gute Gewissen umgibt, wird jede Vorschrift mehr oder weniger weit übertreten.«[1]

Je nachdem, wie klein oder groß unsere individuelle Welt ist, ob wir immer am gleichen Ort oder an mehreren Plätzen der Welt gelebt haben, messen wir unseren eigenen Wert, unsere eigene Normalität an den verfügbaren Familienerfahrungen um uns herum. So können wir uns dem eigenen Geschlecht im gleichen Alter zuordnen, uns abgrenzen von den Jüngeren und Älteren. Wir beobachten andere Paarbeziehungen und sind mit unserer Liebe zufriedener oder unzufriedener. Wir erleben die Erziehungsprinzipien anderer Mütter, anderer Väter und sind davon überzeugt, dass einige mit dieser Aufgabe schlechter, andere besser zurechtkommen.

»Wenn ich groß bin, will ich auch eine Familie machen, dann bin ich nie allein«, stellte ein fünfjähriger Junge in einer Kindergruppe klar. Dann drehte er sich zu einem gleichaltrigen Mädchen um und machte ihr folgenden Vorschlag: »Du machst dir auch eine Familie und dann können unsere Kinder zusammen spielen!« Das Mädchen nickte erst und drehte sich dann zu mir um: »Und wie mache ich mir eine Familie, wenn ich keinen Freund finde?«

In diesem kurzen Gespräch steckt viel Familie drin: Ich bin

nicht allein, ich habe Freunde, meine Kinder haben Freunde und Freundinnen. Aber auch die Frage: Was ist, wenn mir niemand begegnet, mit dem ich eine Familie gründen will?

Wir suchen unsere Identität im Vergleich und wissen doch so wenig von dem, was hinter den geschlossenen Türen um uns herum stattfindet. Wir werden mit katastrophalen Familienverhältnissen in Familien- und Jugendgerichtsserien gefüttert, wenn wir durch die Fernsehprogramme switchen. Diese Nachmittagssendungen sind eine Inszenierung ständiger Familiendramen. Aber können die spektakulär inszenierten Berichte Orientierungshilfen anbieten?

Die Medien hoffen auf hohe Quoten durch die Darstellung von Katastrophen, der Kindsmörderin, dem Vater, der die ganze Familie auslöscht, dem verwahrlost aufgefundenen Kleinkind. Dabei wird das Bild der heilen Familie zerstört: Wie hat es nur so weit kommen können?! Hat denn niemand etwas bemerkt? Wie kann es sein, dass in Familien das Chaos ausbricht und niemand reagiert?

Jedes dieser Schicksale ist schrecklich, aber immer ging diesen Tragödien schon ein länger anhaltendes Unglück voraus: die alleingelassene überforderte Mutter, der mit seiner Verantwortung oder der Ablehnung durch die Partnerin nicht fertig werdende Vater. Mutter-, Vater-, Kinder-, Familienleben isoliert, ohne Freunde, ohne Zukunft, ohne Arbeit ... Menschen, bar aller Hoffnung.

Wann lesen, hören wir von Familien, in denen das Leben so lebenswert ist, dass alle Familienmitglieder mit ihrem Dasein in genau dieser Familienkonstellation zufrieden, vielleicht sogar glücklich sind?

Neulich, an einem Sonntagabend in einem Münchner Biergarten, beobachtete ich einen ca. zehnjährigen Jungen, der mit einem jüngeren Mädchen, das an seiner Hand hüpfte, den Weg entlangkam. Beide blieben stehen, die Kleine sagte etwas, der Junge lachte, strich ihr eine Strähne aus der Stirn und steckte die

Haarspange fest. Ich sah zu und fühlte mich wohl. Beide strahlten Harmonie und Geborgensein aus.

Später liefen diese Kinder wieder an mir vorbei, diesmal begleitet von einem noch kleineren Mädchen, das vor ihnen hin und her lief, immer mit Blick auf den Jungen. Und hinter ihnen ging ein Paar. Frau und Mann, ganz entspannt, Arm in Arm mit Picknickkorb und Federballschlägern. Wären die drei Kinder, die den Erwachsenen so ähnlich sahen, nicht gewesen, ich hätte dieses Paar für ein glückliches Liebespaar, nicht automatisch für Eltern gehalten. Eine rundum zufriedene Familie, ohne Wenn und Aber.

Es gibt sie, diese Familien, überall. Nicht, dass es dort ab und zu nicht krachen wird und die Geschwister auch mal weniger freundlich und entspannt miteinander umgehen. Das gehört zum Zusammenleben dazu. Aber an diesem Abend waren alle Familienmitglieder offensichtlich froh und zufrieden.

Was macht eine glückliche Familie aus? Ist es einfach das Schicksal, dass Frau und Mann so harmonisch zusammenfügte? Halten diese Familien geheimnisvolle interne Absprachen ein? Gibt es Familienangehörige, die ab und zu die Kinder übernehmen, haben die Kinder Freundinnen und Freunde, die zu ihnen nach Hause kommen?

Die Abwesenheit von Krankheit, Arbeitslosigkeit, Schulstress der Kinder, zu engem Wohnraum und was sonst alles noch das Familienleben existenziell belasten kann, bietet zumindest einen ersten Rahmen, der die Entwicklung von Familienharmonie ermöglicht.

Die kleinste Einheit – Fotobildstrecken zur Nuklearfamilie

In einem Fachbuch stieß ich auf folgende Beschreibung einer modernen Kleinfamilie: »Einen Vorteil kann man für die isoliert lebende Nuklearfamilie ausmachen: den außergewöhnlich hohen Grad an Autonomie, der dieser Erziehungsarchitektur eigen ist.«[2]

Das Wort »Nuklearfamilie« war mir neu. Bei »nuklear« dachte ich mehr an Atome, an isolierte Teilchen. Mit sozialem Leben allerdings hatte dieser Begriff für mich erst einmal nichts zu tun. Doch weiter im Text: »Eltern können sich ihre Familie nach ihren persönlichen Leitvorstellungen bauen, sie können das an Entfaltung und Entwicklung realisieren, was sich mit ihren Ressourcen und ihren Kompetenzen in Einklang bringen lässt.«

Hatte ich richtig verstanden? Wie passt diese Beschreibung zu meinen Lebenserfahrungen? Wenn dem so ist, dann schwimmen Frauen und Männer in ihrem Leben eben mal an dieses Ufer, mal an jenes und immer entfalten sie ihre individuellen Leitvorstellungen. Wenn sie dann Eltern geworden sind, nehmen sie die Kinder eben mit zu neuen Ufern. Grenzenlose Freiheit? Hübsch gesagt.

Ich gab das Wort »Nuklearfamilie« bei Google ein: Und siehe da: Ich landete als Erstes auf der Seite einer Foto-Bildagentur.[3] Werden sie dort visualisiert, die vielen Bilder vom wirklichen Familienleben, die wir aus privaten Fotoalben kennen? Schwarz-Weiß-Darstellungen mit gezacktem Rand? Digitale Schnappschüsse aus dem Alltagsleben? Weihnachtsessen unter der geschmückten Tanne? Vater, Mutter, Kind und Oma vor dem ersten Auto?

Nein, beim ersten Durchklicken wird deutlich: Ganz anders, als wir selbst uns sehen, wir normalen, dünnen, dicken, großen, kleinen Frauen, Männer und Kinder, wird uns hier Familienglück präsentiert. Ein Klischee reiht sich ans andere. Alle abgebildeten

Menschen sind krampfhaft glücklich, gekleidet aus dem neuesten Modekatalog, hineingesetzt in die aktuellen Möbelkataloge. Keine lebendige Unordnung. Diese Menschen sollen jung und dynamisch rüberkommen. Kulturelle Familienvielfalt, wie wir sie in unseren eigenen Familien oder um uns herum erleben, wird nicht dargestellt.

Unter 1 729 (!) käuflichen Fotos von über 50 Anbietern hätte ich mir mein Wunschfoto wählen können. Mehrere Stichworte standen jeweils unter den einzelnen Abbildungen. Einige greife ich heraus, der Einfachheit halber lasse ich das jeweils erste Stichwort »Familie« hier weg: Vater, Mutter, Tochter, Teenager, Kind, Eltern, entspannt, Heim – sitzend, Rücksitz, Auto – lächelnd, Fotoapparat – Garten – Spaß – beten, vorher, Mahlzeit – zwei, Generation, laden, Auto, frisch, Gemüse – entspannend, Sessel, neben, Balkon – vor dem im Rohbau befindlichen Eigenheim – Urlaub, tropisch, Kreuzfahrt – shoppen mit vielen Einkaufstüten.

So ging es munter weiter. Stichworte wurden hier aneinandergereiht wie auf einem Einkaufszettel. Eine Kennzeichnung für Produkte oder Stimmungen, mit denen Medienberichte oder Werbeanzeigen bebildert werden sollen. So wird die »Nuklearfamilie« also präsentiert, die ich »beim Grillfest, im Eigenheim, beim Schlittschuhlaufen, beim Wandern, am Strand, am oder im Auto, gemeinsam vor dem Fernsehapparat …« antreffen kann.

Befremdlich an dieser Bilderflut war, dass in unterschiedlichen Darstellungsformen immer wieder dieselben Männer, Frauen und Kinder auftauchten. Sie wurden zu Stichworten hindrapiert und es wurde bald klar: Hier sehe ich keine richtige Familie, sondern künstlich hervorgebrachte Momentaufnahmen von möglichen »sympathischen« Familiensituationen, in denen allesamt Frohsinn, finanzielle Unabhängigkeit und Gesundheit präsentiert wurde. Nicht reale Väter, Mütter, Kind(der) bekam ich zu sehen, sondern Fotomodelle, die gerade dem trendigen Frauen-, Männer- und Kinderbild entsprechen.

Die »Nuklearfamilie« bestand aus Vater, Mutter, einem oder zwei Kindern (Junge und Mädchen) und die Fotos waren untertitelt mit »asiatisch«, »weiß«, »spanisch«, »afrikanisch« oder »Lebensstil« – gleichförmige Darstellungen einer »Mittelschicht-Internationalität«.

Auf Seite sieben der Fotostrecke fand ich erstmals eine Aufnahme, die eine Problemsituation mit folgendem Untertitel zeigte: »Elternteil, blond, beanspruchen, toben, Streit.« Hier flogen die Fetzen: Im Vordergrund ein ca. zehnjähriges Mädchen, das sich die Ohren zuhielt, während im Hintergrund eine sichtlich wütende Frau auf das Mädchen zeigte und einen Mann anschrie, der einen kleinen Jungen auf dem Arm trug. Dieses Foto hätte zu Berichten mit der Überschrift »Der Seitensprung« oder »Wieder eine Sechs in Mathe, warum hast du nicht mit ihr geübt?« gepasst.

Einige Bilderreihen später wieder die gleichen Menschen: die Frau, der Mann mit dem Jungen auf dem Arm, das blonde Mädchen wieder im Vordergrund. Diesmal streckt die Frau dem Mann ein Blatt Papier entgegen. Mit diesem »Dokument« in der Hand stellt sich diese Familiensituation gleich ganz anders dar: Wie wäre es mit »Vor dem Konkurs«, »Spielschulden« oder »Scheidungsurteil«?

Nach 800 immer gleichartigen langweiligen Familienfotos wechselte ich das Stichwort. Nun suchte ich einfach nach der »Familie«: Das war natürlich viel zu allgemein formuliert, denn jetzt konnte ich unter 567 000 Fotos auswählen. Zur schnelleren Orientierung wurden mir Unterordner angeboten. Die Nuklearfamilie in Aktion sozusagen. Und was wird gemeinsam unternommen? Das Ergebnis erstaunte mich: Ich fand 100 Bilder zu »Wände streichen als Familienprojekt«; 65 Fotos zu »Segelausflug mit der Familie«; zu »Fitness mit der Familie« konnte ich unter 90 Fotos wählen. Alle Abgebildeten befanden sich in ständiger Freizeitstimmung. Selbst die Zimmerrenovierung wurde als großes Spaßprojekt dargestellt.

Der konstruierte Vater

Natürlich ist es verwegen, einfach nach »Vater« in dieser Bildagentur zu suchen. Blitzschnell wurden mir unter dem Stichwort »Vaterschaft« 11 937 Bilder angeboten. Ich traute meinen Augen nicht, dort wurde doch wirklich die Kombination »Vater, Besitz (!), Kind« verschlagwortet. Ich fand auch »Soldat, Besitz, seine, traurig, Tochter« oder »Vater, lächelnd, Besitz, oben, Tochter«, »spanisch, Militär, Fütterung, Uniform, Baby«. Auf diesem Foto gibt ein Mann in Uniform einem Baby die Nuckelflasche! Es tauchte auch die Kombination: »Vater, trösten, Baby, mitten, Nacht« auf. Ein Mann stand hier mit einem Säugling unter einer großen Wanduhr, deren Zeiger kurz vor halb drei anzeigten. Da ich inzwischen wusste, dass dies ein gestelltes Foto ist, konnte es in Wirklichkeit außerhalb des Fotostudios vielleicht heller Sonnentag um die Mittagszeit gewesen sein.

Selbstverständlich gab es auch den Vater als Spaßvater, der mit dem Kind, den Kindern am Strand tobt, sie in der Schubkarre vor sich her schiebt, das Kleinkind in die Luft wirft (ein in Fachzeitschriften und Apothekerzeitungen gleichermaßen beliebtes Motiv); Vater und Kind rund um den Laptop (auch hier dieselben Männer mit denselben Kindern in unterschiedlicher Darstellung: in teurem Küchenambiente, auf dem weißen Ledersofa); der moderne Vater – hockt mit einem Kind auf den Knien vor einer geöffneten Waschmaschine: »Vater, Baby, Wäscherei«.

Die konstruierte Mutter

Nach dem Vater nun die Mutter! Unter dem mir angebotenen Stichwort »Mutterschaft« konnte ich unter 22 576 Bildern auswählen.

Gleich am Anfang dieser Bildfolge sah ich eine in einer Küche stehende Frau, neben der ein übertrieben fröhlich dreinblickender ca. zehnjähriger Junge mit Schürze (!) stand. Dieses Foto hatte wirklich echten Unterhaltungswert, darunter die Stichworte »Mutter, vorbereiten, Mittagessen, zusammen«.

In welchen Familien geht es so zu? Der Sohn kommt aus der Schule, bindet sich eine saubere Schürze um und will nun frohen Mutes der Mutter in der Küche zur Hand gehen ...

Mütterdarstellungen gibt es natürlich auch anders: »Fußball, Mutti, Hurrarufen« (Mutter nicht etwa Fußball spielend, sondern in diversen Jubelstellungen) – »beschäftigt, Mutter, Multitasking, Küche«. Abgebildet war die immer gleiche junge Frau, die eben noch dem Fußball spielenden Jungen zujubelte, jetzt mit kleinem Kind auf dem Arm in diversen Kameraeinstellungen. Junge Mütter mal telefonierend oder mit den Töchtern »shoppen« gehend.

Beim Stichwort »Mutterschaft« wurden mir viele Mutter-Kind-Konstellationen aus dem Tierreich zwischen den liebkosenden Menschenmüttern zum Kauf angeboten. Das verwunderte mich nun wirklich nicht mehr, denn auch auf dem Buchmarkt wird die »Mutterliebe« gern durch Tiere verdeutlicht.

Die glückliche und die problembeladene Familie

Jetzt wollte ich die andere Seite testen: Was finde ich unter dem Stichwort »Scheidung«? 1 251 Angebote erhielt ich. Natürlich war hier Schluss mit der ständig glücklichen Nuklearfamilie. Stattdessen zerbrochener Ehering, Lippenstift am Männerhemdkragen, »Mann, Frau, argumentieren«. Angeboten wurden mir auch »Aufgeschlagene Bibel mit Eheringen«, die immer gleichen

Paare Mitte 30 auf dem Sofa voneinander abgewandt sitzend. Symbolische Schlüsselübergaben. In der Abbildungshäufigkeit dann nicht mehr originell: Eine Frau wirft Männerkleidung vom Balkon. Im Hintergrund strahlend blauer Himmel und die Kleidung fällt so sanft und weich gespült, dass das Foto auch als Waschpulverwerbung durchgehen könnte. Das Stichwort »Vater isoliert« tauchte in diesem Zusammenhang immer wieder auf.

Für 599,- Euro könnte ich mir eine CD mit 100 Bildern zum Stichwort »Familie macht Spaß – Sammlung von photographischen Bildern« herunterladen. (Auch das Familienministerium benötigt für die Vielzahl an motivierenden Broschüren Fotos dieser Machart.) Fröhlich und bunt sind sie, diese Familien mit Luftballons, farbigem Kochgeschirr, eingehüllt in bunte Badetücher am Strand, durch einen Rasensprenger hüpfend. Diese inszenierte Familienharmonie hinterlässt bei mir den Eindruck, dass ich mein Leben als Mutter wohl im falschen Film verbracht habe.

Das »Bild einer Familie«

Woran orientieren wir uns? Jede und jeder für sich? Früher, ganz weit zurück, gab es die »Realität der nahen Umgebung«. Mögliche alternative Lebensformen wurden nur bekannt, wenn eine Person von weit weg vorbeikam und darüber erzählte. »Was es alles gibt, gibt es das wirklich?« – so ungefähr stelle ich mir das ungläubige Staunen derer vor, die erstmals erfuhren, dass anderswo andere familiäre Regeln galten. Der Überbringer der Nachricht (Frauen durften zu alten Zeiten selten so weit reisen) erzählte natürlich so, wie er wollte.

Eines Tages bemerkte ich im Schaufenster eines Trödlers einen kleinen, alten Kupferstich mit einer Darstellung von Mann, Frau und Kindern. Ich ging in den Laden hinein und bat den Verkäufer um das »Familienbild«. Er meinte, ich habe mich wohl verguckt, denn im Schaufenster sei keines. Also bat ich ihn, mit rauszukommen, damit ich ihm das kleine Bild zeigen könne. Leicht unwillig folgte mir der Mann. Sein spontaner Ausruf war wirklich filmreif: »Aber bitte, meine Dame, das ist doch kein Familienbild, das sind Wilde, irgendwelche Ureinwohner aus einem alten Buch über Kannibalen …!«

Das Bild steht jetzt gerahmt in meinem Bücherbord: 14 mal 9 Zentimeter groß, über der Abbildung beschriftet mit »Australien« und darunter mit »Eine Familie Wilder«. So gesehen hatten wir beide recht, der Verkäufer und ich. Abgebildet sind ein Mann, eine Frau und zwei Kinder. Sie trägt das kleine Kind auf den Schultern, dahinter läuft ein größeres Kind. Alle nackt, der Mann mit einem zwischen den Beinen herabhängendem Stoff, die Frau ganz nackt. Er mit Schild und Speer, sie mit Henkelgefäß und Seil, das größere Kind, vermutlich ein Junge, trägt mehrere Holzpfeile. Der Mann schaut in die Ferne, Frau und Kinder auf mich, die Betrachtende. Im Bildhintergrund hockt eine nackte Frau vor einer Feuerstelle, neben ihr steht hoch aufgerichtet ein Mann, ebenfalls mit Speer und Lendenschurz. Von Wildheit keine Spur. Die Dargestellten könnten, mit zeitgemäß europäischer Kleidung, auch auf einem Campingplatz an einem deutschen See Urlaub machen.

Wie sehr Familienabbildungen einen gesellschaftlich erwünschten Effekt erfüllen können, wie manipulativ politische Systeme vorgehen, um die erwünschte Familienform darzustellen, zeigt folgendes Zitat aus dem Aufsatz »Das Familienbild in Propagandaplakaten der VR China«:

»Bei Abbildungen von Kindern in chinesischer Propagandakunst muss klar unterschieden werden zwischen Kleinkindern, die üblicherweise im Zentrum des Bildes stehen und verhätschelt werden (besonders bei traditionellen Neujahrsdrucken …), und größeren Kindern. Diese müssen als produktiver Teil der Gesellschaft meist ihre Bürgerpflicht tun und werden nicht sehr verschieden von Erwachsenen dargestellt. Wir wollen uns also auf Bilder von Kleinkindern konzentrieren. Interessanterweise wurden auch auf Plakaten vor 1979 zumeist wenige Kinder als Mitglieder von Familien abgebildet, meist nur eins oder zwei.«[4]

Wenn sich die Wahrnehmung ändern soll, ändern sich eben auch die Abbildungsvorgaben: »Insbesondere ab den 80er-Jahren (aber auch schon vorher) wurden auf Propagandaplakaten vorwiegend Mädchen gezeigt, um die Gleichwertigkeit von Mädchen zu verdeutlichen – zweifellos eine Folge der zahlreichen Abtreibungen und Tötungen von weiblichen Kindern, die auf den traditionell geringen Stellenwert von Frauen in der chinesischen Gesellschaft zurückzuführen waren (und immer noch sind).«

Das Propagandabild der Familie finden wir in allen politischen Systemen. Jede Nationalität präsentiert ihre Wunschkonstellation von Familien, wie es gerade gebraucht wird. Diese gezielt inszenierten Bilder werden manipulativ eingesetzt. Sie sollen beeinflussen und fordern uns quasi auf, uns an ihnen zu messen. Wenn die Familie über einen längeren Zeitraum dargestellt wird, wie auf den Bildern der Fotoagentur oder den chinesischen Plakaten, dann steht dahinter die unausgesprochene Botschaft: So ist es »normal« oder »richtig« – und wenn du nicht so lebst, dann lebst du »falsch« oder »unnormal«.

Bauanleitungen für Familien

Am 24. Dezember 2009, dem Heiligen Abend mit der Heiligen Familie, erschien im Internet ein Artikel mit dem anregenden Titel »Ich bau mir eine Familie«. Darin schilderte die Autorin Birgit Kelle ihr Unwohlsein über den mittlerweile so erweiterten Familienbegriff, in dem sie sich nicht mehr zurechtfand.

Gleich zu Beginn dieses Artikels stellte sie klar: »... was meinen wir, wenn wir von Familie sprechen? Um die Frage zu beantworten, genügt dem gesunden Menschenverstand ein Blick in die Spielecke jedes x-beliebigen Kindergartens: Vater-Mutter-Kind wird nach wie vor gespielt. So einfach könnte es sein, wären da nicht die Erwachsenen mit ihren komplizierten Definitionen. Einfach ist es aber schon lange nicht mehr, weder in Deutschland noch in einer zunehmenden Anzahl vornehmlich säkularisierter, westlicher Länder. Da wird um Definitionen gerungen, werden Modelle erprobt, Ideale verworfen, Probleme aber nicht gelöst.«[5]

So einfach? Ich habe wirklich viele Kindergartenkinder in der Puppenspielecke beobachtet. »Vater-Mutter-Kind« wird dort nicht gespielt, sondern Mutter mit Kind(ern) und ein Vater darf ab und zu mal mitspielen. Die Vorschulmädchen geben den Ton an.

Beeindruckend war nachfolgendes Erlebnis: Ein Vorschulmädchen, die »Mutter«, stand vor einem kleinen hölzernen Herd, hantierte mit einer Schöpfkelle in einem kleinen Kochtopf ohne Inhalt. Zwei kleinere Kinder saßen kichernd auf winzigen Stühlen und wurden von der »Mutter« gerade zurechtgewiesen: »Könnt ihr bitte mal still sein ...« Ein Vorschuljunge kam zur Puppenecke, wollte in diesen klar umgrenzten Spielbereich. Die eben schon sehr gestraffte Körperhaltung der »Mutter« wurde nun steif. Sie stieß mit dem Löffel in Richtung des Jungen und rief: »»Zieh erst mal die schmutzigen Schuhe aus, so kommst du mir nicht in die Küche.« Der Junge bremste abrupt ab, starrte auf seine Füße, ich folgte seinem Blick. Er: »Aber ich habe doch Hausschuhe an ...« Die »Mutter«: »Na und, im Spiel hast du dreckige Stiefel an und so lasse ich dich hier nicht rein.«

Der Junge tippte sich mit dem Zeigefinder an die Stirn, sah zu mir, empörte sich: »Die spinnt ja total« und verschwand. Das Mädchen drehte sich sichtlich zufrieden wieder dem Herd zu. Ich fragte: »Weshalb warst du so streng zu Lucas?« Sie: »Weil ich Dreck in der Küche hasse!« Ich: »Er hatte Hausschuhe an.« Sie:

»Hier bin ich die Mutter und hier bestimme ich, solange ich in der Küche bin.« Damit war für sie das Gespräch beendet, von harmonischem Familienleben keine Spur!

Diese Szene wirkt wie aus einer Familienkonstellation längst vergangener Zeiten: Draußen bestimmt der Herr des Hauses, drinnen herrscht die Frau und Mutter …

Frau Kelles Kritik an den derzeit existierenden Konstruktionen von Familie ließ kein gutes Haar an erweiterten Familienbegriffen, sie verunglimpfte Homosexualität, die EU-Definition des »Gender Mainstreaming«, empörte sich über jede andere Möglichkeit des Zusammenlebens als der der Mutter-Vater-Kind-Erstfamilienkonstellation. Aber treffend zusammengefasst hat sie die Hochseilakte der politischen Parteien in Deutschland, die sich je nach Wetterlage mit Definitionen positionieren:

»›Familie ist, wo Kinder sind und Generationen füreinander einstehen‹, so die Definition der SPD und sie kommen dem ›klassischen‹ Familienbild schon ziemlich nahe. ›Wo Eltern für Kinder und Kinder für Eltern dauerhaft Verantwortung übernehmen‹«, definiert die CDU und geht damit zumindest den Schritt der auf Dauer angelegten Gemeinschaft, bei Weitem keine Selbstverständlichkeit mehr. Vage hingegen die Grünen: ›Familie ist eine auf Dauer angelegte Verantwortungsübernahme‹, so der schwer errungene Kompromiss des Parteitages. Er vereint sowohl Blutsverwandtschaft als auch Patchworkfamilien. Selbst lebenslange Sicherheitsverwahrung wäre gemäß dieser Definition noch eine korrekte Familie.«

Diese Feststellung entbehrt nicht einer gewissen Logik! Nicht dass ich automatisch von Sicherheitsverwahrung auf Kinderheime komme. Aber ich wollte doch einmal nachsehen, wie sich zum Beispiel die SOS-Kinderdörfer definieren:

»Was ist eine SOS-Kinderdorffamilie? Die Lebensgemeinschaft einer SOS-Kinderdorfmutter oder eines SOS-Kinderdorfvaters mit den 6 anvertrauten Kindern und Jugendlichen. Zu dieser

Lebensgemeinschaft können auch die Partner/innen der SOS-Kinderdorfmütter oder SOS-Kinderdorfväter und/oder eigene Kinder gehören. Die aufgenommenen Kinder kommen vor allem aus Familien, in denen die Eltern ihnen die notwendige Erziehung und Geborgenheit nicht geben konnten. Es gilt, die Entwicklung dieser Kinder zu begleiten und gemeinsam Krisen zu überwinden. Gemeinsam mit ihnen Fortschritte zu erleben und die jungen Menschen schließlich in ein selbstständiges Leben zu führen. Die SOS-Kinderdorffamilie bietet hierfür einen Lebensraum, in dem Vertrauen und Beziehungen wachsen können.«[6]

Neudeutsch könnte hier von einer Patchworkfamilie gesprochen werden.

Zurück zu Frau Kelles Bestandsaufnahme: »FDP und Die Linke wetteifern offenbar um die am wenigsten definierte Definition: ›Ob Eheleute, Partnerschaften ohne Trauschein, homosexuelle Eltern, Alleinerziehende oder ›Patchwork-Familien‹. Alle Menschen, die füreinander soziale Verantwortung übernehmen, brauchen gesellschaftliche Unterstützung‹, so Die Linke, eifrig bemüht, niemanden in der Aufzählung zu vergessen. ›Für Liberale sind alle Lebensgemeinschaften wertvoll, in denen Menschen Verantwortung füreinander übernehmen. Verantwortungsgemeinschaften dürfen nicht diskriminiert werden; rechtliche Benachteiligungen für neue Verantwortungsgemeinschaften müssen abgeschafft werden‹, so die FDP.«[7]

Es ist nicht mehr einfach, sich aus diesem Familien-Baukastensystem eine neue WählerInnenschaft zu konstruieren. Frau Kelle zumindest hält es mit der Ursprungsdefinition. Darin findet sie sich wieder, diese verteidigt sie energisch: »Eine Gesellschaft, die nicht mehr in der Lage ist, Formen ihres Zusammenlebens, die sich als im Regelfall sozial nützlicher erwiesen haben, selbstbewusst zu privilegieren, gibt jede Orientierung auf.«

Verabschieden wir uns kollektiv von kontinuierlicher Verantwortungsübernahme für andere, fehlt uns die Orientierung?

Dazu ein Blick auf die Zusammensetzung von Familien in Deutschland. Im Mikrozensus 2006 las ich folgende Zusammenfassung:

»*Familienformen:* Hinter den rückläufigen Familienzahlen in West- und Ostdeutschland stehen unterschiedliche Entwicklungen der einzelnen Familienformen. Während die Zahl traditioneller Familien (Ehepaare) sank, stieg die Zahl alternativer Familienformen (Alleinerziehende und Lebensgemeinschaften). In den neuen Ländern wuchs die Zahl alternativer Familien gegenüber 1996 um 10 Prozent auf 675 000 im Jahr 2006, gleichzeitig ging dort die Zahl der Ehepaare um 43 Prozent auf 920 000 zurück. Im früheren Bundesgebiet nahm die Zahl alternativer Familien um 41 Prozent auf 1,6 Mio. im Jahr 2006 zu, die Zahl traditioneller Familien verringerte sich um 8 Prozent auf genau 6 Mio. in 2006. [...] Somit nahm der Anteil alternativer Familien an allen Familien im früheren Bundesgebiet zwischen 1996 und 2006 um 7 Prozentpunkte zu (1996: 16 Prozent), in den neuen Ländern sogar um 24 Prozentpunkte (1996: 18 Prozent).«[8]

Sind all diese Frauen und Männer durch Orientierungslosigkeit in diese alternativen Lebensformen hineingeschliddert? Kann es nicht eher sein, dass Menschen im vereinten Deutschland diese Art des Zusammenlebens »privilegiert« – und dies sogar »selbstbewusst«?

Wehret den Anfängen – Streit um Erziehungsfragen

Dass Paare miteinander streiten, dass sie sich vielleicht auch mal am liebsten tagelang aus dem Weg gehen würden, ist nicht vermeidbar. Vorher nicht für möglich gehaltene Auseinandersetzungen um Kleinigkeiten können ganz schön kränken, schmerzen, gar bedrohlich wirken. Ein richtiger Streit kann aber auch die Luft reinigen. Mit einem Kind in der Wohnung gelten dann andere Regeln: Einfach abhauen geht nicht mehr so leicht.

Streiten Eltern sich um die beste Lösung für das Wohlergehen des Kindes oder stecken schlicht Aggressionen gegeneinander hinter dem Streit? Wollen sie sich gegenseitig beweisen, dass sie recht haben? Haben sie sich vielleicht übereinander geärgert, ihren Ärger aber nicht ausgesprochen?

Auf einmal geht es nicht mehr um den überquellenden Mülleimer, um die individuelle Unzufriedenheit mit dem Alltagsablauf. Jetzt geht es plötzlich um die »richtige« oder »falsche« Erziehung. Oder wie es Eltern mir gegenüber ausdrückten: »Wir haben vor der Geburt unserer Tochter mit anderen Eltern gesprochen und sie gefragt, worüber sie am meisten streiten, wenn es um ihr Kind geht. Wenn man da ganz genau hinhört, dann fällt auf, dass es ihnen meist gar nicht um das Kind geht, sondern um das Rechthabenwollen.«

Ganz problematisch wird der elterliche Streit, wenn auf einmal von »meinem« und »deinem« Kind gesprochen wird. Sollten Sie, liebe Mütter, liebe Väter, erstmals diese Formulierungen benutzen, haben Sie ein echtes Problem zu lösen! Ein Kind will *beiden* Elternteilen angehören.

»Plötzlich stellten wir fest, dass wir sehr unterschiedliche Vorstellungen von Erziehung haben, damit hatten wir gar nicht gerechnet. Bisher konnten wir uns immer einigen«, staunte eine 26-Jährige, und ihr 28-jähriger Partner ergänzte: »Das war, als wären wir plötzlich die Verteidiger der Erziehungsvorstellungen unserer eigenen Eltern, dabei wollten wir doch alles ganz anders machen.«

Dieser Feststellung können irgendwann im Laufe der Jahre fast alle Eltern zustimmen. Wenn es emotional »eng« wird, greifen wir auf selbst erlebte Familienmuster zurück. Dann fordern wir von unseren eigenen Kindern Gehorsam, Anpassung, Unterordnung, so wie wir uns selbst anpassen und unterordnen sollten. Und dann hören wir uns plötzlich all die Erziehungsmaßnahmen verteidigen, unter denen wir selbst als Kind gelitten haben.

Können Sie sich noch daran erinnern, woran sich bei Ihnen der erste heftige Erziehungsstreit entfacht hat?

Je älter der Nachwuchs wird, desto handfester wird oft der Meinungsstreit über die »richtigen« Erziehungsstrategien. Was ist, wenn Eltern sich nicht darüber einigen können, welche Ge- und Verbote dem Kind gegenüber angemessen sind?

Unterschiedliche Meinungen von Mutter und Vater sind nicht das eigentliche Problem. Da kann es schon mal zu lautstarken Auseinandersetzungen kommen, die mit dem aktuell zu lösenden Vorfall gar nichts zu tun haben. Die Art und Weise aber, wie mit dieser Tatsache umgegangen wird, kann zu einer elementaren Belastung des Familienlebens werden.

»Manchmal reichen kleinste Situationen und schon ergießt sich die aufgestaute Wut oder Kränkung der letzten Wochen völlig unangemessen über meine Tochter, die dann heulend in ihr Zimmer rennt. Und ich stehe im Flur und denke: Wenn mein Mann kommt, dann wird sie zu ihm laufen und sich über mich beschweren. Das ist dann ganz schlimm«, beschreibt eine Mutter mit sechsjähriger Tochter sehr treffend diese Affektreaktionen.

Die Mutter als erste Instanz, der Vater als letztendlicher Entscheider? Früher verkündeten viele Mütter: »Warte, bis Vater nach Hause kommt, dann wirst du was erleben …!« Väter gerieten so ungewollt in die Rolle des Buhmanns, vor dem das Kind Angst haben sollte. Wenn eine Mutter sich ihrem Kind gegenüber nicht selbst behauptet, dann verliert sie an positiver Autorität.

Und Väter heute, haben sie Lust auf diese Rolle oder nicht? »Wir haben schon so wenig Zeit miteinander, da will ich als Vater nicht ständig den großen energischen Erzieher rauskehren«, klagte der Vater eines neunjährigen Sohnes. »In manchen Momenten denke ich, meine Frau macht es sich ganz schön einfach und mir wird der Schwarze Peter zugeschoben. Das ist nicht fair.« Nein, dies ist wirklich nicht gerecht.

Eine andere Variante elterlicher Erziehungsaktivitäten ist die unvermittelt strenge, gar aggressive Zurechtweisung eines Kindes, hinter der oft der eigene Verdruss der Mutter oder des Vaters steht. Mal sind die Anspannung der Eltern über die starke Belastung am Arbeitsplatz ein Auslöser, mal ist es der Streit mit anderen Hausbewohnern, die Nervosität über die schlechten Noten des Kindes in der Schule, die dann zu völlig überzogenen Reaktionen zwischen Eltern und Kindern führen. Und statt der ersehnten Familienharmonie geht es nun drunter und drüber.

Ganze Bücherregale können Sie füllen mit Büchern über Konfliktlösungsstrategien und Streitkultur. Im entscheidenden Moment aber denken wir nicht an diese Tipps, wir sehen rot!

Aber was hilft wirklich, wenn die Toleranzgrenze der am Streit Beteiligten gar den Nullpunkt unterschritten hat? Kann in solchen Momenten überhaupt eine Erziehungsstrategie entwickelt werden?

Kinder haben ein ganz erstaunlich präzises Gefühl dafür, ob eine ausgesprochene Strafe an- oder unangemessen ist. Und – dies ist mir sehr wichtig zu betonen – wenn Eltern sich lautstark vor kleinen Kindern streiten, gehen diese davon aus, dass sie selbst die Schuldigen am elterlichen Streit sind. Wenn dann noch konkret um das kindliche Verhalten und den elterlichen Umgang damit gestritten wird, dann wird es für Kinder ganz schwierig.

Dann kann ihnen niemand mehr einreden, sie seien nicht >schuld<, dann werden familiäre Auseinandersetzungen ernsthaft bedrohlich für ein Kind.

Kinder bemühen sich instinktiv von klein auf, sich im Spannungsverhältnis zwischen den Eltern zurechtzufinden. Hilfreich ist hier, dem Kind deutlich zu sagen, dass der elterliche Zwist nicht ihre Schuld ist.

Wenn diese Verunsicherung wegfällt, fangen die Kinder, an, die Eltern auszutricksen. Sie gehen dabei strategisch vor: Was erlaubt die Mutter, was der Vater, welcher der beiden ist strenger? Wen kann ich leichter um den Finger wickeln?

»Mein Papa weiß das gar nicht, das wird meine Mama ihm irgendwie sagen. Die kann das!«, antwortet ein siebenjähriger Junge einem gleichaltrigen Mädchen, das ihn fragte: »Hat dein Papa dir das erlaubt?«

Doch wann hört der Spaß auf, wann werden Eltern bewusst gegeneinander ausgespielt? Wann müssen sie zusammenhalten und sagen: »Stopp, bis hierhin und nicht weiter! Du machst jetzt, was ich, was wir sagen!« Diese Grenze müssen beide Elternteile klar miteinander vor dem Kind formulieren und auch in der Praxis durchhalten.

Nun, damit erzähle ich Ihnen wohl nichts Neues. Auch Sie werden sich wahrscheinlich an Meinungsverschiedenheiten in Ihrer Herkunftsfamilie erinnern. Vielleicht erzählen Sie sich als Eltern mal gegenseitig diese Streitgeschichten von früher. Sie werden staunen, wie sehr Sie heute als Erwachsene die Art und Weise eines Ihrer Elternteile übernehmen, wenn es bei Ihnen selbst emotional »eng« wird.

Eine Frau erzählte in der Rundfunk-Sendung »Wenn Väter und Mütter verschiedener Meinung sind« ihre Erfahrung. Die Eltern trennten sich, als sie selbst 17 Jahre alt war: »Bei meinen Eltern ging es eher darum, wer gewinnt, wer überlegen ist. Wer mächtiger ist. Und das war im Endeffekt auch das, was sie auseinandergetrieben hat. Und wenn sie so richtig rumgeschrien haben, dann bin ich manchmal mit dem Kissen auf dem Kopf eingeschlafen.«[9]

Elterliche Auseinandersetzungen dieser Art sind einfach nur zerstörerisch. Da fehlt jeder Respekt, jede Bereitschaft, aufeinander zuzugehen. Für Kinder eine schreckliche Atmosphäre, in der sie ständig die Luft anhalten, den Kopf einziehen.

Es geht dabei zu wie zwischen verfeindeten Nationen. Es braucht diplomatisches Geschick und Friedensstiftung. Aber Kinder können diese Aufgabe nicht übernehmen. Es bleibt ihnen nur die Hoffnung, »dass sich Mama und Papa wieder lieb haben«. So drückte es ein Fünfjähriger mir gegenüber aus, der weinend im Kindergarten abgegeben worden war. Die Eltern hatten sich am Frühstückstisch in einen heftigen Streit verwickelt.

Kinder erwarten nicht, dass Mutter und Vater immer einer Meinung sind. Sie selbst streiten mit anderen Kindern, und sie versöhnen sich sehr gern. Dann sind sie wieder die »besten« Freundinnen und Freunde. Versöhnungsgesten der Eltern sollten vor den Kindern stattfinden, und es hilft allen Familienmitgliedern, wenn dann »Für heute ist alles wieder gut« auch deutlich ausgesprochen wird. Wenn sozusagen die weiße Fahne gehisst wird, bevor das Kind schlafen geht.

Wenn Mütter und Väter sich die Zeit nehmen, gemeinsam auf Erkundungstour in die eigene Vergangenheit als Kind und Jugendliche/r zu gehen, können sie so einen aktuellen Konflikt leichter bewältigen. Aber machen wir uns nichts vor: Der Familienalltag lässt wenig Zeit zur Reflexion. Deshalb ist die Idee des weiter oben zitierten Paares ja auch so weitsichtig: alle zehn Abende ein langer Abend füreinander als Paar.

Das geht nicht, das ist unmöglich? Auf Elternabenden in Kindergärten oder Schulen frage ich in die Gruppe gern hinein: »Hatten Sie in der letzten Woche Zeit ganz allein mit Ihrem Partner, Ihrer Partnerin?« Die Eltern gucken sich im Raum um und stellen fest, dass sich niemand meldet. Der nächste Versuch: »Hatten Sie im letzten Monat als Paar ein paar Stunden entspannt allein?« »Schön wär's – das ist ja ewig her – kann ich mich gar nicht dran erinnern …«

Diese Mütter und Väter sind nicht mehr Eltern von Säuglingen, sondern von Kindern im Alter zwischen drei und zehn Jahren!

»Ganz schön viel Familie …«

Kinder leben in unterschiedlichsten Familienkonstellationen. Sie werden darin glücklich oder unglücklich. Ihre erste Familiensituation kann im Laufe ihres Heranwachsens durch eine veränderte abgelöst werden. Dann müssen sie sich, wie ihre Eltern auch, in der neuen Familienform zurechtfinden.

In einer Hortgruppe erlebte ich einmal eine sehr aufschlussreiche Diskussion. Die Eltern eines Jungen hatten sich getrennt, der Vater lebte nun mit einer anderen Frau und deren zwei Kindern zusammen. Der Junge pendelte zwischen zwei Familienkonstellationen hin und her. Beim Mittagessen erzählte er von den Vorteilen dieser Lebensform:

»Als Mama und Papa noch zusammen waren, ging es uns nicht so gut. Jetzt geht es Mama gut und Papa gut. Und ich habe zwei eigene Zimmer und jetzt auch Geschwister. Ich habe jetzt mehr als früher.«

Andere Kinder erzählten dann, wie ihre Familie gerade »drauf ist«. Hier einige Sichtweisen, die zwischen Suppe und Nachtisch unter den Kindern ausgetauscht wurden:

»Früher wohnte noch meine Oma bei uns, die hat mittags gekocht und für Ordnung gesorgt. Jetzt ist sie im Altersheim. Das ist gut für sie, aber blöd für uns.« (Nina, neun Jahre)

»Als ich noch kleiner war, da hatte ich noch einen großen Bruder. Wir haben uns zwar oft gestritten, aber er war für mich da, wenn meine Eltern mal Streit hatten. Jetzt kann ich nur noch die Tür zumachen. Das ist lange nicht so gut.« (Ingo, elf Jahre)

»Früher gab es immer Streit bei uns zu Hause. Jetzt ist Papa weg, Mama sagt: Das ist gut so. Ich bin traurig, dass ich meinen Papa nicht mehr immer sehe. Aber als Kind musst du da durch!« (Karl, neun Jahre)

»In unserer Familie geht es drunter und drüber, sagt die Tante, aber wir finden, dass wir viel Spaß miteinander haben.« (Petra, zehn Jahre)

»Meine Eltern sind in Ordnung, nicht immer, aber meistens. Mehr gibt es zu meiner Familie nicht zu sagen.« (Hanna, acht Jahre)

Aus diesem Mittagsgespräch heraus entstand von den Kindern die Idee, Fotos von allen Menschen zu sammeln und auszustellen, die zur jeweiligen Familie gehören. Nach drei Wochen kommentierten die Mädchen und Jungen die Fotogalerie: »Ganz schön viel Familie ist da an der Wand!«

»Wir könnten doch mal tauschen«, schlug ein Mädchen ihrer Freundin vor, »du gibst mir deinen Opa und ich gebe dir meine kleine Schwester.«

Die Eltern dieser Kinder sahen so erstmals, dass es in diesem Hort andere Eltern in ähnlichen Familienkonstellationen gibt. Eltern unterschiedlicher Nationalitäten beschlossen einen Elternstammtisch einzurichten, in den alle eingeladen werden »egal, wie sie zu Hause leben«.

Die Familie – hüben wie drüben

Das Filmmuseum in Potsdam stellte sich im Januar 2010 unter dem Titel »Lebenszeichen – Familienbilder im deutschen Nachkriegskino bis 1960« die Frage »inwieweit sich kollektive Vorstellungen von Familie auf den Leinwänden des geteilten Nachkriegsdeutschlands voneinander unterschieden oder auch ähnelten«. Welche Familienbilder wurden in West- und Ostdeutschland produziert? Immerhin wurden 40 Jahre lang unterschiedliche Frauen- und Männer(vor)bilder und unterschiedliche Formen des Familienlebens »beworben«. Auch hier wird deutlich: Hüben wie drüben klafften tiefe Gräben zwischen dem theoretisch verkauften Familienbild und der gelebten Realität.

Einen sehr aufschlussreichen Einstieg in die sich dabei unterschiedlich entwickelnde deutsche Familienpolitik ermöglichte 1993 eine Ausstellung des Deutschen Historischen Museums, Berlin, mit dem Titel »Lebensstationen in Deutschland: 1903–1993«. Sie können auch heute noch durch diese Sammlung wandern, die 2003 für das Internet bearbeitet wurde.[10] Diese Ausstellung zog die Besucherinnen und Besucher offenbar magisch an. Ganz ungewöhnlich war das Bedürfnis der Gäste, sich mitzuteilen. Ideologien und Lebensrealitäten beider deutscher Staaten konnten nachvollzogen werden. Rund 7 500 Gäste schrieben ihre Einsichten und Ansichten in die ausliegenden Gästebücher.

Für mich westdeutsch sozialisierte Frau schien die Frau in der DDR einen großen emanzipatorischen Vorsprung zu haben. Die Vereinbarkeit von Familie und Beruf interpretierten viele von uns als geglückt. Erst in den 1990er-Jahren erfuhr ich in vielen Gesprächen mit Frauen, die in der DDR als Mütter gelebt hatten, von deren Alltagsbelastungen.

»Das offizielle ›sozialistische‹ Familienleitbild in der DDR war strikt konservativ: Im Idealfall sollte eine Familie aus einem

verheiratetem Paar und 2–3 Kindern bestehen. Allerdings sollte
die Frau ständig voll berufstätig sein, wobei zu ihrer Entlastung
Kinderbetreuungseinrichtungen sowie Haushaltshilfen zur Verfügung standen. Lediglich für 1 Jahr nach der Geburt eines Kindes
setzten die meisten Frauen mit der Erwerbstätigkeit aus.

Die Hausarbeit sollte nach Vorstellung des Staates von den
Eheleuten zu gleichen Teilen erledigt werden. Bezeichnenderweise wurde die Vereinbarung von Beruf und Vaterschaft nie erwähnt.

In der Realität hatten die meisten Familien jedoch nur 1–2
Kinder, womit die meisten Frauen allerdings schon überfordert
waren. Denn die Familie als Institution war noch immer traditionell stark patriarchalisch geprägt (auch dank der besseren ökonomischen Lage der Männer). Die Hausarbeit blieb zumeist an den
Frauen hängen.«[11]

Das Familienleben in West- und Ostdeutschland verlief demnach wesentlich ähnlicher als von mir vermutet. Die erweiterte
Rolle der Frau als berufstätige Mutter mit einem selbstverständlich verfügbaren Kinderbetreuungsplatz brachte ihr zwar die Sicherheit, dass das Kind versorgt ist. In der Partnerschaft aber blieb
alles beim Alten.

Gab es spürbare Veränderungen nach dem Fall der Mauer? In
einem Text der Bundeszentrale für politische Bildung heißt es:
»Im Ganzen zeichnet sich also in den ostdeutschen Bundesländern ein Trend ab, demzufolge Partnerschaft und Familie stärker
als vor der Wende Quelle emotionaler Bedürfnisbefriedigung
sind.«[12]

Bedeutet dies, dass die in der DDR aufgewachsenen Frauen
sich nun dem Lieblingsfrauenmodell der »traditionellen« Mutterrolle im Westen angepasst haben? »Gleichzeitig gibt es Hinweise darauf, dass zwischenmenschliche Beziehungen in den ostdeutschen Bundesländern nach wie vor sachlicher betrachtet
werden als in den alten. Ein Indiz dafür ist, dass insbesondere ein
Teil der Frauen eine Überfrachtung der Elternrolle nach west-

deutschem Vorbild ablehnt. Sie sind nicht bereit, den eigenen Handlungsspielraum vollständig zu Gunsten des Kindes einzuschränken. Ostdeutsche Frauen wollen nicht restlos in der Familie aufgehen, ihre Unabhängigkeit ist ihnen wichtig. Sie grenzen sich deutlicher als westdeutsche von der traditionellen Mutterrolle ab.«

Trotz mehrfachen Lesens dieser Bestandsaufnahme fand ich keine eigenständige Aussage zur Situation der Männer als Väter in diesem Artikel. Entweder ist von der Mutter, dem Paar oder den Eltern die Rede. Waren also die ehemaligen DDR-Väter abwesende Väter und blieben es auch?

Wie sich Familien wandeln

Das Institut für Demoskopie in Allensbach untersuchte in der Familienanalyse 2005 im Auftrag der Zeitschriften *Eltern* und *Eltern for family* zum zweiten Mal die wirtschaftliche Situation junger Familien, das Konsum- und Investitionsverhalten, die Einstellungen und Wünsche sowie die Mediennutzung von Familien. Das Fazit:

»Familie hat einen außerordentlich hohen Stellenwert in Deutschland, sie ist und bleibt der Lebensmittelpunkt für die überwältigende Mehrheit der Deutschen: Die Familie steht für 89 Prozent der Eltern von Kindern unter 14 Jahren an erster Stelle, nur für 6 Prozent ist es der Beruf, lediglich für 1 Prozent sind es Freunde oder Interessen. Der subjektive Stellenwert der Familie ist in den letzten Jahren nochmals angestiegen. Die angespannte gesamtwirtschaftliche Lage ändert nichts daran: In Zeiten wirtschaftlicher Unsicherheit wird die Familie zunehmend zu einer Quelle von Sicherheit und Geborgenheit.«[13]

Bieten Familien Schutz und Nestwärme? Wenn ja, wie müssen die Rahmenbedingungen aussehen? Vater-Mutter-Kind mit Trauschein? Die Anzahl der nichtehelichen Lebensgemeinschaften hat in den letzten 40 Jahren enorm zugenommen. Sie ist von 137 000 im Jahr 1972 auf 1 593 000 im Jahr 2000 gestiegen. »Für das Jahr 2007 errechnete das Statistische Bundesamt gut 2,4 Millionen nichteheliche Lebensgemeinschaften in Deutschland, in denen Frau und Mann zusammenlebten […] 28 Prozent der nichtehelichen Lebensgemeinschaften zogen mindestens ein minderjähriges Kind groß. Bei 4 Prozent der nichtehelichen Lebensgemeinschaften waren alle im Haushalt lebenden Kinder volljährig.«[14]

Nicht verheiratet zu sein, bedeutet nicht automatisch, dass ein egalitäres Paarverhältnis gelebt wird. »Auch wenn minderjährige Kinder großzuziehen waren, gingen in der Mehrheit der nichtehelichen Lebensgemeinschaften (53 Prozent) beide Partner aktiv einer Erwerbstätigkeit nach, dann allerdings überwiegend in der klassischen Rollenverteilung mit vollzeittätigem Vater und teilzeittätiger Mutter.«

Abschließend noch eine Auflistung, die uns endgültig realisieren lässt, dass das Baukastenprinzip »Familie« schon seit 30 Jahren mit immer neuen Namen bedacht wird. Da ist die Rede von »Ein-Elternteil-Familien« (1985), »Zweitfamilien« (1987), »Ein-Kind-Familien« (1989), »Patchworkfamilien« (1990), »Fortsetzungsfamilien« (1992), »Geteilten Familien« (1993) und »Postfamilialen Familien« (1994). Die Bezeichnung »Nuklearfamile« ist so gesehen ein alter Hut, sie stammt aus dem Jahr 1978!

»Diejenigen, die darum bemüht sind, die neuen Lebensformen nicht an dem klassischen Familienmodell zu messen, verwenden neuerdings den Begriff der Familienkonstellation […]. Mit diesem Begriff wird weniger auf die Personen abgehoben als auf die intimen Sozialbeziehungen, die Menschen unterschiedlichen Alters versuchen herzustellen.«[15]

Verwandtschaftsverhältnisse

Nichtsdestotrotz: Wir wurden alle in eine der vielen möglichen Familienkonstellationen hineingeboren. Wie machtvoll darin jeweils die Mutter, der Vater war, hängt nicht zuletzt von der Dynamik der Paarbeziehung, dem Temperament, der Durchsetzungskraft einzelner Mütter und Väter ab: Liebevolle Mütter gibt es darin ebenso wie liebevolle Väter, aber auch genau das Gegenteil.

Wenn Sie sich heute selbst als Mutter oder Vater eine eigene Familie geschaffen haben, bleiben Sie immer auch noch Tochter oder Sohn und werden sich in Ihrer Herkunftsfamilie aufgehoben oder von ihr ausgeschlossen fühlen. In welchem Verhältnis stehen Sie zu Ihrer Verwandtschaft? Diese Frage ist doppeldeutig: Entweder schlüsseln Sie nun die verwandtschaftliche Organisationsform auf: Ich bin Tochter/Sohn von, diese wiederum sind verwandt mit … oder Sie beschreiben Ihr emotionales Verhältnis zu Ihrer Herkunftsfamilie.

Nicht nur juristisch, auch im Alltagsleben gibt es unterschiedliche Auffassungen, wer zur engeren Familie gehört. Das wirkt sich zum Beispiel ganz praktisch auf die Frage aus: Wer hat im Notfall von wem Anspruch auf (materielle) Unterstützung? Welche Personen haben ein selbstverständliches Umgangs- oder gar Sorgerecht Kindern gegenüber, wer darf oder muss für hilfsbedürftige Angehörige Entscheidungen treffen?

In einem kleinen, überschaubaren Ort erklärten mir die Menschen ihren aktuellen Stammbaum. Ich saß an einem großen Holztisch während eines dörflichen Weinfestes, kam mit den Menschen um mich herum ins Gespräch und erfuhr innerhalb kürzester Zeit, wer alles zur eigenen nahen und fernen Verwandtschaft zählt, wer angeheiratet oder wer von wem geschieden ist. »Da drüben, das ist meine ältere Schwester (die Schwester war über 70 Jahre), daneben sitzt mein Neffe. Die beiden Mädchen da hinten (die ›Mädchen‹ waren selbst Mütter von mehreren Kindern) sind seine Töchter. Ich habe noch zwei Brüder, der eine hat geheiratet, der andere nicht. Enkelkinder hat der eine auch. Da vorne sitzen sie bei meiner Cousine ...«

Mir schwirrte der Kopf von den vielen Nichten und Neffen, Onkeln und Tanten. »Manchmal geht es in unserer Familie drunter und drüber. Aber zum Glück ist immer jemand da, wenn ich Hilfe brauche, was will ich mehr?« Doch auch in dieser Federweißer-Leichtigkeit gibt es Veränderungen: »Bei uns im Ort ziehen die Jungen in die Stadt, da gibt es bessere Arbeit und sie sind dann weg!«

Vor meinem inneren Auge tauchte die Großfamilie auf, eine Familienform, so habe ich früher gelernt, die weitverbreitet gewesen sein soll. Doch die Realitäten sehen anders aus: »Das idyllische Bild von der ›Großfamilie‹ erweist sich vielmehr als eine Erfindung der Geschichtswissenschaft und der Soziologie Mitte/Ende des 19. Jahrhunderts. Vorherrschend war schon in der Frühen Neuzeit die Kernfamilie, also Vater, Mutter und (meist viele) Kinder.«[16]

Die Zeiten der vielen Kinder in einem Haushalt sind längst vorbei, aber gibt es noch das Zusammenleben von Großeltern, Eltern und Kindern? Auch von dieser Illusion musste ich mich verabschieden. Die Anzahl der Mehrgenerationenhaushalte hat in Deutschland stetig abgenommen: »... gab es 1972 in der früheren BRD noch 768 000 Drei- und Mehrgenerationenhaushalte mit Großeltern, Eltern, Enkeln und eventuell Urgroßenkeln (das waren 3,3 Prozent aller Privathaushalte), hatte sich die Anzahl in Deutschland bis 2005 auf 252 000 reduziert (Westdeutschland 206 000, Ostdeutschland 46 000). Heute sind nur noch 0,7 Prozent aller Privathaushalte in Westdeutschland und 0,5 Prozent in Ostdeutschland Haushalte mit drei oder mehr Generationen.«[17]

Wissen Sie, wie viele Verwandte Sie haben? Hören wir doch ab und zu von plötzlicher Erbschaft, hinterlassen durch ferne Verwandte, von denen die Erben bis dahin gar nichts wussten ... Das kann dann wie ein Sechser im Lotto sein. Vielleicht gibt es doch

noch einen alleinstehenden Onkel, eine kinderlose Tante irgendwo auf der Welt?

Immer beliebter wird die persönliche Ahnenforschung. In
Zeiten des World Wide Web bieten viele Ahnenforschungsforen
Hilfen an. Finden Sie also »entfernte Verwandte in der ganzen
Welt, senden Sie ihnen Nachrichten und bleiben Sie mit ihnen in
Kontakt und erweitern Sie Ihren eigenen Stammbaum«. Die
Suchmaschine www.ancestry.de bietet den Zugriff auf »mehr als
19,9 Millionen Stammbäume mit mehr als 1,9 Milliarden Na-
men« (Stand: November 2010).

Verwandtschaftsverhältnisse können sowohl eine emotionale
Stütze sein als auch durch ständige Streitereien und Vorwürfe belasten. Wenn alles schiefläuft, kommt es unter Umstanden sogar
zum Bruch des Familienverbandes.

»Als ich schwanger war, da war ich 18, das war eine Kata-
strophe. Für meine Mutter brach die heile Welt zusammen. Sie
meinte, sich nicht mehr auf der Straße sehen lassen zu können.
Mein Vater hat mich rausgeworfen. Können Sie sich vorstellen,
wie das ist, plötzlich die ›Schande der Familie‹ geworden zu
sein?«, erinnert sich eine heute 60-jährige Großmutter. Die Eltern
ihres Freundes waren zum Glück aufnahmebereit. »Aber wir
mussten ganz schnell heiraten, damit niemand merkt, dass ich
schon vor der Ehe schwanger war.«

Skandalgeschichten können viele Familien im Stammbaum
verzeichnen. Von Enterbungen, geglückten oder missglückten Er-
pressungsversuchen wird dann berichtet:

»Ich wollte nicht in die Autowerkstatt meines Vaters einstei-
gen. Ich wollte Schreiner werden. ›Entweder du lernst bei mir,
oder du siehst, wie du allein klarkommst‹, brüllte mein Vater. Ich
bin dann wohl oder übel allein klargekommen. Mein Vater hat
jahrelang nicht mehr mit mir gesprochen. Das war wirklich
hart!« So schilderte ein heute 45-jähriger Vater die familiären Er-
pressungsversuche.

Eine Quelle von Sicherheit und Geborgenheit bieten nicht alle Familien, wenn es um den Erhalt des »guten Rufes« oder der eigenen Firma geht:

»Und weil sie doch alles, alles voneinander wissen, wissen sie auch, wo jeder am verletzlichsten ist und wo man ihn am besten treffen kann. Und ich glaube, es gibt keine fremden Menschen, die sich so erbittert bekriegen wie Verwandte«,[18] schrieb Robert Hettlage in seinem *Familienreport* und liegt mit dieser Feststellung sicher richtig.

Es kann Ihnen aber auch passieren, dass plötzlich ein Halbbruder, eine Schwester vor der Tür steht, von deren Existenz Sie nichts wussten. In Krimis tauchen diese Verwandten aus dem Nichts auf. Meist allerdings nur, wenn sie auf ein Erbe aus sind …

Ja, es geht auch ums Geld. In vielen Ländern, in denen die Menschen sich nicht auf Sozialleistungen berufen können, sind sie vom guten Willen der finanziell besser gestellten Verwandtschaft abhängig: »Dort muss das verwandtschaftliche Netzwerk, das Familiensystem, mit seinen wechselseitigen lebenslangen Verpflichtungen die ganze Breite der gesellschaftlichen Aufgaben erfüllen. Für die jeweilige Gesellschaft oder Kultur ist daher die breite oder enge Definition, wer zur Familie gehört oder nicht, überlebenswichtig. Nur wer hier Rechte geltend machen kann, wird versorgt, erhält Status und Schutz.«[19]

Auch wenn ich hier einige erstaunliche, befremdliche, überraschende, vielleicht sogar ganz großartige Weiterentwicklungen des Begriffs »Familie« aufzeige, eins müssen wir stets im Auge behalten: Das Wohl des Kindes, der Tochter, des Sohnes, wird in erster Linie vom friedlichen Umgang der Erwachsenen miteinander und mit dem Kind abhängen! Die Namen, die Fachdisziplinen für das jeweilige Zusammenleben erfinden, sind Kindern total egal!

Vor allem in Städten werden dann die Mitbewohner einer

Wohngemeinschaft, die engsten Freundinnen und Freunde, die »Lebensabschnittspartner« wie Familienangehörige behandelt.

In Rechtsprechung und Gesetz gibt es für diese Lebensform mittlerweile einen eigenen Begriff: die »eheähnliche Gemeinschaft«. »Wo sonst die Ehe als rechtlich heilige Institution über allen illegitimen Verhältnissen steht, erkennt das Recht die soziale Wirklichkeit dort an, wo es ums Geld geht. Bei der Hilfe zum Lebensunterhalt, der Sozialhilfe und auch bei der Arbeitslosenhilfe werden die ›Lebensabschnittspartner‹ als Angehörige zur Kasse gebeten.«[20]

Mobile Lebensarrangements

Immer mehr Familien leben ziemlich auf sich allein gestellt. Eine berufliche Verbesserungsmöglichkeit macht vielleicht den Umzug in eine andere Region notwendig. Mit Kindern, Sack und Pack in eine unberechenbare Zukunft an einem anderen Standort?

Je größer die familiäre Bewegungsfreiheit, desto größer ist auch die mögliche Einsamkeit und Zunahme der individuellen elterlichen Verantwortung.

»Als wir umziehen mussten, weil mein Mann endlich wieder eine Stelle gefunden hatte, da weinte ich tagelang. Alle Freunde, meine Eltern, die Freunde der Kinder ließen wir zurück«, erinnerte sich eine Frau, die zu mir kam, als sie realisierte, dass sie ohne Schlaftabletten nicht mehr leben konnte.

Zwei Jahre dauert es mindestens, bis ein neues soziales Netz entstehen kann. Mutter allein, Vater allein, Kinder allein – und plötzlich ausschließlich aufeinander angewiesen. Das soziale Leben wird dann notgedrungen reduziert auf Vater-Mutter-Kind. Entsprechend abhängig sind die Familienmitglieder von den Stimmungen der anderen.

»In mir war eine große Einsamkeit, meine Frau war unglücklich, die Kinder maulten ständig und ich selbst hatte keinen Freund mehr, mit dem ich mal alle fünf gerade lassen konnte«, so die Erinnerung eines Vaters, der aus beruflichen Gründen die Familie 600 Kilometer vom Geburtsort der Kinder wegkatapultieren musste.

Mal findet der Neubeginn in einer vergleichbaren örtlichen Größe statt, mal geht es vom Inland ins Ausland, von der überschaubaren kleine Gemeinde in die Anonymität der Großstadt.

Viele Familien teilen diese Erfahrungen. Mobilität wird in der Arbeitswelt erwartet. Mal geht es gut, weil die neue Umgebung aufnahmebereit ist, weil die Kinder schnell einen neuen Freundeskreis, die Eltern neue Kontakte finden. Aber es kann auch dauern und dauern, dann wird – wenn es nicht so gut läuft – aus der bisher zufriedenen Familie eine Zwangsgemeinschaft. Und das ist für alle Familienmitglieder ein unguter Zustand.

»Berufsmobilität und Lebensform – Sind berufliche Mobilitätserfordernisse in Zeiten der Globalisierung noch mit Familie vereinbar?« lautete der Titel einer Studie, die das Familienministerium Anfang des neuen Jahrtausends in Auftrag gab. Es wurden dabei 1 000 Paare in mobilen Lebensarrangements befragt. Folgende unterschiedliche Mobilitätsformen wurden aufgelistet: »Fernpendler, die täglich längere Arbeitswege in Kauf nehmen; Umzugsmobile, das sind Paare bzw. Familien, die berufsbedingt umgezogen sind; Wochenendpendler (Shuttles), die einen Zweithaushalt am Arbeitsort des mobilen Partners haben; Varimobile, bei denen mindestens einer der beiden Partner an wechselnden Orten beruflich tätig ist; und Menschen in Fernbeziehungen, die jeweils einen eigenen Haushalt führen und keinen gemeinsamen ›Haupthaushalt‹ haben.«[21]

Liebe Eltern, können Sie sich einer dieser so sachlich formulierten Lebensformen zuordnen? Immerhin, so die Statistik, sind 16 Prozent aller 25- bis 55-Jährigen, die in einer Partnerschaft oder Familie leben, aufgrund beruflicher Notwendigkeiten als mobil einzustufen.

Zur statistischen Gruppe der Fernbeziehungen gehören laut Studie selten Eltern: »Menschen in Fernbeziehungen sind gut ausgebildet, selten verheiratet, nur wenige haben Kinder; sie suchen die Lebensform vornehmlich wegen der hohen Berufsorientierung beider Partner.«

Wenn in dieser Beziehungsform nun plötzlich ein positiver Schwangerschaftstest die Frage nach einem gemeinsamen Lebensstandort aufwirft, wie wird wohl entschieden? Welche der beiden Personen folgt der anderen?

Nun, für die Beantwortung dieses Aspekts bedarf es kaum einer Studie. Sehen wir uns die Familienrealitäten an, die klar zeigen, dass Männer meist die besser bezahlten Jobs haben, liegt es nahe: Frauen als Mütter folgen ihrem Partner. Bleiben sie mit dem Kind oder den Kindern in der ihnen vertrauten Umgebung, dann leben sie im Alltag häufig die Familienform der alleinerziehenden Mutter. Der Vater ist zwar statistisch anwesend, räumlich aber weit entfernt.

Wie zufrieden sind Paare mit diesem mobilen Lebensarrangement? »Nur jeder dritte Mobile berichtet von Vorzügen; es überwiegt meist eine Mischung aus Vor- und Nachteilen. Einem Zugewinn an individueller Autonomie und persönlicher Freiheit stehen Zeitmangel, soziale Isolierung und Entfremdung von der Familie gegenüber. Durchweg positive Reaktionen auf das bewegte Leben sind selten.«

Vor zwei Jahren schnappte ich zufällig einen Teil eines Gesprächs zwischen zwei jungen Frauen auf, die ihre Kinder auf einen Spielplatz begleitet hatten. Ich horchte auf, als eine der Frauen sagte: »Wir haben uns jetzt eine Webcam angeschafft, damit Peter den Kindern wenigstens von Angesicht zu Angesicht Gute Nacht sagen kann.« Offensichtlich hielt sich der Vater an einem entfernten Ort auf.

Vertraute und fremde Familienrealitäten

Der Werbefotograf Uwe Ommer nahm sich in den 1990er-Jahren eine längere Auszeit und startete ein spannendes Projekt: Er wollte durch die Welt reisen und Familien fotografieren. Sein Resümee: »Ich bin mit der Idee losgereist, ein optimistisches Familienalbum unseres Planeten zu schaffen. Aus diesem recht einfachen Vorhaben ist ein ungewöhnliches und für mich einmaliges Abenteuer geworden. Über 1 000 Familien aus sämtlichen Schichten der Bevölkerung – vom Staatspräsidenten bis zum Schuhputzer – fotografiert und kennen gelernt zu haben, mit dem Geländewagen über 250 000 Kilometer durch die fünf Kontinente gefahren zu sein – bis in die abgelegensten Siedlungen und Dörfer – und feststellen zu können, dass die Familien noch eine schöne Zukunft vor sich haben!«[22]

Beim Durchblättern dieses Familien-Bilder-Buches werden Regelmäßigkeiten sichtbar. Erst einmal die große Ähnlichkeit von Kindern mit einem Elternteil, dann die verschiedenen Selbstdarstellungsformen der Gruppe: Das Einzelkind wird stolz zwischen Mutter und Vater hochgehalten oder auf einen Stuhl gestellt. Mal sehen wir einen Mann mit mehreren Ehefrauen, mal sehr junge und sehr alte Mütter und Väter. Fast alle lächeln. Meistens haben die Abgebildeten ihre beste Kleidung an oder aber einen ihnen sehr wichtigen Gegenstand mit aufs Bild gestellt. Viele, viele Familien zeigen sich mit vier, fünf, ja bis zu sieben Kindern.

Nicht dass alle Familien, die Uwe Ommer fotografierte, glückliche Familien waren. Da gab es die Fischerfamilie aus Kribi in Kamerun, Vater, Mutter und fünf Söhne: »Trotz einer ernsthaften Ehekrise gelang es uns, die Familie für die Dauer der Aufnahme zu vereinen ...« Aus Malaysia gibt es zu berichten, dass die Eltern gegen eine Heirat zwischen einem Inder und einer Koreanerin waren. Beide umfassen einen kleinen Jungen, der gerade seinen Kopf allein halten kann, »... aber inzwischen ist es besser«.

Selbstbewusst schaut eine Mutter aus Nicaragua ins Bild. Sie sitzt bequem, hinter ihr stehen der Ehemann und vier Heranwachsende. Mit der Hausfrauenrolle hat sie kein Problem: »Ich bin immer zu Hause gewesen, um mich um die Kinder zu kümmern, und so wird es auch bleiben, bis sie heiraten.«

Frauensolidarität sehen wir auf einem Foto aus Nepal: »Mutter und Tochter teilen ihr Schicksal: Ihre Ehemänner haben sich neu verheiratet und kümmern sich nicht mehr um sie. Um über die Runden zu kommen, hat Sita in ihrer winzigen Hütte an der Straße einen Snackstand eröffnet.«

Wenn ich jeden Tag ein Foto betrachte, dann kann ich fast drei Jahre lang immer wieder neue Familienkonstellationen wahrnehmen – oder ich gehe einfach vor die Tür, besuche einen Zoo, die Filiale einer Fastfoodkette oder einen Spielplatz und erkenne die Vielfalt auch in meiner eigenen näheren Umgebung. Dort treffe ich sie auch, die Frauen und Männer aus Kulturen, die Uwe Ommer auf seiner Reise um die Welt angetroffen hat.

Immer mehr Familien bestehen aus Menschen verschiedener Nationalitäten. Seit 1972 berät der Verband binationaler Familien und Partnerschaften (iaf) Paare, die dieses Wagnis der kulturübergreifenden Elternschaft wagen. Denn zu den vielen Beziehungs- und Erziehungskonflikten, mit denen sich Eltern gleicher Nationalität auseinandersetzen müssen, kommen verschärfte Konflikte hinzu. Zwei Menschen unterschiedlicher Geschlechtersozialisation treffen auf die meist sehr unterschiedlichen Erziehungsvorstellungen der jeweiligen Heimatländer. Sie sind keine kleine Randgruppe in unserem Land, sondern zahlreich: »In Deutschland ist jede siebte Eheschließung eine binationale Verbindung, und jedes dritte Kind, das geboren wird, hat Eltern unterschiedlicher Nationalitäten.«[23]

Mütter und Väter, die in extrem voneinander abweichenden Familienformen aufgewachsen sind, sind »anders«, das lässt sich nicht leugnen. Deshalb sind sie nicht automatisch »schlechtere

Eltern«. Den Befürwortern traditionell eingestellter Familienformen müssten sie eigentlich ins Bild der »Lieblingsfamilie« passen. Doch plötzlich wird mit zweierlei Maß gemessen.

»Ich werde ständig als Ausländerin behandelt, wenn ich mit meinen Kindern unterwegs bin. Nicht als Frau, nicht als Mutter, sondern als Fremde, der man nicht zutraut, dass sie ihre Kinder richtig erzieht. Das ist bitter für uns!«, klagte eine ägyptische Mutter, mit der ich auf einem Spielplatz ins Gespräch kam.

Auch Väter sind nicht gleich Väter. Ein libanesischer Vater von drei Kindern, der eine größere Wohnung suchte, schilderte mir, dass schon »gegenüber der Telefonhörer aufgelegt wird«, wenn er seinen Namen nennt, und dass selbst dann, wenn eine Wohnungsbesichtigung stattfindet, er sich anhören muss: »Dies ist ein ordentliches Haus, Kindergeschrei wollen wir hier nicht.« Oder schon ganz zu Beginn der Besichtigung wird gezielt gefragt: »Aber mehr Kinder kriegen Sie nicht, oder?«

Vater, Mutter und mehrere Kinder, der Traum der deutschen Bevölkerungspolitik, endet dort, wo Eltern nicht deutsche Eltern sind. »Die bürgerliche Vorstellung eines Ehelebens mit Eigenheim und Kindern trifft auf einen großen Teil der Gesellschaft schon lange nicht mehr zu. Auch die flexibilisierte Arbeitswelt, Weiterbildung in einer anderen Stadt zwingt Paare heute zu ganz neuen Lebensentwürfen. Die Anforderungen der Ausländerbehörden an binationale Paare entsprechen aber genau diesem Verständnis von einer konventionellen Ehe.«[24]

Mein Papa hat einen Freund …

Dieses Messen mit unterschiedlichem Maß betrifft noch eine weitere Bevölkerungsgruppe. Bisher beleuchtete ich die Darstellung unterschiedlichster Familienkonstellationen ausschließlich um die »klassische« Form der Lebensweisen von Frauen und Männern als gegengeschlechtliche Elternpaare. Es gibt noch eine Familienform, die zwar Realität ist, aber weitgehend ignoriert oder verunglimpft wird.

»Ich war zwölf Jahre lang verheiratet und hatte eine sechsjährige Tochter, als ich mich neu verliebte. Das passiert ja vielen Leuten. Was ich nicht erwartet hatte, war, dass ich mich in einen Mann verliebte«, erzählte mir ein mittlerweile 50-Jähriger, der seit zehn Jahren mit einem Partner im gemeinsamen Haushalt lebt.

Seine Ehefrau reagierte auf diese veränderte Realität anfänglich entsetzt, enttäuscht, verzweifelt. Doch die prinzipielle Grundhaltung dieses Ehepaares im Umgang miteinander – aufrichtige Anteilnahme am Leben der/des anderen – trug Früchte. Die Tochter verbringt alle Ferien mit dem Vater und dessen Partner. Das ehemalige Ehepaar ließ sich scheiden, der Vater ging eine »eingetragene Lebenspartnerschaft« ein. Frau und Mann wurden zum gemeinsam sorgenden Elternpaar.

Ohne die am Kindswohl orientierte Mutter hätte der biologische Vater kaum Chancen gehabt, weiterhin für sein Kind sorgeberechtigt sein zu können: »Ist beispielsweise die sexuelle Orientierung der Eltern während der Scheidung bekannt, so besteht die Gefahr, dass homosexuellen Müttern und erst recht homosexuellen Vätern das Sorgerecht nicht zuerkannt wird.«[25]

Über keine andere Familienlebensform wird so anhaltend emotional diskutiert wie diese. Aus den bis zum Coming-out als ganz »normal« wahrgenommenen Müttern und Vätern werden nun plötzlich Menschen, denen ihre Erziehungskompetenz von jetzt auf gleich abgesprochen wird.

Vor zehn Jahren lud mich eine Elterngruppe, die aus lesbischen Müttern und schwulen Vätern bestand, zu einem Gespräch ein. Sie suchten nach Selbstdarstellungsformen, mit denen sie in Bildungsinstitutionen auftreten konnten. Weshalb diese Suche? Hier einige Begründungen:

Ein 38-jähriger Vater: »Ich kann im Kindergarten nicht mit meinem Partner auftauchen, das wird von den Erzieherinnen doch nicht verkraftet.«

Eine 42-jährige Mutter: »Als Frau habe ich es leichter, ich kann immer mit einer Freundin unterwegs ein. Sogar umarmen dürfen wir uns in der Öffentlichkeit. Aber mein Sohn musste sich schon anhören, dass er sicher eine ›Schwuchtel‹ wird, weil er mit Lesben unter einem Dach lebt.«

Einladungen zu Kindergarten-Elternfesten, Gespräche mit der Klassenlehrerin des Kindes müssen vom biologischen Elternteil allein besucht werden. Immer sind diese Mütter und Väter in Sorge, dass dem Kind ein Nachteil aus der veränderten Lebenssituation erwächst.

Bisher gibt es in der deutschen Rechtsprechung keine Qualitätsstandards für das Wohl des Kindes, die der Sorgerechtsentscheidung der Sachverständigen eindeutige Vorgaben machen. So bleibt diese elementar wichtige Frage immer eine Einzelfallentscheidung der beurteilenden Person. Lesbische und schwule Elternteile haben dann die schlechtesten Karten.

»Die Angaben der Zahl der in Deutschland lebenden homosexuellen Paare, die Kinder großziehen, schwanken von Literatur zu Literatur enorm. Man kann aber davon ausgehen, dass es sich um mindestens 700 000 handelt. Die Angaben sind deshalb so ungenau, da es gerade bezüglich der Homosexualität eine sehr große Dunkelziffer gibt, da sich viele bisher nicht als lesbisch oder schwul ›outen‹ konnten oder wollten. [...] Eine Umfrage ergab, dass sich 40 Prozent der homosexuellen Frauen und 30 Prozent der homosexuellen Männer ein oder mehrere Kinder wünschen.«[26]

In einer Kinderrundfunksendung des WDR rund um das Thema »Regenbogenfamilie« erzählten 2010 Mädchen und Jungen, wie es ihnen mit »zwei Mamas« oder »zwei Papas« ergeht. Ein Interview mit einem Mädchen beeindruckte mich besonders. Auf die Frage, ob sie mit ihrer Freundin »Papa, Papa, Kind« spielen würde, antwortete sie sehr realitätstüchtig: »Nein, wir spielen Mama, Papa, Kind. Meine Freundin kennt sich doch sonst nicht aus und mir ist das egal!«

Unter dem Dachverband des Lesben- und Schwulenverbands Deutschlands wurde eine eigene Internetseite für Kinder aus »Regenbogenfamilien« eingerichtet. Dort können sie sich mit anderen Kindern austauschen. Denn nur selten ist es diesen Familien möglich, im »normalen« Leben ihre Alltagsfragen und -probleme zur Diskussion zu stellen: www.kids.lsvd.de

Falls Sie, liebe Leserin, lieber Leser, bis jetzt davon ausgegangen sind, dass nur heterosexuell lebende Eltern, die in der am weitesten verbreiteten Familienform Vater-Mutter-Kind leben, »gute Eltern« sein können, bitte ich Sie um Korrektur Ihrer Vorstellungen. Mädchen und Jungen brauchen zwar Geborgenheit, Anteilnahme, Verbindlichkeit und Wertschätzung ihrer Person, aber diese erfahren sie nicht automatisch, nur weil die Eltern zusammenleben und verheiratet sind. Mir geht es nicht um die Rivalisierung zwischen Familienwerten. Mir geht es darum, Sie als Lesende dazu anzuregen, offen für die Veränderungsprozesse zu sein, die um Sie herum ständig stattfinden.

Vielleicht bleibt Ihnen Ihre derzeitige lieb gewonnene Familienform erhalten. Dann können Sie sich Souveränität sowieso leisten. Vielleicht aber stehen Sie plötzlich vor einer ganz neuen Herausforderung: Das Alte gilt nicht mehr – wie geht es weiter? Dann wissen Sie jetzt zumindest, dass es vielfältige Familienlebensformen parallel in diesem Land gibt.

(K)ein Grund zum Feiern: Internationaler Tag der Familie

Weltweit gibt es zurzeit 81 offiziell betitelte »Internationale Tage« zu feiern. Am 15. Mai ist der Internationale Tag der Familie. Auf einer Kinderseite der Bundeszentrale für politische Bildung findet sich folgende Information zu diesem Tag:

»Voneinander lernen und füreinander da sein: In der Familie lernen wir grundlegende Dinge: wie wichtig es ist, füreinander Verantwortung zu übernehmen, Rücksicht aufeinander zu nehmen. Wie schön es sein kann, miteinander zu feiern und sich wieder zu versöhnen, wenn man gestritten hat. Wir bekommen viel geschenkt und lernen zu teilen und abzugeben. Dir fallen bestimmt noch viel mehr Dinge dazu ein.«[27]

Ab wann verstehen Kinder diese Darstellung und teilen die hier geschilderten Erfahrungen? Bekommen alle viel geschenkt? Neulich sagte eine Siebenjährige zu mir: »Es muss doch viel besser sein, wenn man keine Geschwister hat, die einen ständig ärgern. Und dann muss man auch nicht alles teilen, sondern kann einfach mal in Ruhe leben.« Ihr kleinerer Bruder hatte zuvor den Inhalt ihres Federmäppchens aus dem Fenster der Wohnung ausgeschüttet.

»Familie ist ein kostbares Unternehmen«, so geht der Text auf der oben zitierten Kinderseite im Internet weiter, »im wahrsten Sinne des Wortes. Kinder brauchen Zeit, es kostet Geld, sie großzuziehen. Und oft gibt es auch Probleme. Viele Mütter haben Schwierigkeiten, Beruf und Familie zu verbinden, Väter und Mutter haben große Sorgen, wenn sie arbeitslos werden.«

Haben nicht auch Väter Schwierigkeiten, Beruf und Familie zu verbinden? Um zu zeigen, dass es Kinder hier in Deutschland doch recht gut in den Familien geht, erfahren sie auch noch, was sie anderswo als Kinder erwarten würde:

»In anderen Ländern unserer Welt haben die Familien oft mit

93

noch schwerwiegenderen Problemen zu kämpfen. Kindergeld gibt es nicht überall und viele Kinder werden von ihren verarmten Eltern ausgesetzt, haben nie ›Familie‹ erlebt. In vielen Ländern bestimmen die Eltern, wen die Kinder heiraten müssen – kannst du dir vorstellen, mit jemandem eine Familie zu gründen, den du gar nicht magst?«

Was für eine Frage, oberflächlich und ignorant, finde ich. Kein Wort zu gelingender Elternschaft, kein Hinweis darauf, dass auch Mädchen und Jungen in »anderen Ländern unserer Welt« in einem harmonischen Miteinander aufwachsen können!

Bernhard Sterz, SPD-Oberbürgermeister der Stadt Burg in Sachsen-Anhalt, sagte 2009:

»Der internationale Tag der Familie ist eine gute Gelegenheit, die Familien in das Zentrum der Gesellschaft zu stellen. Was Gemeinschaft, soziales Leben mit Geben und Nehmen, bedeutet, das lernen wir zuerst in der Familie. Und wo lernt man besser Solidarität, Rücksichtnahme und Toleranz kennen, Geborgenheit, Helfen und Verzeihen? Zuerst in der Familie! Wie gehe ich besser mit Schwächen und Behinderungen um? All dies erleben wir täglich in Familien. Wo Erziehung gelingt, da bekommen junge Menschen das, was man soziale Kompetenz nennt. Hierzu gehören praktische Lebensbewältigungen, Wertvorstellungen, Urteilsvermögen, das Erlangen von Grundvertrauen und die Fähigkeit zu lieben und geliebt zu werden. Dafür braucht die Familie aber auch ›Familienzeit‹. Schulische und berufliche Bildung können das alles nicht ersetzen. Im Gegenteil: Sie sind auf diese Vorleistungen angewiesen. Deshalb geht es in der modernen Familienpolitik nicht nur um eine Idylle von gestern, sondern um die Innovation für morgen. Intelligente Konzepte für Mütter und Väter sind notwendig, um einerseits beruflich erfolgreich zu sein, aber auf der anderen Seite den Freiraum für ein ausgewogenes Familienleben zu bekommen.«[28]

Kinder werden in der Schule nicht auf das Leben in einer eigenen Familie vorbereitet. Jugendliche gehen meist davon aus, dass sie der großen Liebe ihres Lebens begegnen werden und dann eben auch als Familie leben. Wir sehen lieber Filme, die ein Happy End haben, als Filme, in denen am Ende die Trennung, die Niederlage steht. Wir wollen Hoffnung, und das ist ja auch gut so. Nicht immer erfüllen sich unsere Sehnsüchte. Aber wir können frühzeitig damit beginnen, uns und unserer Familie eine Chance zu geben, indem wir bewusst miteinander umgehen.

In einem Kinderbuch fand ich ganz praktische Vorschläge unterbreitet, wie das Leben in der Familie am besten gelingt. Für alle Mütter und Väter, die sich momentan in einer konfliktreichen Familienphase befinden, gebe ich einen kindgerecht aufbereiteten Vorschlag wieder:

»Zuhören und einander verstehen: Damit ihr euch in eurer Familie wohlfühlt, müsst ihr aufeinander hören. So weiß jeder, was der andere denkt und was er sich wünscht. Auf diese Weise merkt man auch, wie es dem anderen geht. Oft spüren wir das ganz von allein. Wir müssen nur in das müde, traurige oder fröhliche Gesicht des anderen schauen. Du kannst ihn aber auch fragen: ›Wie geht es dir?‹. Dann kann der andere es dir genau sagen. Meistens hat man einen Grund, warum es einem gerade gut oder schlecht geht. Du verstehst dann den anderen besser, wenn du diesen Grund kennst. Wenn du ihn danach befragst, fühlt er sich von dir verstanden.«[29]

Das Leben an sich ist unberechenbar. Auch ein Trauschein schützt nicht vor schmerzhaften Entfremdungsprozessen. Doch wenn diese Liebe nicht hält, was versprochen wurde, wenn das Leben mit den Kind, den Kindern einfach nicht mehr so funktioniert wie erhofft, dann wird aus der Sehnsucht nur noch eine belastende reale Situation. Dann gilt es vielleicht, sich freiwillig oder unfreiwillig in andere Familienformen einzufinden, sich darin zurechtzufinden. Je offener eine Gesellschaft hier unterstützend wirkt – und dabei auf moralisches Pathos verzichtet –, desto bejahender und erfolgreicher können unterschiedliche Familienkonstellationen gedeihen.

Die »gute« Mutter – eine ernüchternde Bestandsaufnahme

Im Folgenden geht es nicht ums Kind. Es geht um Frauen, die Kinder gebären. Frauen, die »nur«, weil sie ein Kind zur Welt gebracht haben, mit unerfüllbaren eigenen und fremden Ansprüchen konfrontiert sind: der Erwartung bedingungsloser, allzeitig verfügbarer Hingabe und Liebe ihrem Kind gegenüber.

In meinem Leben bin ich unglaublich vielen Müttern begegnet, deren größte Sorge es war, »nicht so zu sein, wie ich dachte, dass ich als Mutter sein muss«. Diese Frauen der Gegenwart leben überall, in der Stadt, in ländlichen Regionen. Sie sind jünger oder älter, ohne Schulabschluss oder mit Hochschul-Diplom. Bildungsniveaus spielen übrigens bei diesen Gefühlen, der Aufgabe als Mutter nicht gewachsen zu sein, keine Rolle.

Deshalb, als Entlastung für all diese Mütter, werde ich Sie, Frauen und Männer, in diesem Kapitel mit auf eine Ursachenrecherche für dieses Phänomen nehmen. Und in einem weiteren Kapitel betrachten wir die vergleichbaren oder unterschiedlichen Sorgen der Männer, die auch ihren Ansprüchen als Väter gerecht werden wollen.

Sehen Sie sich einmal ganz entspannt in Ihrer Nähe um: Verhalten sich die Mütter, die Sie persönlich kennen, denen Sie im Berufsalltag, im Freundeskreis, in der Öffentlichkeit begegnen, gleich oder unterschiedlich? Sind Frauen als Mütter überhaupt erkennbar, wenn sie allein ohne Kind unterwegs sind? Oder löst erst der geschobene Kinderwagen, der Kindersitz im Auto die Assoziation »Mutter« aus?

Wann ist eine Mutter »gut«, »perfekt« oder sogar »ideal«?

»Meine Nachbarin zum Beispiel«, antwortet mir eine 50-jährige Frau, »die hat zwei Kinder, aber sie sieht gar nicht wie eine Mutter aus. Immer im Hosenanzug, immer eilig unterwegs, sie hat so gar nichts Mütterliches an sich!«

Ein etwa zehn Jahre älterer Mann beschreibt als ideale Mutter seine eigene: »Meine Mutter, sie war eine richtige Mutter. Immer fröhlich, immer da, wenn ich sie brauchte. Also, ich sage mal, sie war eine weiche Frau, eben ganz mütterlich.«

Und wie denken jüngere Frauen und Männer darüber?

Hier die Reaktion eines 34-jährigen Mannes: »Wenn ich Kinder haben will, dann nur mit einer Frau, die richtig mütterlich ist. Das braucht ein Kind doch, eine Karrierefrau kommt für mich nicht infrage!«

Eine 29-Jährige, die gerade dabei ist, ihre Karriere zu starten, hat selbst ähnliche Befürchtungen: »Ich gucke schon den Müttern nach, wenn sie so mit ihren Kindern unterwegs sind. Dann denke ich, beides geht wohl nicht: Kinder und Karriere, da bleibe entweder ich oder das Kind auf der Strecke!«

Klischees? Vielleicht. Nach welchen Kriterien wird die Messlatte hoch oder niedrig gehalten, wenn Mütterlichkeit bewertet wird? Können hier überhaupt sachliche, objektiv messbare Kriterien angewendet werden? Ist es nicht eher so, dass wir alle sowohl eine ganz subjektive, individuelle, als auch eine kollektive Vorstellung von einer »guten« oder »schlechten« Mutter in uns tragen? Und was brauchen Kinder von Müttern?

Ich denke da zum Beispiel an die Mütter, die als alleinerziehende Kriegerwitwen ihre Kinder »irgendwie durchbringen« mussten. Mit welchen Fähigkeiten ermöglichten diese Mütter das Überleben ihrer Kinder? Sicher nicht durch ständige Verfügbarkeit, sondern durch die Fähigkeiten des Tuns, Durchhaltens, des ständigen Organisierens. Eine »gute« Mutter musste immer auf dem Sprung sein.

»Wir haben wenig Zeit für unsere Kinder gehabt«, erzählte mir eine 83-jährige Dame, die im Krieg mit zwei Kindern allein dastand und dann auch noch plötzlich Witwe geworden war. »Oft hätte ich mir gewünscht, mal nur Mutter sein zu können. Aber davon wären meine Kinder nicht satt geworden. Es war eben, wie es war. Bin ich deswegen ein schlechterer Mensch gewesen?«

Welche Art von Erziehung hat diese Frau wohl als Mädchen in ihrer eigenen Kindheit geprägt? Kaum anzunehmen, dass sie als Heranwachsende dazu angeleitet wurde, ganz allein ihren »Mann« stehen zu müssen.

»… die Erziehungsmethoden ändern sich […] mit dem kulturellen Umfeld. Sie sind in den Werten und Zielen der Gesellschaft verankert, die auch bestimmen, welche Eigenschaften und Charakterzüge in dieser besonderen Kultur als wünschenswert gelten und daher durch die Erziehung gefördert werden.«[1]

Durch welche Vorgaben soll sich ein Mädchen hin zu einer wünschenswert guten Mutter entwickeln, welche individuellen Fähigkeiten werden unterstützt, welche unterdrückt? Und woran messen wir sozusagen das Ergebnis mütterlicher Bemühungen?

Wie hat eine Mutter ihre Tochter erzogen, die 65-jährig mir gegenüber stolz verkündete: »Meine Tochter ist eine wirklich gute Mutter geworden, da habe ich mir auch alle Mühe gegeben«. Auf meine Nachfrage »Wie haben Sie das angestellt?« kam schnell die Antwort: »Nun, ich habe immer gesagt: Lerne geduldig zu sein, nimm Rücksicht, nimm dich nicht so wichtig. Das sind doch wichtige Voraussetzungen, um dann den Kindern gerecht werden zu können.«

Mütter geben sich wirklich »alle Mühe«, doch häufig wird ihr mütterlicher Einsatz durch die eigenen Mütter, Schwestern, Schwiegermütter, Erzieherinnen, Lehrerinnen, Sozialpädagoginnen als unzureichend bewertet. Von ihnen kommen Floskeln wie zum Beispiel: »Diese Frau hätte sich keine Kinder anschaffen sollen, sie ist doch ständig überfordert.«

Sollte etwa eine »Eignungsprüfung« darüber entscheiden, ob eine Frau Mutter werden darf?

Unabhängig von den Fähigkeiten einzelner Frauen als Mütter wird in diesem Buch an vielen Stellen deutlich: Die meisten Frauen sind willens, ihre Erziehungsaufgaben so gut wie möglich zu erfüllen. Inwieweit dieses Engagement auf Mutterinstinkt oder sozialem Verantwortungsbewusstsein beruht, ist nicht feststellbar. Oder eben Ansichtssache.

Wo kommt es her, dieses Mutterideal? Keine andere soziale Rolle ist so beladen, überfrachtet mit irrationalen Vorstellungen und Fantasien. Das Bild der »idealen« Mutter wird umrahmt von dem der »Rabenmutter«, die nur ihren eigenen Bedürfnissen nachgeht und dem der »Gluckenmutter«, die das Kind mit ihrer ständigen Überfürsorge zu ersticken droht.

Wie lange existieren diese auf die Frauen projizierten Klischees schon, wenn sie heute noch so spürbar sind?

Zuerst wird der zukünftigen Mutter immer noch ein tugendhafter oder integrer Frauencharakter »angedichtet«. Dann als Mutter soll sie immer nur das Beste für ihr Kind, für ihre Familie geben. Das »Beste« ist für die »gute« Mutter dann gerade gut genug. Und deshalb ist es ganz leicht, ihr immer wieder ein schlechtes Gewissen einzureden: Wenn du das nicht tust, das nicht lässt, dann schadest du deinem Kind …

Der »weibliche« Charakter

Folgen Sie mir: durch das 19. Jahrhundert, die Kaiserzeit, die Weimarer Republik, das Dritte Reich, bis hin zur Bundesrepublik Deutschland der Gegenwart. Wie entwickelte und veränderte sich das Idealbild der Mutter in dieser Zeitspanne?

Vor vielen Jahren bekam ich ein kleines Buch geschenkt. Ich las darin und spürte meinen Verdruss. Männer beschrieben darin die ideale Frau, so wie sie sie haben wollten. Den typischen Ratgeber, gedacht für Mütter und Erzieherinnen, stelle ich Ihnen stellvertretend für viele ähnliche Machwerke des 18. und 19. Jahrhunderts vor. Dieses Buch entstand in den Jahren zwischen 1797 bis 1860. Insgesamt drei männliche Autoren schrieben, ergänzten und änderten den Inhalt und passten ihn ihrer jeweiligen Zeit an.

Ich beginne mit folgendem Absatz daraus, sozusagen als Ouvertüre, denn hier wird das Loblied weiblicher Tugenden gesungen:

»Die Grundzüge des weiblichen Charakters sind Zartheit des Gefühls, Weichheit, Sanftheit, Milde, Biegsamkeit im Psychischen wie im Physischen; große Geneigtheit, Eindrücke aufzunehmen, geringe Selbständigkeit, nach außen zu wirken; leichte Erregbarkeit und Beweglichkeit, und dabei eine mächtige innere Ausdauer, daher zum Ertragen von Schmerzen und anderen Leiden mehr gemacht als das männliche Geschlecht; weniger physische Stärke, und daher mehr Schüchternheit, aber auch mehr Bescheidenheit und Schamhaftigkeit, mehr Sinn für Schönheit und Grazie.«[2]

Frauen, die diesem Charakterbild entsprachen, waren dann wirklich – zu ihrem eigenen Besten – im Hause aufgehoben.

Weiter geht's mit der Beschreibung der Frau, die gefallen, aber nicht herrschen soll, denn sie verfügte über »... weniger Leidenschaftlichkeit und Heftigkeit, aber größere Tiefe des Gefühls; daher mehr geeignet für das innere Leben, das Leben des Gefühls und des Herzens, als für das äußere, mehr für die stillen und sanften Tugenden, die andere beglücken, als für glänzende und heroische Thaten, die die Welt in Erstaunen setzen, mehr zum Gefallen als zum Beherrschen, mehr für die Gewalt des Herzens als für die des Verstandes; durch alles dieses aber vorzüglich empfänglich für die Himmelstugenden: Liebe, Glaube, Hoffnung und Treue.«

Dramaturgisch sehr geschickt wurde diese Zuschreibung mit dem Schlussakkord der »Himmelstugenden« beendet.

So ausschweifend beschrieb 1860 als letzter der drei Autoren der Augenarzt Friedrich August von Ammon (1799–1861) unter dem Titel *Anleitung für physische und moralische Erziehung des weiblichen Geschlechts* die Frau seiner Träume. Ammon war Sohn eines Oberhofpredigers, die Methode der blumigen Ansprache beherrschte er wohl auch deshalb so gut.

Der Ursprungstext wurde schon 1797 unter dem Titel *A plan for the conduct of female education in boarding schools* veröffentlicht. Autor war der englische Dichter, Wissenschaftler und Arzt Erasmus Darwin, der Großvater des berühmten Charles Darwin. Erweitert und seiner Zeit angepasst wurde das Buch dann 1833 vom Arzt Christoph Wilhelm Hufeland.

Wie kam dieses englische Werk in seine Hände? Von Ammon notiert dazu im Vorwort seiner Ausgabe von 1860: »Hufeland lernte es bei einer höchst achtbaren Frau kennen, einer geborenen Engländerin und Mutter einer zahlreichen Familie, welche sie nach diesen Grundsätzen erzogen hatte, und mit so glücklichem Erfolg, dass dadurch dessen Aufmerksamkeit auf dieses Buch geführt und ihm dessen Güte verbürgt ward.«

Wie haben diese drei Autoren gelebt?

Erasmus Darwin, 1731 geboren, heiratete 26-jährig eine 17-Jährige. Seine Ehefrau brachte fünf Kinder zur Welt. Der 1770 Witwer gewordene Darwin heiratete dann 50-jährig noch einmal, diesmal eine 16 Jahre jüngere Witwe. Sie gebar ihm sieben weitere Kinder. Zu diesen Kindern kamen noch zwei Töchter hinzu – Folge einer längere Zeit bestehenden außerehelichen Affäre. Diese Töchter wurden mit seinen anderen Kindern zusammen von seiner zweiten Ehefrau erzogen. Aus heutiger Sicht wuchsen damit diese Töchter und Söhne in einer Patchworkfamilie auf. Wie viel »Sanftmut« und »Biegsamkeit« konnte unter diesen Rahmenbedingungen diese Mutter aufbringen?

Der zweite im Bunde dieser Autoren, der Arzt Christoph Wilhelm Hufeland (1762–1836), ergänzte 36 Jahre nach Darwin dessen Gedanken, wie Frauen erzogen werden sollen. Seine eigene Ehe verlief offensichtlich nicht ganz nach seinen Vorstellungen. Denn die Ehefrau und Mutter seiner sieben Kinder ließ sich nach 18-jähriger Ehe scheiden. Hufeland hatte »1806 als Leibarzt Königin Luise von Preußen auf deren Flucht vor den anrückenden napoleonischen Truppen nach Königsberg begleitet, ohne die eigene Frau und seine Kinder in Sicherheit zu bringen«.[3] Ein Grund zur Scheidung? Wahrscheinlicher ist, dass die Ehefrau dieses »Vergehen«, also seine mangelnde Fürsorge nutzte, um »schuldlos« aus der Ehe herauszukommen und den Mann, mit dem sie zwischenzeitlich eine Affäre begonnen hatte, heiraten zu können. Die Kinder nahm sie mit.

Friedrich August von Ammon, der dritte Autor, war nicht verheiratet und hatte keine Kinder. Aber offenbar hatte er Erfahrungen mit »lasterhaften« Frauen gemacht. Wie sonst konnte er 1860 so präzise benennen, wie verkommen Frauen sein können, wenn ihre eigene Erziehung missglückt war? Er schrieb in seinem schon oben zitierten Buch: »Eben diese Anlage aber, die den Grund zu dem Höchsten und Heiligsten enthält, kann auch, bei falscher Richtung, die Quelle vieler Verirrungen, ja der allerverwerflichsten und verabscheuungswürdigsten Fehler und Laster werden, welche leider auch zur Charakteristik des weiblichen Geschlechts zu rechnen sind.«

Wir haben es hier mit einem typischen Klischee zu tun: Die Frau ist entweder richtig und wird dadurch eine »Heilige« – oder ist in die falsche Richtung erzogen worden und somit eine »Hure«.

Welche Personengruppe wurde mit diesem Erziehungsratgeber erreicht? Von ihren Eltern sollten nicht nur Mädchen, sondern auch Jungen lernen, wie ein weibliches Wesen sein sollte, damit es »richtig«, also ehetauglich ist.

»In Deutschland entstand im späten 18. und frühen 19. Jahrhundert eine umfangreiche Literatur (von Männern) über ›die Weiber‹, vor allem in Form von moralisch-pädagogischen Abhandlungen, Sammlungen von Anstandsregeln und ›scherzhafter‹ Literatur. Große und kleinere Denker vom 18. bis zum frühen 20. Jahrhundert [...] erhoben, aufbauend auf Rousseau, die Lehre von der geschlechtlich fundierten Unterlegenheit der Frau gegenüber dem Mann zur Norm.«[4]

Diese Abhandlungen galten im wirklichen Leben natürlich nicht für alle Bevölkerungskreise als wünschenswerter Maßstab. Welcher Dienstherr hätte schon eine Magd eingestellt, die sich mehr »für das innere Leben, das Leben des Gefühls und des Herzens, als für das äußere« verpflichtet fühlt? Und die Männer außerhalb dieses Bürgertums sahen sich wohl eher nach einer handfesten Frau um, die zupackte und das Alltagsleben straff organisierte.

Mütterlichkeit als Beruf

Der Pädagoge Friedrich Fröbel (1782–1852) hatte entscheidenden Einfluss auf das Frauenbild seiner Zeit. Er ist der »Erfinder« des ersten, 1840 gegründeten »Allgemeinen Deutschen Kindergartens«. Diese Leistung und diese Weitsicht seiner pädagogischen Ideale sind wegweisend.

Wie für viele seiner Zeitgenossen war Menschenerziehung Aufgabe der Frau. Darunter verstand er neben der leiblichen Pflege auch die Verantwortung für das geistige Wohlergehen. Fröbel allerdings ging nicht selbstverständlich davon aus, dass eine Frau, die Mutter wird, auch eine kompetente Mutter ist. So begründete er die Mütterschule, in der junge Frauen auf ihre Aufgabe vorbereitet werden sollten. Im fröbelschen Kindergarten »können Mütter und Jungfrauen lernen, wie man in naturgemäßer Weise kleine Kinder beschäftigt, entwickelt und bildet; kommt, wie es recht und schön ist, die nöthige Belehrung und Aufklärung über das Wesen des Kindes, seine Bedürfnisse, Triebe, Strebungen etc. hinzu, so kann die Erziehung unserer Kinder und damit das Glück der Familien und des Staats unendlich gewinnen«.[5]

Der Beruf der Kindergärtnerin entstand in dieser Zeit. »Für viele Berufe mag es genügen, die Schüler in äußerer Technik zu schulen, für den Beruf der Kindergärtnerin genügt es nicht. In ihr muss der innere Sinn für die Bestimmung des weiblichen Geschlechts geweckt sein, sie muss das spezifische Wesen der Frau erkannt, innerlich erlebt haben, sie muss im Kinde die Kindheit, das Göttliche ahnen: Wie kann sie sonst Pflegerin der Kindheit werden? Wie kann sie sonst Mädchen und Frauen zum Bewusstsein ihrer menschenpflegenden Bestimmung verhelfen?«[6]

Frauen der alten bürgerlichen Frauenbewegung strickten voller Elan mit am Bild der mütterlichen Frau. Henriette Schrader-Breymann, selbst kinderlos und Nichte sowie Schülerin des Pädagogen Fröbels, schrieb:

»Hat nicht die Frau den Menschen zu nähren, zu kleiden, seine körperliche Gesundheit zu überwachen, muss sie nicht mit ihrem Kinde spielen, arbeiten und, sei es Mädchen oder Knabe, den ganzen Bildungsgang mit verfolgen, muss sie ihn nicht sittlich hüten, ihn begeistern für das Schöne, bestimmend für das Rechte, im kleinen oder großen Kreise? Und in der Vielseitigkeit ihrer Natur, in der Beweglichkeit ihres Wesens, in der Fähigkeit, schnell von einem Interesse des Menschen zum andern sich zu wenden, wie der Augenblick es eben verlangt, in dem feinen Er-

fassen des Kleinen, in dem Hüten des Idealen, in dem vorwalten-
den Gemütsleben, welches die Dinge rasch, unmittelbar und im
Totaleindruck erfasst – liegt zum großen Teil das, was der Frau
den Stempel des eigentlich Weiblichen gibt.«

Das Zitat entstammt ihrer Publikation *Die Frauenfrage* von
1868. Henriette Schrader-Breymann formulierte damals eine
weibliche Fähigkeit, die sich im Laufe der Zeit zu einer selbstver-
ständlichen Erwartung an Frauen hin entwickelt hat: Frauen können sowohl das eine als auch das andere gleichzeitig!

Je älter ich werde, desto weniger reizvoll finde ich diese Zuschreibung. Ich will überhaupt nicht mehrere Aufgaben gleichzeitig erledigen, sondern eine mit Bedacht und voller Konzentration – und dann die nächste.

Von Frau Schrader-Breymann, der Gründerin verschiedener
Bildungs- und Erziehungsinstitutionen, stammt der Begriff der
»geistigen Mütterlichkeit«, der der unverheirateten, kinderlosen
Frau als Erzieherin oder Gouvernante einen weiblich hochwerti-
gen Status verschaffen konnte.

Nicht jede Frau wurde verheiratet, viele »übrig gebliebene«
Töchter mussten die alten Eltern pflegen, dem unverheirateten
Bruder den Haushalt führen. Oder sie kamen bei der verheirate-
ten Schwester unter und mussten deren Kinder versorgen. Ein
Pakt wurde geschlossen: Du bekommst bei uns ein Bett und
Mahlzeiten, dafür übernimmst du die Pflege und Aufsicht unserer
Kinder. Die selbst kinderlose Frau konnte nun als Gouvernante,
Kindermädchen, Lehrerin arbeiten – allerdings war es ihr kaum
möglich, sich mit diesem Lohn selbst zu ernähren. Voraussetzung
für solche Berufe war, dass Frauen lesen und schreiben konnten.

Frauen, die lesen und schreiben lernen durften, die einen Zugang zu Büchern hatten, waren im 19. Jahrhundert als zukünftige
Gattin nicht immer willkommen: »Was die Romane betrifft, so
wäre es wohl am besten, wenn junge Mädchen gar keine läsen.
Die Zeiten, wo das nicht geschah, waren glücklicher als die uns-

rigen; die Jungfrauen waren züchtiger, die Frauen häuslicher, die Ehen glücklicher«,[7] bedauerte C. W. Hufeland 1822. Er meinte wohl eher, dass früher die Ehemänner glücklicher waren …

Frauen konnten es diesen Männern, die alleinige Herrscher im Familienverband waren und auch bleiben wollten, einfach nicht recht machen. Damit befanden sie sich in einem echten Dilemma: Wollten sie einen Mann, blieben sie besser ungebildet, wollten sie berufstätig sein, entsprachen sie nicht dem vorherrschenden Frauenbild des männlichen Geschlechts.

Frauen waren in dieser Zeit immer noch Eigentum des Mannes, sie wurden sozusagen vom Vater an den Gatten weitergereicht. Doch wehe, sie waren ledig und wurden als Opfer einer Verführung oder Vergewaltigung schwanger. Eine unverheiratete Mutter hatte keinerlei Anrecht auf Unterstützung. »Die soziale Ächtung traf [...] ledige Mütter, und zwar im städtischen Bürgertum weitaus stärker als etwa auf dem Land. Hier wurde traditionell die uneheliche Mutterschaft anders bewertet als in der bürgerlichen Kultur, denn eine Ehe wurde auf dem Land oft ›nachgeholt‹.«[8]

Pflichten ja – Rechte keine

Wenden wir uns nun der Realität der weitaus größeren Gruppe zu, der Frauen und Mütter der Arbeiterschicht. Sie waren mit dem täglichen Überlebenskampf, der Organisation des Alltags, voll ausgelastet. Ständige Selbstzweifel »Bin ich eine gute Mutter?« konnten sie sich nicht leisten. Säuglinge wurden geboren und starben. Die sanitären Grundvoraussetzungen waren einfach unzureichend. Durch Hygiene-, Ernährungs- und Pflegeschulung konnte die hohe Säuglingssterblichkeit allein kaum eingedämmt werden. Außerdem fehlte diesen Müttern schlicht die Zeit, um an diesen Maßnahmen teilzunehmen.

Die Frauenrechtlerin und Schriftstellerin Hedwig Dohm (1831–1919), selbst Mutter von fünf Kindern, war eine selbstbewusste Frau. Sie sah das Elend der Arbeiterin und forderte: »Geburtenkontrolle durch Enthaltsamkeit des Mannes; Maßnahmen zur Reduzierung der massenhaften Säuglingssterblichkeit; Abschaffung der Prügelstrafe; frühe mündliche Sexualaufklärung für Mädchen und entsprechende pädagogische Anleitung von Müttern; angemessene Ausbildung für Lehrerinnen und Erzieherinnen; Reform-Erziehungsheime nach englischem Muster; Zugang von Frauen zu allen Berufen; Respektieren der Entscheidung von Müttern für oder gegen Berufstätigkeit; Mutterurlaub bei ernsthafter Krankheit von Kindern; Beteiligung der Väter an Hausarbeit und Kindererziehung.«[9]

Beteiligung der Väter an der Hausarbeit und Kindererziehung? Davon konnte noch lange nicht die Rede sein. Die Frau blieb dem Manne untergeordnet. Auch nach dem Inkrafttreten des Bürgerlichen Gesetzbuches im Deutschen Reich am 1. Januar 1900. Die Vormundschaft des Ehemannes über die Ehefrau wurde darin gesetzlich erneut festgelegt. Im Falle einer Scheidung verlor die Mutter das Recht auf ihre Kinder. Die bis dahin geltende »väterliche Gewalt« wurde zwar durch die Formulierung »elterliche Gewalt« ersetzt, blieb aber de facto Sache des Vaters. Unehelich geborene Kinder galten als nicht mit dem Vater verwandt, hatten also keine Erbansprüche. Ledige Mütter waren weiterhin der öffentlichen Demütigung ausgesetzt.

Zusammengefasst war demnach eine Mutter nur dann eine »gute« Mutter, wenn sie den Ansprüchen der Männer entsprach. Die Kleidermode verdeutlichte dies: Die Frau wurde ins Korsett gesteckt. Tief durchatmen und sich frei bewegen konnte sie nicht.

Viele Ehemänner befriedigten ihr sexuelles Verlangen außerhalb der Ehe. Eine »gute« Mutter konnte – dem vorherrschenden Bild entsprechend – nicht gleichzeitig als Ehefrau sexuell attraktiv sein. Deshalb wurden so viele mittellose und abhängige Frauen von Männern geschwängert.

In Berlin wurde 1905 der »Bund für Mutterschutz und Sexualreform« gegründet. Die Gründerin dieser so dringend notwendigen Mutterschutzbewegung, Helene Stöcker, hatte sich einer großen Herausforderung verschrieben: Sie wollte den »gesellschaftlichen Makel der außerehelichen Mutterschaft« bekämpfen. Dieser Verband forderte außerdem »eine Mutterschaftsversicherung, einen Mutterschutz, längere Stillzeiten und die rechtliche Gleichstellung von unehelichen Kindern [...] Männer, die bisher im Rahmen der ›Doppelmoral‹ ohne Schande davonkamen, sollen von den Frauen ›an den öffentlichen Pranger‹ gestellt werden dürfen, da sie für ihr sexuelles Verhalten voll verantwortlich« seien«.[10]

In den 1920er-Jahren nahm die Armut so zu, dass große Teile der Stadtbevölkerung in engen, feuchten und kalten Behausungen leben mussten. Vielleicht haben Sie schon einmal Fotos dieser Familienrealität gesehen: eine Familiengruppe, bestehend aus verhärmten Frauen, Männern und unterernährten Kindern. Gerhart Hauptmann schilderte deren Überlebenskampf sehr eindrücklich in seinem Drama *Die Weber*. So arbeiteten allein in Berlin über 70 000 Frauen unter elenden Bedingungen in der Bekleidungsindustrie, ein großer Teil von ihnen in der Heimarbeit. Die Kinder mussten mitarbeiten. Wer wollte von Müttern in dieser schier aussichtslosen Lebenssituation erwarten, dass sie sich »liebevoll« und »mütterlich« abends ans Bett ihrer Kinder setzten und Lieder zum Einschlafen sangen?

Orden für die Mutter – Mutterkult auf die Spitze getrieben

Springen wir nun in die 1930er-Jahre. Mädchen, die in der NS-Volksgemeinschaft auf ihre Aufgabe als Ehefrau und Mutter vorbereitet wurden, lernten im Haushaltsunterricht: »Deutschland braucht Frauen, die mit Stolz und hohem Glücksgefühl ihre Aufgabe erkennen: dem Manne das frohe, schöne und erholsame Heim zu schaffen, aus dem täglich ein neuer Strom von Kraft und Freude seinem Wollen und Wirken für das Volk und Vaterland Stärke, Gelingen und Segen gibt; den Kindern die Heimat zu bereiten, in deren Boden sie fest mit aller Liebe wurzeln …«[11]

Die Nationalsozialisten erschufen den Kult um die »deutsche« Mutter. Das »Ehrenkreuz der Deutschen Mutter« (Mutterkreuz) wurde 1938 als Auszeichnung in Form eines Ordens von der NSDAP gestiftet. Makaber war die gängige zynische Beschreibung der Mutterschaft als das »Schlachtfeld der Frau«. Für die Geburt von vier Kindern gab es das Kreuz in Bronze, ab sechs Kinder in Silber und Frauen, die acht Kinder geboren hatten, durften sich mit dem Orden in Gold schmücken. Adolf Hitler sprach pathetisch von der »Geburtenschlacht« und nannte die Kinder in den Wiegen ein »schlafendes Heer«. Mütter mussten sich allerdings um diese Auszeichnung bewerben. Eine Mutter war nur dann eine »gute deutsche Mutter«, wenn sie auch einen »Ariernachweis« vorlegen konnte.

»Wer das Mutterkreuz tragen wollte, wurde zuvor von der NS-Bürokratie penibel durchleuchtet. Der Aufwand war immens. Die Hamburger Gesundheitsämter etwa ächzten unter der bürokratischen Last und mussten zusätzliches Personal anfordern. Und so kam es gleich bei der ersten geplanten Verleihung am Muttertag des Jahres 1939 zu erheblichen Pannen: Weil 5,5 Millionen Anträge gestellt worden waren und sie bis zum Mai nicht vollständig bearbeitet werden konnten, erhielten am 21. Mai nur

109

Mütter, die älter als 60 waren, ein Mutterkreuz. Die anderen sollten zum Erntedankfest geehrt werden.«[12]

Viel genützt hat diese Aktion »Mutterkreuz« trotzdem nicht, denn 1939 entfielen auf eine Durchschnittsehe 1,3 Kinder und im Laufe des Zweiten Weltkrieges ging die Anzahl der Geburten noch weiter zurück.

Im »Merkblatt über das Tragen der Ehrenkreuze« wurde festgelegt, wann Mütter dieses Abzeichen in der Öffentlichkeit tragen durften: »Wann wird das Ehrenkreuz getragen? An allen Festtagen (zum Beispiel 1. Mai – Erntedankfest – Geburtstag des Führers – Gefallenengedenktag sowie Ostern – Pfingsten – Weihnachten. Ferner zu Familienereignissen, Hochzeiten, Beerdigungen usw. Wie wird das Ehrenkreuz getragen? Nur zum Festanzug und nur an dem blauweißen Band um den Hals. Also niemals an einer Halskette.). Welche Möglichkeit besteht außerdem, die Auszeichnung zu tragen? Für den Straßenanzug kann eine blauweiße Schleife mit einem Miniaturkreuz oder auch nur die blauweiße Schleife getragen werden. (Zu erwerben in allen einschlägigen Geschäften.) Was ist unstatthaft? Das Ehrenkreuz an einer Kette oder als Brosche zu tragen. Das Kreuz zum Arbeitskleid anzulegen.« Doch keine falsche Eitelkeit: »Wer die Großauszeichnung des Ehrenkreuzes der Deutschen Mutter stets im Alltagsleben trägt, würdigt die vom Führer verliehene Auszeichnung herab.«

Diese Merkblätter tauchen heute noch auf Flohmärkten auf.

Ich selbst habe noch Frauen kennengelernt, die sehr stolz auf ihr Mutterkreuz waren, denn es war für sie die einzige Würdigung, die sie je in ihrem Leben als Frau und Mutter bekommen hatten. »Einmal in meinem Leben stand ich im Mittelpunkt. Das war in diesen schrecklichen Zeiten so wohltuend. Das werde ich nie vergessen.«

Natürlich sagte aber ein Mutterkreuz nichts aus über die »Qualität« der Mutter.

»... dann, liebe Mutter, werde hart!«

Johanna Haarer (1900–1988), fünffache Mutter und Autorin des Erziehungsratgebers *Die deutsche Mutter und ihr erstes Kind*, der 1934 erstmals erschien, prägte für Generationen die Erziehungsvorstellungen in Deutschland. Eigentlich war Dr. Haarer Lungenärztin. Sie passte mit ihrem Aufruf zur Disziplinierung des Menschen von Anfang an voll in die Linie der NS-Ideologie. Ein Kind, so ihre Grundbotschaft, muss parieren. Es ging ihr nicht um die Bedürfnisse des Säuglings, sondern um den Vier-Stunden-Abstand beim Stillen und die achtstündige Stillpause in der Nacht. Säuglinge sollten nicht mühsam herumgeschleppt und schon gar nicht zu sehr verwöhnt werden. Die frühzeitig »abgehärteten« Kinder dieser Erziehung, so argumentierte sie, würden später ausgezeichnete Soldaten für Führer, Volk und Vaterland abgeben.

1939 veröffentlichte sie dann auch noch das Propagandawerk *Mutter, erzähl von Adolf Hitler!*, ein bebildertes Buch, das auch in Kindergärten verpflichtend vorzulesen war.

Die Mütter bekamen es ab 1934 also zwangsläufig mit dem Gedankengut von Johanna Haarer zu tun. Aber nicht nur sie, sondern auch Sozialarbeiterinnen, Kindergärtnerinnen und Ärzte sollten mit dem NS-Gedankengut auf die Erziehung der Kinder Einfluss nehmen.

Hier nun ein näherer Einblick in ihren Ratgeber *Die deutsche Mutter und ihr erstes Kind*: Wenn das Baby schreit, »dann, liebe Mutter, werde hart! Fange ja nur nicht an, das Kind aus dem Bett herauszunehmen, es zu tragen, zu wiegen, zu fahren oder es auf dem Schoß zu halten, es gar zu stillen.« Die Autorin droht: »Das Kind begreift unglaublich rasch. Nach kurzer Zeit fordert es diese Beschäftigung mit ihm als ein Recht, gibt keine Ruhe mehr, bis es wieder getragen, gewiegt oder gefahren wird – und der kleine, aber unerbittliche Haustyrann ist fertig.«[13]

Wenn Sie bedenken, dass nur wenige Jahre zuvor das Mutter-

111

ideal noch ganz anders aussah, dann muss es für die Mütter dieser Zeit sehr schwer gewesen sein, dass von ihnen statt Zuwendung und Trost auf einmal Härte und Verweigerung erwartet wurde.

Die Psychologin Sigrid Chamberlain wies in den 1990er-Jahren nach, dass Haarers Erziehungsratschläge den Nazis tatsächlich praktisch genutzt haben. Ihre Begründung: Die Kinder blieben massenweise mit einem ungestillten Bedürfnis nach Bindung zurück.

»In *Die deutsche Mutter und ihr erstes Kind* werden selbst Stillpositionen, die Mütter intuitiv einnehmen, um mit ihrem Baby Blickkontakt zu haben, verteufelt: Es geht schließlich um Nahrungsaufnahme, nicht um Zärtlichkeit. Wer als Kind so extrem auf Distanz gehalten und zurückgewiesen wird«, argumentiert Chamberlain, »bindet sich als Heranwachsende umso unkritischer an jeden, der ihm scheinbar endlich Liebe, Nähe und Respekt entgegenbringt. Und sei es der Führer, für den man in den Krieg ziehen soll.«[14]

Selbst nach 1949 gab es nur kleinste Veränderungen im Text dieses Buches: Die Begriffe »Volk« und »Führer« wurden entfernt und der Titel in *Die Mutter und ihr erstes Kind* abgeändert.

Ich erinnere mich selbst an dieses Buch, denn es gehörte noch in den 1960er-Jahren als Grundlagenwerk in die Ausbildungslektüre von Kinderkrankenschwestern. Auch ich musste in meiner Ausbildungszeit zur Kinderkrankenschwester das Kind von mir weghalten, die kleinen Arme fest umfassen und die Kinder so eng wickeln, dass sie quasi bewegungslos in den Betten lagen.

Die letzte Auflage dieses Werkes ging 1986 (!) in Druck. Es ist bis heute der meistverkaufte Erziehungsratgeber in Deutschland. Mütter und Großmütter mussten schon sehr selbstbewusst sein, um sich dem Einfluss und Gedankengut dieses »Ratgebers« zu entziehen!

Und die Mutter Johanna Haarer selbst? Wie erzog sie ihre

fünf Kinder? War sie in der Erinnerung der eigenen Kinder eine gute Mutter? Ihre Tochter Anna Hutzel wies in einem Telefongespräch darauf hin, dass ihre Mutter ihre nationalsozialistische Einstellung nie geändert habe. Bis zu ihrem Tod habe man nie über das Dritte Reich mit ihr sprechen können. Probleme innerhalb der Familie seien mit Gewalt gelöst worden, unter der Gefühlskälte der Mutter hätten die Kinder leiden müssen.[15]

Am Beispiel dieses Bestsellers über Erziehung wird deutlich, wie sehr doch Generationen von Müttern durch die Lektüre von ideologisch gefärbten Erziehungsratgebern im Umgang mit ihren Kindern beeinflusst werden können.

Was Mütter wirklich brauch(t)en

Wie erging es den Müttern, als der Zweite Weltkrieg endlich vorbei war? In Deutschland lebten laut erster Nachkriegsvolkszählung vom Oktober 1946 in den westlichen Besatzungszonen und Berlin rund sieben Millionen mehr Frauen als Männer. Besonders die 20- bis 40-jährigen Frauen, also Frauen im gebärfähigen Alter, waren aufgrund fehlender Partnermöglichkeiten häufig alleinstehend. Viele bildeten Wohngemeinschaften und verschafften sich so ein Minimum an Geborgenheit und Sicherheit.

Die Anzahl der Witwen mit kleinen Kindern war hoch, die 5,3 Millionen gefallenen deutschen Soldaten des Zweiten Weltkriegs hinterließen mehr als eine Million Witwen, fast 2,5 Millionen Halbwaisen und etwa 100 000 Vollwaisen.[16]

Durch Krieg, Flucht, Vertreibung waren viele Familien auseinandergerissen worden. Die schweren physischen und psychischen Schäden, die die Mütter erlitten hatten, erforderten ein enormes Maß an Selbstdisziplin.

»Ich hätte in dieser Zeit so gern eine Schulter zum Anlehnen gehabt. Einfach mal nicht entscheiden müssen. Einfach mal einen Tag ohne Kinder, ohne Geschrei, ohne Verantwortung. Wie habe ich die kinderlosen Frauen damals beneidet«, schilderte mir vor vielen Jahren eine alte Frau, die drei Kinder allein durch diese Nachkriegszeit gebracht hat. Die Sehnsucht nach Häuslichkeit und Sicherheit war groß, kein Wunder!

1948 erschien die erste Nachkriegsausgabe der Zeitschrift *Unsere Frau und Mutter*, eine »Monatsschrift für die katholische Frau in Familie und Beruf«. Darin formulierte die Chefredakteurin Maria Vielhaber die inhaltliche Zielsetzung dieser Zeitschrift so: »In katholischer Weise will sie alles umfassen, was das Leben der Frauen und Mütter in Heim und Beruf bewegt. Darüber hinaus will sie den Blick für die Aufgabe und Verantwortung der Frau in Kirche, Volk und Welt weiten. Sie will Ratgeberin in der Sorge um den Leib, den Geist und die Seele sein.« Deswegen kündigte sie Beiträge zu Gesundheit, Ernährung und Kleidung, Kunst und Literatur an, ebenso zu erzieherischer und religiöser Führung und Weiterbildung.[17]

Dieser Verantwortung der Frau und Mutter für »Kirche, Volk und Welt« konnten Frauen nur in Ausnahmefällen nachkommen. Mütter waren sehr häufig erschöpft, krank und immer müde. Vom Mutterglück konnte kaum die Rede sein.

Elly Heuss-Knapp, die Gattin des Bundespräsidenten Theodor Heuss, hatte im Januar 1950 die »Elly-Heuss-Knapp-Stiftung«, das Deutsche Müttergenesungswerk, gegründet. Durch ihre engagierte Pressearbeit und durch ihre vielen Rundfunkinterviews wurde einer breiten Öffentlichkeit bekannt, dass viele Mütter am Rande des körperlichen und seelischen Zusammenbruchs standen. Elly Heuss-Knapp wies darauf hin, dass das Klischee der »guten« Mutter, die nie Schwächen zeigt, es Frauen so schwer macht, ihre Kraftlosigkeit und Übermüdung zu zeigen oder gar um Hilfe zu bitten. Und so appellierte sie an den Kooperationswillen von Vätern und Familienangehörigen, sich hier tatkräftig zu engagieren. Bis heute arbeitet das Müttergenesungswerk traditionsgemäß unter der Schirmherrschaft der Ehefrau des jeweiligen Bundespräsidenten.

Konnte eine Witwe mit Kindern in den ersten Nachkriegsjahren überhaupt einen Gedanken an das klischeehafte Bild einer »guten Mutter« verschwenden? War es nicht viel dringender, alles zu tun, um einfach zu überleben? Die familiären Netzwerke waren zerrissen, Großeltern, Geschwister waren vielleicht tot oder irgendwo gestrandet. Gab es vielleicht sogar noch die Hoffnung auf einen sozialen Vater für das Kind?

Viele Frauen blieben allein, andere lebten mit neuen Partnern unverheiratet zusammen, da sie bei einer neuen Eheschließung das Anrecht auf die Witwenrente verloren hätten. Einer Schätzung des Bundesfamilienministeriums zufolge gab es 1955 in der Bundesrepublik 100 000 bis 150 000 dieser sogenannten »Onkelehen«.[18] Heute würden wir sagen, es handelte sich um »eheähnliche Lebensgemeinschaften«.

Wenn es dann wieder einen »Mann im Haus« gab, kam eine neue Angst hinzu: Diese völlig überlasteten Mütter wollten nicht wieder schwanger werden. Wie aber verhüten? Eine Frau, selbst Mutter und Kriegswitwe, erschuf aus diesem Problembewusstsein heraus eine sehr erfolgreiche Handelskette, die Firmengruppe »Beate Uhse«. Heute denken wir bei diesem Namen an Sexshops in den Einkaufspassagen der Städte.

Nach dem Krieg verkaufte Beate Uhse bis 1947 eine kleine »Verhütungsbroschüre« innerhalb kürzester Zeit 32.000-mal. Aufgrund dieses finanziellen Erfolges konnte sie ihre Idee eines Versandhauses für Kondome realisieren. Die Produkte wurden in neutraler Verpackung an die Kunden verschickt. 1962 eröffnete sie in Flensburg das erste »Fachgeschäft für Ehehygiene«. Für die damalige sexualfeindliche Zeit eine sehr mutige Pioniertat!

Wie sehr die Sorgen einer möglicherweise ungewollten Schwangerschaft Frauen und Männer belasteten, zeigt sich auch am Beispiel des 1952 in Kassel gegründeten Arbeitskreises »Bewusste Elternschaft«, dem Vorläufer der heute unter dem Namen »pro familia« bundesweit agierenden Beratungsorganisation. Diese und ähnliche Einrichtungen hatten es sich zur Aufgabe gemacht, aufklärend für die Möglichkeit der Empfängnisverhütung zu werben, um die Zahl der Abtreibungen einzudämmen, denn die Antibabypille gab es ja erst zehn Jahre später und dann erst mal nur für verheiratete Frauen.

Schwangerschaften, Abtreibungen, wenig Schlaf, lange tägliche Arbeitszeiten und schlechte Ernährung … kein Wunder, dass die »Gesundheits-Industrie« speziell für Frauen sogenannte Stärkungsmittel entwickelte. 1953 kam das Produkt »Frauengold« auf den Markt. Obwohl mit 16,5 Prozent Alkohol (!) versetzt, war das Produkt rezeptfrei als Herz-Kreislauf-Mittel in Apotheken, Drogerien, später sogar auch in Reformhäusern erhältlich. Die Werbung suggerierte Belastbarkeit rund um die Uhr und tönte mit Sprüchen wie »Nimm Frauengold – und du blühst auf!« oder in den 1960er-Jahren mit »Das Glück aller Frauen heißt Frauengold« aus Radio- und später auch aus Fernsehkanälen. Die Botschaft war immer die gleiche: Reg dich nicht auf, halte durch! Für Männer gab es die entsprechende Zigarettenwerbung, am bekanntesten das HB-Männchen mit dem Spruch: »Wer wird denn gleich in die Luft gehen? Greife lieber zur HB, dann geht alles wie von selbst!«

Nach dem Mikrozensus von 1962 gab es in der Bundesrepublik Deutschland 2,4 Millionen erwerbstätige Mütter mit Kindern unter 14 Jahren. Das bedeutet, dass jede vierte berufstätige Frau ein oder mehrere Kinder unter 14 Jahren zu betreuen hatte. 89,2 Prozent von ihnen waren in einer Dauerbeschäftigung tätig, nur der Rest von 10,8 Prozent übte Saison- oder Gelegenheitsarbeit aus. Da erreichte die Werbung mit Durchhalteparolen verständlicherweise viele Frauen dieser Zeit.

Der Deutsche Fürsorgetag 1963 beleuchtete das Thema »Die

Mutter in der heutigen Gesellschaft«. Unter dem Titel: »Mutter ohne Wert? Auch eine Art von Schizophrenie« berichtete DIE ZEIT anschließend: »Die moderne Mutter sei heute durch das Bild der modernen Frau bedroht, denn die Mutterschaft werde als berufliches Hindernis, als finanzielle Beschränkung, als Abhängigkeit und Einengung der persönlichen Selbstentfaltung empfunden. Deshalb komme es vor allem darauf an, diese beiden Vorstellungen ›heutige Frau‹ und ›heutige Mutter‹ miteinander zu vereinigen.«[19]

Wolfgang Heidenreich fragte sich 1964 in der Zeitschrift kontraste, wie denn ein Denkmal für die Mutterfigur aussehen müsste. Am Ende seiner Überlegungen formulierte er als nüchternes Ergebnis seiner Suche: »Eine Mutter im 5-Personen-Haushalt steht nicht auf einem Sockel, sie steht ohne Bezahlung, meist ohne Taschengeld und Urlaub 60 Wochenstunden lang arbeitend auf den Beinen. Ein Stuhl ist das Beste, was man ihr anbieten kann.«[20]

Diese Aussagen sind heute, fast 50 Jahre später, immer noch gültig!

Und noch eine Entwicklung, die die mütterliche »Funktionsfähigkeit« erhalten soll, nahm damals ihren Anfang. 1965 besangen die »Rolling Stones« mit »Mother's Little Helper« die Abhängigkeit vieler Mütter vom Medikament Valium. Dieses Beruhigungs- oder Schlafmittel wurde 1963 entwickelt und von den Ärzten großzügig verschrieben. Es konnte (und kann) bei regelmäßiger Einnahme süchtig machen. Die Mütter blieben zwar vordergründig gelassen und scheinbar belastbar, konnten aber den Alltag bald ohne diese Pillen nicht mehr bewältigen. So wurden auch in Deutschland viele Frauen schleichend medikamentenabhängig – und das in großer Zahl!

Im 4. Rundbrief des Bayerischen Landesfrauenausschusses des Jahres 2007 wurde darauf hingewiesen, dass die Medikamentenabhängigkeit bei Frauen steigt: »Medikamentensucht ist in der Bundesrepublik mittlerweile fast genauso verbreitet wie die Abhängigkeit von Alkohol [...]. Rund eine Million Betroffene nehmen Schlaf- und Beruhigungsmittel.«[21]

2008 ging die Bundesregierung von 1,4 bis 1,5 Millionen medikamentenabhängigen Menschen aus, davon 70 Prozent Frauen. Wie viele dieser Frauen Mütter mit kleinen Kindern sind, ist nicht belegt.

Mutter – Mutti – Mama

Was macht Mütter glücklich? Wann streichen sich Mütter verschämt Tränen der Rührung aus den Augenwinkeln?

Der Junge Heintje besang herzbewegend die »Mama«. Endlich fühlte sich die deutsche Mutter – und nicht nur sie – anerkannt und verehrt. Diese geradezu kollektive mütterliche Rührung brachte Heintje auf Anhieb zehn goldene Schallplatten ein. Als ich mir dieses Lied jetzt noch einmal anhörte, hätte ich wetten mögen, dass dieser Schlager, der zu einem »Volkslied« wurde, aus den 1950er-Jahren stammt. Seine Erfolgsgeschichte begann aber erst am 21. Dezember 1967. Gerade rechtzeitig zur Weihnachtszeit trällerte der Junge dieses Lied in der ZDF-Sendung *Der goldene Schuss* vor einem Millionenpublikum. Die »Fan«-Gruppe waren ältere Mütter.

Weniger bekannt ist, dass dieses »Mama«-Lied als Propagandalied von den Nazis eingesetzt worden war. Autor war der homosexuelle Liedertexter Bruno Balz. »Kurz bevor er in Berlin von der Gestapo verhaftet wird, um ins KZ abgeschoben zu werden, bekommt er den Auftrag, eine deutsche Fassung für Beniamino Giglis Schlager ›Mama‹ zu schreiben. ›Mama/Du sollst doch nicht um deinen Jungen weinen‹ dichtet Balz, ›Mama/Einst wird das Schicksal wieder uns vereinen‹. Die Angst der Mutter um das Schicksal des Jungen, der vielleicht an der Front im Schützengraben liegt, schwingt in den Zeilen immer mit. Balz hat Glück.

Sein Talent bewahrt ihn vor dem Lager, auch wenn er nicht mehr unter seinem Namen publizieren darf.«[22]

Mit der glockenhellen Kinderstimme wird Heintje der heimliche Lieblingssohn oder Lieblingsenkel der Mütter und Großmütter. Jede Verbindung dieses Liedes zur dunklen Kriegszeit ist Ende der 1960er-Jahre verflogen. Nicht nur in Deutschland, auch in Belgien, Schweden, Dänemark, der Schweiz, Norwegen, Finnland, Frankreich, Österreich, Luxemburg, England und sogar Südafrika wird Heintje zum Star. Ein Jahr nach seinem ersten großen Auftritt, da ist er gerade mal 13 Jahre alt, verlässt er die Schule. Mit 15 Jahren ist Heintje mehrfacher Millionär.

Feiern oder abschaffen? Gedanken rund um den Muttertag

Am 24. April 2010 schlenderte ich durch eine Einkaufspassage. Plötzlich ertönte ein lauter Gong und eine beschwingt klingende Männerstimme verkündete: »Denken Sie daran, Ihre Mutter ist es wert, sie ist die wertvollste Person in Ihrem Leben. Auf alle Taschen und Geldbörsen erhalten Sie jetzt 20 Prozent Nachlass. Der Muttertag ist nah!« Wem galt diese Aufforderung? Doch nicht kleinen Kindern, eher hörte es sich für mich wie eine Erinnerung an den vergesslichen Ehemann an …!

Was haben Sie selbst als Sohn oder Tochter Ihrer Mutter zum Muttertag geschenkt? Hat Ihre Mutter dieses Geschenk aufgehoben, hat sie oft darüber gesprochen? Hat sie es ihren Freundinnen – vor allem den kinderlosen – gezeigt?

Als Anfang der 1970er-Jahre einmal eine Mutter im Rahmen einer heftigen Elternabenddiskussion über Sinn und Zweck der Muttertagsrituale rief: »Aber ein Muttertagsgeschenk sollte schon gebastelt werden. Das ist einfach gute alte Tradition und deshalb lohnt doch der Aufwand das Jahr über, oder?«, verschluckte ich mich fast am Kaffee: Eine gute alte Tradition? Wie alt denn, bitte? Und warum und von wem eingeführt?

Ein heikles Gesprächsthema sind Muttertagsgeschenke bis heute. Diese Tradition infrage zu stellen, kann selbst bei »modernen« Müttern feindselige Reaktionen auslösen.

Ist Ihr eigenes Kind noch im Kindergarten oder in der Grundschule und bastelt es dort etwas für Sie zum Muttertag? Malt es ein Herz um ein Gedicht oder sucht es sogar selbstständig schon nach Geschenkvorschlägen auf Internet-Kinderseiten?

Beim ersten Kind und dem ersten Muttertagsgeschenk kommt wohl noch Rührung bei der Mutter auf. Und wenn das Kind mit strahlenden Augen sein Werk auf den Frühstückstisch legt, erwartet es begeisterte Dankesrufe. Die kommen auch prompt: »Wie schön – wie wunderbar, dass du dir so viel Mühe gemacht hast!« Vielleicht sagen Mütter aber auch: »Das wäre aber wirklich nicht nötig gewesen …!«

Andererseits, wenn ein Kind sich vehement weigert, im Kindergarten oder in der Grundschule die »Falt und Klebe-Aktion« mitzumachen, gilt es dann als undankbar? Steht doch auf einer Internetseite für Kinder: »Jede Mutter freut sich über ein kleines Geschenk. Es muss nicht aufwendig und nicht teuer sein, aber es sollte von Herzen kommen.« Und dann gibt es immer und immer wieder die gleichen Geschenke, wie zum Beispiel ein Brillenetui, eine CD-Dekoration, ein Duftsäckchen, einen bedruckten Stoffbeutel.

Wenn Sie mehrere Kinder haben, die jedes Jahr am zweiten Sonntag im Mai mit Selbstgebasteltem daherkommen – ansonsten aber auf Durchzug schalten, wenn sie mal den Mülleimer runterbringen sollen –, dann fragen Sie sich vielleicht, was dieser eine Tag im Jahr eigentlich für einen Sinn hat.

Verkünden Sie als Mutter doch einmal folgenden Wunsch auf

einem Elternabend in der Kita oder Schule: Wenn die Kinder unbedingt der Mutter danken sollen, dann wäre es praktisch, ihr einen Gutschein zu schenken, zum Beispiel für ein ausgedehntes Frühstück im Bett – ohne Kinder, ohne Mann – mit Tageszeitung oder Hörbuch (organisiert vom Vater, damit es auch klappt)! Sie werden schnell feststellen, dass sich die Gruppe der Mütter spaltet in die mit dem fröhlichen Ausruf »Gute Idee!« und die mit der leicht pikierten Reaktion »Also wirklich, den Kindern macht das Basteln doch so viel Spaß …«

Auch der TV-Sender 3sat widmete sich 2010 dem »Mythos Mutter«. Gert Scobel leitete den gleichnamigen Beitrag vom 06.05.2010 folgendermaßen ein: »Auch wir feiern die Mutter, jetzt wenigstens einmal im Jahr, weil's ja sonst keinen Feiertag für das unbezahlte Dienstpersonal gibt.« Wie anders sind da doch die Sorgen von Millionen Müttern in weiten Teilen der Welt!

Die »Deutsche Stiftung Weltbevölkerung« (DSW) kam auf die Idee, dem Muttertag eine zeitgemäße Bedeutung zu geben. »Die Mutternacht« ist eine Initiative der DSW und wird gemeinsam mit vielen Kooperationspartnern durchgeführt. Unterstützt wird »Die Mutternacht« von der Aktion Deutschland Hilft e.V. Unter dem Slogan »Mutternacht-Stimmen sammeln für die Müttergesundheit« werden Regierungen zum Handeln aufgefordert: »Ziel ist es, auf den dringenden Handlungsbedarf bei der Gesundheit von Müttern in aller Welt aufmerksam zu machen. Jährlich sterben mehr als eine halbe Million Frauen an den Folgen von Schwangerschaft oder Geburt – überwiegend in Entwicklungsländern.« Diese Aktion wurde 2010 zeitgleich auch in den Niederlanden, Malta und Ungarn durchgeführt.

Der nächste Muttertag kommt bestimmt! Und Sie als Mütter und Väter entwickeln vielleicht jetzt etwas andere Ideen, um diesen Tag zukünftig zu gestalten.

Als Mutter bin ich ungenügend ...

Besonders in Gesprächen mit Müttern, die Mitte 30 ihr erstes Kind bekommen, klingt häufig ein starkes Maß an Selbstkritik mit. Diese Frauen haben schon vor der Geburt ihres Kindes viel übers Muttersein gelesen und wollen »jetzt alles dafür tun, dass mein Kind es gut hat ...«. Im Alltag verlieren sie dann den Glauben an ihre mütterlichen Fähigkeiten. Sie leiden unter ihrem Selbstbild der ungenügend liebenden Mutter.

Die Psychotherapeutin Herta Scheuer hat vorwiegend Frauen im Alter von »35 plus« als Klientinnen. Im Internet schreibt sie über die »lieblosen Mütter« ihrer Klientinnen: »Die gibt es auch zuhauf. Heute heißt die Klage noch, für meine Mutter kam ich zum falschen Zeitpunkt auf die Welt: Nachkriegszeit, arbeiten, Haus bauen, Wäsche waschen mit der Hand ...« Dann blickt diese Therapeutin gedanklich in die Zukunft: »Ich warte aber schon auf die ersten Klientinnen, die klagen werden, dass ihre Mütter nie Zeit hatten, weil sie ständig arbeiten, einkaufen, fernsehen oder handyfonieren mussten.«[23]

Ist das eine Beschreibung der in Vollzeit berufstätigen, also »ständig« arbeitenden Mutter? Meint diese Therapeutin mit »einkaufen« die Abwicklung des Lebensmitteleinkaufs oder sieht sie Mütter vor sich, die »ständig« shoppen zum eigenen Vergnügen?

Finden Sie, liebe Leserin, sich hier wieder? Ich bin fest davon überzeugt, dass die Mehrzahl der Mütter heute trotz enorm gestiegener Belastung den eigenen Kindern eine gute Mutter ist.

Die Journalistin Sandy J. Bossier steuert zum Stichwort »schlechte Mutter« einen sympathischen Aspekt bei. In der noch recht neuen Familienzeitschrift *NIDO* wurde die Leserschaft im Internet um Bewertungen des letzten Heftes gebeten (Heft Juni 2010). Darin gab es einen Artikel mit dem Titel »Bin ich eine gute Mutter?« Frau Bossier berichtet über die vielen Kommentare anderer Mütter zu ihrem Verhalten in Erziehungsfragen:

»Das schlechte Gewissen überkam mich – hätte ich unserem Kind die Impfung ersparen können, sollen, gar müssen? War ich eine Rabenmutter? Dieses doofe Gefühl, etwas vergessen, übersehen, falsch gemacht zu haben. Ein mulmiges Drücken in der Magengegend. Wie früher, als ich selber Kind war und etwas ausgefressen hatte. Die Eltern angelogen, beim Diktat abgeschrieben, einen Schokoriegel bei Woolworth geklaut. Obwohl es Jahre her ist, erinnere ich mich noch gut ans schlechte Gewissen und neuerdings, seit ich Mutter bin, ist es wieder mein ständiger Begleiter.«[24]

So ergeht es vielen Frauen, die mit beiden Beinen im Leben stehen. Aber dann, durch die ständig kommentierenden Sprüche ihrer Mitmenschen, verlieren sie die instinktive Sicherheit Ihres Handelns.

Frauen unter sich: Von Müttern und Töchtern

Vor ca. 40 Jahren wagten es Töchter erstmals, ihre eigenen Lebensvorstellungen denen der Mütter offensiv entgegenzusetzen. Sie wollten nicht nur berufstätig sein und finanziell auf eigenen Füßen stehen; sie wollten sogar – da die Pille nun auch unverheirateten Frauen zur Verfügung stand – den Zeitpunkt des Kinderkriegens selbst bestimmen.

So eröffnete die »Neue Frauenbewegung« des 20. Jahrhunderts die öffentlich geführte, sehr temperamentvolle Auseinandersetzung zwischen den Generationen der Mütter und Töchter, wobei die Töchter ihre Mütter angriffen. Was dabei herauskam, wurde in Büchern festgehalten.

Aussagekräftige Titel wie das 1975 erschienene Buch von Signe Hammer *Töchter und Mütter. Über die Schwierigkeiten einer Beziehung* fanden reißenden Absatz, ebenso der Titel *Ich schau in den*

Spiegel und sehe meine Mutter. Gesprächsprotokolle mit Töchtern, 1979 von Barbara Frank geschrieben. Auch Erika Schilling nahm sich 1981 des Mutter-Tochter-Konflikts an. In ihrem Buch *Manchmal hasse ich meine Mutter. Gespräche mit Frauen* brach sie ein Tabu. Sie schrieb: »Es gibt die (Mutter), von der in den Lesebüchern die Rede ist, von der am Muttertag gesprochen wird. Sie ist das Instrument, mit dem wir Frauen unterdrückt werden. Mutter gleich Rolle gleich Instanz: ein künstliches Wesen, das Töchter daran hindert, erwachsen zu werden, ihre Identität zu finden, und uns gleichzeitig der Frau entfremdet, die als unsere Mutter lebt.«

Etwas später entstand eine »neue Mütterbewegung«. 1987 erschien ein »Müttermanifest«, in dem Mütter sich selbst eine besonders wichtige Funktion zur Veränderung der Gesellschaft zuschrieben. Gisela Erler, später Gründerin und Geschäftsführerin der Familienservice GmbH, stand damals mit ihrem Namen für den Text, der das Ergebnis eines Frauenkongresses der Grünen im November 1986 in Bonn dokumentierte. Das Manifest begann mit den Worten: »Es ist an der Zeit für eine neue Frauenbewegung, eine Bewegung, die die Wirklichkeit, die Wünsche und Hoffnungen von Müttern mit Kindern ebenso konsequent und nachdrücklich vertritt wie die Interessen kinderloser Frauen. Es ist an der Zeit, dass die Mehrheit der Frauen, die Mütter, sich selbst vertreten. Es ist an der Zeit, dass nicht mehr andere Frauen oder auch Männer den Müttern vorschreiben, wie ihre Lebensplanung, ihre Gefühle für Kinder und Männer, ihre Einstellung zu Beruf, Karriere, Haushalt, Gesellschaft und Kindererziehung auszusehen haben.«[25]

500 Frauen mit 200 Kindern haben an dieser Veranstaltung teilgenommen. Allein die Vorstellung, dass 200 Kinder dort gestillt, gefüttert, gewickelt, bespielt wurden und gleichzeitig konzentriert diskutiert und Inhalte beschlossen werden konnten, ist eine faszinierende Vorstellung.

Auch in der Mädchenliteratur der 1980er-Jahre tauchte der Generationskonflikt auf: »›Sicher, mir geht es gut‹, sagt die sechzehnjährige Kiki. Und doch hat sie Angst: vor dem geregelten Leben, wie ihre Eltern es führen, vor dem selbstverdienten Geld oder der Einbauküche später, wenn sie Hausfrau ist und vielleicht Ehefrau von Rollo, dem guten, anständigen Jungen, auf den eine Beamtenlaufbahn wartet. [...] Kiki will mehr, will ihr Leben selbst bestimmen. Sie will alles anders machen.«[26]

Das Jahr 2008 stand dann unter dem Stern des gegenseitigen Verstehens, des »Waffenstillstandes« zwischen den Generationen. Mit ihrem Buch *Mütter sind auch Menschen: Mütter und Töchter begegnen sich neu* warb Claudia Haarmann für eine neue Beziehungskultur und plädierte in der Kurzbeschreibung des Buches »für eine erwachsene und respektvolle Beziehung zwischen Müttern und Töchtern«.

Ich selbst kenne viele junge Frauen, deren Beziehung zu ihren Müttern eine sehr liebevolle ist und die sie als »eher schwesterlich denn mütterlich« beschreiben.

»Nur-Hausfrauen-Mütter« unter Rechtfertigungsdruck?!

Wie ist das nun heute mit der Wahlfreiheit der Frau als Mutter? Wann kann eine in Partnerschaft oder Ehe lebende Frau entscheiden, ob sie Hausfrau und Mutter oder berufstätig und Mutter sein will? Dann, wenn die ökonomische Voraussetzung dafür gegeben ist, dass sie nicht zum gemeinsamen Lebensunterhalt beitragen *muss*.

Dass das Leben für Hausfrauen in den 1960er- und 1970er-Jahren kein Zuckerschlecken war, dass die Hausfrauenmutter ihren gesellschaftlichen Statuts – der ihr über die Werbung in den Medien immer noch suggeriert wurde – eingebüßt hatte, beschrieb Helge Pross 1975 in ihrer Analyse:

»Hausfrauen gehören zu den schweigenden Mehrheiten. Es wird über sie gesprochen, aber sie selbst melden sich kaum zu Wort. Die nichterwerbstätigen Ehefrauen werden ›Nur-Hausfrauen‹ genannt. Diese Formel drückt die Geringschätzung aus für die Leistungen unzähliger Familienfrauen, die für ihre Arbeit nicht bezahlt werden. Aber auch in den Sozialwissenschaften finden die Hausfrauen fast nur Geringschätzung. Sind 10 Millionen Hausfrauen, die für mindestens 30 Millionen Menschen die Dreckarbeit machen, wissenschaftlich nicht wichtig oder interessant genug, um genauere Betrachtung zu verdienen? Was wissen wir eigentlich von der Wirklichkeit der Hausfrau?«[27]

In den 1970er-Jahren ging es ums eigene Geld, das heißt um die finanzielle Unabhängigkeit der Hausfrau. Explizit ging es ums eigene, frei verfügbare Geld im Alltag, aber auch um die eigene Altersversorgung. Besonders im Trennungs- und Scheidungsfall waren die Frauen in diesen existenziellen Punkten vom Wohlwollen des Exgatten abhängig. Und deshalb wurde auch der Lohn für Hausarbeit gefordert.

Dieser Appell der Vertreterinnen der Neuen Frauenbewegung war nicht neu. Schon 1905 hatte Käthe Schirmacher ihre Studie über die »Hausfrauenarbeit als Beruf« veröffentlicht, in der sie den Einfluss der Hausfrau auf Ernährung, Erziehung und Volkswirtschaft hervorhob. Als Schlussfolgerung aus den Ergebnissen forderte sie in ihrer Schrift *Die Frauenarbeit im Hause, ihre ökonomische, rechtliche und soziale Wertung*, dass Hausarbeit bezahlt werden muss. Doch als unverrückbar galt damals das Eherecht, in der die Arbeit der Hausfrau im Haushalt, in der Pflege und in der Erziehung der Kinder als ihr unentgeltlicher Beitrag zur gemeinsamen Lebensführung geregelt war.

Welcher Frau ging es in den 1970er-Jahren »besser«? Der

Hausfrauenmutter oder der erwerbstätigen Frau? Wo ordneten Frauen sich selbst ein? 1975 analysierte Ingrid Strobl:

»Nach jüngsten Untersuchungen in der BRD finden 82 Prozent der Mütter von Kindern unter 15 Jahren, ›dass erwerbstätige Frauen ein anregenderes und interessanteres Leben führen als Nur-Hausfrauen‹. Demgegenüber steht die inzwischen viel zitierte Untersuchung von Helge Pross [siehe oben] für die Zeitschrift Brigitte, die ergab, ›die Hausfrauen sind zufrieden‹: Auf die Frage, ob die Frauen, wenn sie wählen könnten, jetzt Beruf oder Haushalt vorziehen, entschieden sich 40 Prozent für den Beruf, 41 Prozent dagegen. Der Unterschied zwischen den beiden Untersuchungen liegt an der Feststellung: Es ist doch was anderes, ob eine Frau sich wünscht, sie könnte wieder in den Beruf zurück, oder ob sie sagen muss, ob sie jetzt, sofort, unter den gegebenen Bedingungen arbeiten gehen würde.«[28]

Eine klare Aussage.

Doch nach und nach war eine neue Müttergeneration herangewachsen: die der selbstbewussten Hausfrauenmutter. 1987 meldete sich Elisabeth Bannas mit ihrem Titel Mutter und Emanzipation – kein Widerspruch zu Wort. Ihre Aussage: »›Liebe Mütter, ich bin eine Hausfrau, eine Mutter von zwei Kindern im Alter von vier und sechs Jahren. Was bedeutet es, Hausfrau und Mutter zu sein?‹ Nur das! Nur das? Seit sechs Jahren lebe ich in diesem Beruf. Das ist nicht sehr lange, aber es war eine fruchtbare Zeit, in der ich so viel erfahren und gelernt habe wie nie zuvor in meinem Leben …«[29]

Gewusst wie … eine erfolgreiche Kampagne

Und dann dies: Im September 2003 startete die Firma Vorwerk, die 1929 den handlichen Staubsaugerbesen entwickelt hatte, erstmals eine Imagewerbung im Fernsehen. Zur besten Werbesendezeit, kurz vor der »Tagesschau«, umwarben Werbespots mit Ideen für die Familienmanagerin die Hausfrauenmutter.

Der damalige Pressetext zu dieser Kampagne lautete: »Erzählt wird die Geschichte zweier Frauen, die sich abends in einer Bar begegnen. Die eine Managerin, die andere Hausfrau. ›Und, was machen Sie so – beruflich?‹ fragt die Business-Lady spitz. Dies ist der Auftakt zu einer furios geschnittenen Bilder-Folge, an deren Ende die Hausfrau eine verblüffende Antwort gibt.«[30]

In einem anderen Spot saß diese Hausfrau einem Mann in einer Bank gegenüber, der sie fragte, was sie tut: Ihre auch mich damals verblüffende Antwort kam ohne Zögern: »Ich arbeite in der Kommunikationsbranche und im Organisationsmanagement, außerdem gehören Nachwuchsförderung und Mitarbeitermotivation zu meinen Aufgaben, oder kurz gesagt: Ich führe ein sehr erfolgreiches kleines Familienunternehmen!«

Die Filmsequenzen zu diesen Werbespots zeigten entspannte, selbstbewusste Frauen. So viel Selbstbewusstsein, so viel Stolz und Zufriedenheit strahlte die Darstellerin aus, dass ich mich als ewig vollzeitberufstätige Mutter fragte, ob ich nicht auch ein so tolles Leben hätte führen sollen …

Diese Werbung, an die sich auch sieben Jahre später noch viele Frauen und Männer (!) erinnern, kam bei der Zielgruppe der Hausfrauenmutter sehr gut an: »Auf dieses Bekenntnis folgte eine Flut von begeisterten Briefen und E-Mails, die bei Vorwerk zum zweiten Schritt führte: die Suche nach der ›Familien-Managerin 2004‹ […]. Die Preisträgerinnen erhalten am 14. Dezember in Berlin auf einer festlichen Gala mit Frank Elstner den ›Vorwerk Smaragd‹.«[31]

Die Vorwerk-Werbung arbeitet bis heute mit diesem Image: »Viel Arbeit, wenig Lob: Über 15 Millionen Familien-Managerinnen und Familien-Manager in Deutschland erhalten so gut wie keine Anerkennung für ihre Leistung in der Familie.«

Jetzt sind auch Männer mit im Boot: 2005 wurde der erste Hausmann gewählt. Begründung der Jury: Er »lebt vor, wie erfüllend und fröhlich – aber auch anstrengend und herausfordernd – die Arbeit für einen Mann zu Hause sein kann. Das soll anderen Männern Mut machen, sich ähnlich zu entscheiden. Darum ist er der erste ›Familien-Manager‹, der ausgezeichnet wird.«

Aber nicht alle Hausfrauen-Mütter sind mit diesem positiven Image einverstanden. 2008 äußerte sich in einem Internetforum mit dem Titel »Erziehungstrends – die Hausfrau-Mutter« die Teilnehmerin B. Z.: »Das Thema Mutter und Hausfrau beschäftigt mich schon länger, nachdem ich festgestellt habe, wie abfällig diese Berufsgruppe behandelt wird, speziell in Talkshows zum Thema Kind, Kinderbetreuung, Kinderarmut etc. Wir kennen alle den gängigen Sprachgebrauch, der einteilt in ›Frauen, die arbeiten‹ (Erwerbstätige) und ›Frauen, die nicht arbeiten‹ (Hausfrauen und Mütter). Ich habe mir vorgenommen, niemandem mehr diese Redeweise durchgehen zu lassen. Es tut mir immer weh, wenn Frauen selbst dieses ›Nur‹ gebrauchen, sich sozusagen freiwillig minderwertig fühlen.«[32]

Wie anstrengend der Alltag für Mütter mit kleinen Kindern ist und wie wenig dies trotz aller Bemühungen immer noch anerkannt wird, schildert Jane Swigart in ihrem Buch *Von wegen Rabenmutter. Die harte Realität der Mutterliebe*. Das Zitat auf dem Klappentext kann auch zu dem Gedanken verleiten: selbst schuld! »Ich weiß nicht, wie oft am Tag ich laufende Nasen putzen und Windeln wechseln muss, wie oft ich das mittlere Kind irgendwie beschäftige, damit es das Baby in Ruhe lässt, und das älteste, damit es mich in Ruhe lässt. Und immer hat eines Hunger oder Durst, fällt irgendwo runter, tut sich weh ... Aber das Schlimmste ist, dass das jeden

Tag so geht und dass alle das für selbstverständlich halten und nicht im Traum daran denken würden, das Arbeit zu nennen.«

Was bleibt?

Das Bild der Frau und Mutter, hier dargestellt an Beispielen aus den letzten 200 Jahren, hat sich in meiner Wahrnehmung nur graduell weiterentwickelt. Immer noch ist es leicht möglich, Frauen zu verunsichern, denn die vielen althergebrachten Stereotypen und Mythen rund um die Vokabel »Mutter« lösen auch heute noch bei Müttern Schuld- oder Glücksgefühle aus. Oder haben Sie, liebe Leserin, den Eindruck, dass Sie selbst vorurteilsfrei Ihr Leben als Mutter gestalten können?

Meine Suche nach der »guten Mutter«, nach eindeutigen Erkennungsmerkmalen, wodurch sich eine gute Mutter auszeichnet, musste erfolglos bleiben. Es gibt sie nicht, die immer und jederzeit für alle gleichermaßen richtige und gute Mutter.

Zum Abschluss möchte ich Ihnen noch einen Spielfilm ans Herz legen. *Mein Leben ohne mich* ist ein kanadisch-spanischer Streifen aus dem Jahre 2003. Erzählt wird das sich abzeichnende Lebensende einer jungen Mutter, gespielt von Sarah Polley. Mit Ehemann und zwei Töchtern lebt sie in einem Wohnwagen. Das Elternpaar geht liebevoll miteinander um, beide kümmern sich herzlich um die Kinder. Dann wird der jungen Mutter von einem Arzt mitgeteilt, dass sie in zwei Monaten an Gebärmutterhalskrebs sterben werde. Sie verlässt die Klinik und läuft einfach durch die Straßen. Wie soll sie »es« ihrem Mann, den Töchtern sagen? Was ist noch zu regeln? Was will sie unbedingt noch erledigen oder gar erleben? Diese junge Frau spricht mit sich selbst, sie versucht, sich Klarheit über ihre Situation zu verschaffen. Ein mich sehr berührender Moment ist der, als sie zu sich selbst spricht:

»Nachdenken, du bist es nicht gewohnt nachzudenken. Wenn du mit 17 das erste Kind bekommst, von dem einzigen Mann, den du je geküsst hast, und das zweite dann mit 19 von demselben Mann und du wohnst im Garten von deiner Mutter in einem Wohnwagen und dein Vater sitzt seit zehn Jahren im Gefängnis, dann hast du keine Zeit zum Nachdenken. Du bist so aus der Übung, dass du vergessen hast, wie das geht.«

Auch das ist die Realität einer Mutter. Fernab von Eigenheim, von Vorwerk-Werbung, von Internetplattformen leben viele junge Mütter. Auch sie tun alles, was ihnen möglich ist – nicht mehr, aber auch nicht weniger.

Gefunden habe ich bei meinen Recherchen viele gegenläufige Rollenzuschreibungen, unterschiedlichste Realitäten. Ich habe viele Mütter nach ihrer Selbsteinschätzung gefragt und nur in Ausnahmefällen mit sich selbst zufriedene Mütter angetroffen. Selbst wenn Mütter sagen können: »Heute war ein guter Tag, ich hatte mit den Kindern keinen Stress ...« oder »Heute lief alles wie am Schnürchen ...«, gehen sie häufig davon aus, dass morgen wieder Probleme auf sie zukommen könnten, die sie vielleicht nicht bewältigen werden. Und dann fühlen sie sich schlecht und sagen: »Na, ob ich das je hinkriegen werde ...?«

Ich erinnere Gespräche mit Kindergartenkindern, während sie ihre Familie zeichneten. Die Mädchen und Jungen zeigten mir ihre gemalten Mütter und Väter. Alle Mütter hatten einen lachenden Mund, trugen bunte Kleidung und wirkten mit sich und der Welt zufrieden. Als ich einen fünfjährigen Jungen fragte: »Deine Mutter sieht ja sehr gut gelaunt aus, ist sie das immer?«, kam prompt die Antwort: »Nein, wenn ich dauernd was haben will, dann ist sie sauer. Aber sonst ist sie eine Gute.«

Kinder haben keine großen Ansprüche an ihre Mütter.

Wie soll er denn sein –
der Super-Papa?

»Kinder vergessen, dass sie zwar keinerlei Erfahrung mit ihrem Kindsein haben, ihre Väter aber auch keinerlei Erfahrung mit ihrem Vatersein.«[1]

Diesem Zitat des 82-jährigen Sir Peter Ustinov, das ich an den Beginn meiner Recherchen über den Mann als Vater stelle, würde ich am liebsten viele, viele Ausrufezeichen und den Zusatz: »Gilt auch für Mütter!« hinzufügen.

Kein Junge, kein männlicher Jugendlicher, kein Mann mit schwangerer Partnerin kann sich konkret vorstellen, wie es sich im Alltag auswirkt, Vater zu sein. Peter Ustinov wusste, wovon er sprach.

Im Juni 2009 verfolgte ich in einem ARD-Porträt das Leben dieses Allroundtalents. Ich kannte ihn als Schauspieler, als Schriftsteller, als politisch engagierten Sonderbotschafter des UN-Hilfswerkes UNICEF. Ein Mann, dem viel Ehr zuteil wurde und der bei aller Ernsthaftigkeit umwerfend komisch sein konnte. Über sein Privatleben schwieg er konsequent. Ich erfuhr in dieser Fernsehsendung, dass Sir Ustinov dreimal verheiratet und Vater von vier Kindern war. Seine älteste Tochter Tamara bezeichnete ihren Vater in einem Interview als meist abwesend: »Für mich war er der liebenswerte Kumpel, der ab und zu vorbeikam – aber nicht mein Vater, er war ja kaum da.«[2]

Nun, ein so produktiver, kreativer und sich beruflich ständig auf Reisen befindender Vater ist eben nur selten an einem Ort.

Aber auch Väter, die an einem Ort bleiben, sind oftmals abwesend:

»Ich habe es meinem Vater sehr übel genommen, dass er nie da war. Erst sollte ein Auto her, dann sollte ein Haus gebaut werden. Immer wieder hat er noch einen Nebenjob angenommen, damit diese Wünsche realisiert werden konnten. Und jetzt mache ich eigentlich dasselbe. Ist doch verrückt, oder?«, erzählte ein Vater von zwei schulpflichtigen Söhnen und fuhr fort: »Und wahrscheinlich werden meine Jungs das Gleiche über mich sagen. Wie kommen wir Männer aus diesem Teufelskreis raus?«

Ja, wie? Der »gute« Vater ist ein ebenso sentimentales wie hypothetisches Bild wie das der »guten« Mutter.

Ich selbst war eine »Vatertochter«, die Tochter eines sehr jungen Vaters. Von Anfang an war er es, der mich wickelte, fütterte, tröstete. Er übernahm die Haushaltsführung und konnte ausgezeichnet kochen. Im Winter – mein Vater war Maurer – war er arbeitslos, ging stempeln und war einfach da. So bin ich in der Annahme aufgewachsen, dass Väter so sind, und erfuhr erst nach und nach, dass in anderen Familien die Mütter diese pflegenden und versorgenden Aufgaben erledigen.

Vielleicht ist für mich deshalb die Recherche über die Rollenzuschreibungen, die Klischees und Vorwürfe, die die nicht enden wollende Kritik an Vätern begleiten, so spannend und befremdend zugleich.

Selbst- und Fremdbeobachtungen

»Söhne kommen auf diese Welt, um ihren Vätern Ärger zu machen«, erklärt Paul Newman im Film *Road to Perdition* aus dem Jahr 2002. Sehr sehenswert ist dieses Gangsterepos mit dem Hauptaugenmerk auf einer Vater Sohn-Beziehung. Die größte

Sorge des Vaters ist es, dass der Sohn einmal so werden könnte wie er selbst.

Wie der Vater, so der Sohn?! Miteinander oder gegeneinander? Der Vater gibt die Regeln vor, der Sohn muss sich fügen oder widersetzt sich. Das ewige Machtspiel zwischen den Generationen ist sowohl ein ganz individuelles als auch ein gesellschaftlich vorgegebenes.

Jede Kultur, jedes Jahrhundert, ja sogar jede Generation bringt die Väter hervor, die gerade »zeitgemäß« sind. Und wie auch bei der Rollenzuschreibung »Mutter« gestaltet sich die Väterrolle ausgesprochen formbar »von dem Familienpatriarchen des 18. Jahrhunderts über den zu Hause an Autorität verlierenden Arbeitervater des 19. Jahrhunderts, den stolzen Alleinernährer der 1950er-Jahre, den ums Sorgerecht kämpfenden Scheidungsvater der 1980er bis hin zum partnerschaftlichen ›neuen Vater‹ von heute«.[3]

Diese Entwicklung zeichnet sich auch in anderen europäischen Ländern ab. Strukturelle und kulturelle Vorgaben erleichtern oder erschweren die Weiterentwicklung des männlichen Selbstbildes. Doch Jungen, die in Deutschland aufwuchsen, hatten besondere Schwierigkeiten, für sich ein »positives« Vaterbild zu entwickeln:

»Schon seit etwa 100 Jahren schleppen wir ›unverdauliche‹ männliche Identitätskerne von einer Generation zur nächsten. Der wilhelminische Soldatenvater wurde vom faschistischen abgelöst, der den Opfertod des Sohnes forderte oder selbst im Krieg fiel und seine Kinder als Waisen zurückließ. Der tote Vater nach dem Zweiten Weltkrieg wurde dann vom heutigen abwesenden Vater abgelöst. Damit fehlen ganzen Generationen in Deutschland die Väter.«[4]

Doch nicht der Widerstand der Söhne gegen ihre Väter brachte das männliche Selbstbild ernsthaft ins Wanken. Es waren die jungen Frauen der 1970er-Jahre. Sie forderten (oder überforderten) ihre Partner. Plötzlich waren Männer in einem ihnen fremden Terrain erwünscht: Der »neue« Vater sollte ein pädagogisch sensibler und jederzeit für Frau und Kinder verfügbarer Ansprechpartner sein.

Nicht dass alle jungen Väter aus dem Stand zum Hausmann und Kindsversorger mutierten, aber viele Männer waren zu dieser Rollenerweiterung erst einmal bereit. Sie lernten, ihre Babys zu wickeln, zu füttern, nahmen sie sogar ab und zu mit in die Uni und wurden zunehmend auch auf Spielplätzen sichtbar.

Allerdings konnten sie beim eigenen Geschlecht mit dieser Erweiterung des Männerbildes in der Öffentlichkeit nicht automatisch punkten. Erste Männergruppen entstanden damals, in denen diese nun gänzlich verunsicherten Männer das taten, was auch in Frauengruppen stattfand: Männer erzählten über sich selbst, über ihr Verhältnis zum eigenen Vater. Doch auch die eigenen Mütter dieser »neuen Väter« waren häufig nicht von diesem ihnen fremden Männerbild begeistert.

Eine Großmutter, mittlerweile 80 Jahre alt, erinnerte sich: »Ich fand es doch ziemlich lächerlich, als mein Sohn plötzlich mit Windeln hantierte. Wozu hatte er eine Frau? Ich habe das doch auch alles allein gemacht. Das habe ich ihm auch so gesagt.«

Auf alten Fotos und Ferienerinnerungen auf Schmalfilmformaten finden wir sie, diese »Neuen Väter«, die mit den Kindern Sandburgen bauten, Tränen trockneten. Vielleicht wuchsen Sie als Mädchen oder Junge selbst in der Obhut eines im Familienleben engagierten Vaters auf? Vielleicht erinnern Sie sich an den »kleinen UHU«, das Anfänger-Segelflugmodell, das Väter mit ihren Söhnen seit den 1950er-Jahren von Generation zu Generation weiterbastelten? Oder war Ihr Vater der, der im Urlaub zwar die Familienszenen mit der neu erworbenen Videokamera festhielt, dann aber wieder aus dem alltäglichen Leben verschwand?

Von Frauenseite her steht fest: Wir Frauen haben unsere Geschlechtsrolle, die Rolle als Frau und Mutter in den letzten 50 Jahren sehr erweitert. Wir wollen Mutter sein, aber eben auch berufstätig. Wir wollen jetzt einen Mann an unserer Seite, der unseren »Ein Vater übernimmt die Hälfte«-Vorstellungen entspricht. Diese Wünsche und Erwartungen haben in erster Linie mit unseren eigenen Bedürfnissen und Verbindlichkeiten zu tun.

Ich kann mich noch gut an ein Konzert von Herbert Grönemeyer im Jahr 1984 erinnern. In »Männer« besang er das Dilemma, in dem sich sein Geschlecht befand: »Männer haben's schwer, nehmen's leicht – außen hart und innen ganz weich – werden als Kind schon auf Mann geeicht – wann ist ein Mann ein Mann?«

Und die vielen jungen Männer im Saal sangen laut mit. Damals dachte ich: Was für Väter werden wohl diese Männer werden?

Noch einmal Grönemeyer: »Männer nehmen in den Arm – Männer geben Geborgenheit – Männer weinen heimlich – Männer brauchen viel Zärtlichkeit.«

Waren dies die Wunschmänner dieser Frauengeneration, sind sie es von der heutigen?

Wenn Frauen auf Partnersuche sind, entspricht dieser Typ von Mann dann ihrem »Beuteschema«? Erst einmal eher nicht. Sehr viele Frauen suchen nach einem »männlichen« Partner. Ein Mann, dem ein sabberndes Baby auf die Schulter spuckt, ist für viele kinderlose Frauen, so erzählen sie mir, aus der Ferne »ganz reizend«, als Sexpartner aber »total uninteressant«.

Geld macht einen Mann immer noch attraktiv, der gute Hausmann ist es eher nicht. Denn wenn Frauen Mütter geworden sind und zu Hause bleiben wollen, um rund um die Uhr für die Kinder da zu sein, erwarten sie vom Partner, dass er »seine Familie« kontinuierlich finanziell absichert.

»Wenn ich mich so umgucke und hinhöre, dann gibt es nur zwei Aussagen von Frauen über uns Väter: Die eine macht uns zum Ungeheuer, das prügelt, abwesend und desinteressiert ist. Die anderen haben ein Ideal vom ›Goldesel-Vater‹ im Kopf, das doch auch kein normaler Mann erfüllen kann«, sagte mir gegenüber ein Mann, der gerade Vater geworden war.

Um diesen Status des »idealen« Vaters zu erreichen, haben

Männer einen Beruf erlernt, ein Studium absolviert. Sie haben sozusagen ganz schön rangeklotzt, um dem Bild des begehrenswerten, gut verdienenden, erfolgreichen Mannes zu entsprechen:

»Je mehr die über 34-jährigen Männer verdienen, desto größer ist die Wahrscheinlichkeit, dass sie mit einer festen Partnerin zusammenleben und Kinder haben. In der höchsten Einkommensgruppe ›2 500 Euro und mehr‹ (netto) gibt es nur einen kleinen Anteil an Nicht-Vätern. Männer mit sehr niedrigen Einkommen sind dagegen häufiger Singles und kinderlos. In der Gruppe mit einem Nettoeinkommen ›unter 1 000 Euro‹ leben 39 Prozent nicht in einer festen Partnerschaft und nur 38 Prozent leben zusammen mit Kindern.«[5]

Wie meistern Väter heute dieses widersprüchliche Rollenspiel? Es kann doch auf die Dauer kein Vergnügen sein, immer unter dem Erwartungsdruck des »Immer mehr Verdienens« das Leben als Vater zu verbringen! Ich jedenfalls möchte nicht in dieser Rolle stecken.

Im Februar 2010 fand in Düsseldorf unter dem Titel »NEUE MÄNNER – MUSS DAS SEIN? Über den männlichen Umgang mit Gefühlen« ein Männerkongress statt. Fachmänner und -frauen diskutierten, wie Männer diesen Spagat der doppelten Rollenerwartung bewältigen. »… die Bandbreite der Themen, in denen Männer heute gefordert sind, ist enorm: Idealerweise sind sie warmherzig, beziehungs- und konfliktfähig, emotional kompetent, beruflich erfolgreich, bieten eine ›starke Schulter‹ und sollen im Bedarfsfall deutsche Interessen nun auch noch militärisch im Ausland verteidigen.«[6]

Diese Bestandsaufnahme formulierte Matthias Franz, Professor für Psychosomatische Medizin an der Heinrich Heine Universität in Düsseldorf. Er hatte diesen Kongress initiiert. Das Bild, das er zeichnete, war dramatisch: Männer sind krank, gehen aber nicht zum Arzt. Männer schuften bis zum Umfallen und sterben früher.

Genau genommen ergeht es den Männern, den Vätern heute

ebenso, wie uns Frauen: Wir sollen alles können, wandelbar wie ein Chamäleon sein. Nur leben wir Frauen durchschnittlich länger und können uns in die Rolle der Hausfrauen-Mutter zurückziehen, wenn der Partner das Familienleben finanziell absichert. Der Anspruch »perfekt« zu sein, hat nun also beide Geschlechter gleichermaßen im Griff.

Mir scheint, Männer befinden sich in ihrem Selbstverständnis als Geschlecht derzeit in einer ähnlichen Phase ihrer sozialen »Entpuppung«, in der Frauen sich vor 40 Jahren befanden.

Der durchleuchtete Vater

Wie also nähere ich mich nun dem Vater von heute? In meinen Bücherregalen haben sich in den letzten 30 Jahren unter der Rubrik »Männer« nach und nach viele Publikationen angesammelt. Waren in den 1970er-Jahren darunter nur wenige Titel zum Thema »Vater«, erschienen in den 1980er-Jahren schon mehr Bücher zu dieser Thematik. Die Auseinandersetzung zwischen Söhnen und Vätern begann. Aber welche Männer lasen diese Bücher?

Seit 15 Jahren schreiben mehr und mehr Männer mit leicht ironischer Selbstbeobachtung über ihre Rolle als Vater (wie Frauen ja auch zunehmend »locker« über sich als Mütter schreiben). »Moderne« publizierende Väter geben ihren Geschlechtsgenossen gern praktische Tipps. Als Beispiel hier zwei Titel: *Das Baby: Inbetriebnahme, Wartung und Instandhaltung* von Louis und Joe Borgenicht (2004) oder die »Gebrauchsanweisung zum Vatersein« des Wirtschaftsjournalisten Constantin Gillies, selbst Vater von zwei Töchtern: *Wickelpedia: Alles, was man(n) übers Vaterwerden wissen muss* (2009).

Zum Erscheinungsdatum dieses Buches gab der Autor in einem Gespräch mit Violetta Simon von der *Süddeutschen Zeitung* Auskunft über seine Einschätzung des Vaterseins. Dabei beschrieb er auch den Vater von früher: »Der ›alte‹ Typ Vater lernte sein Kind vor der Pubertät kaum kennen, weil er den ganzen Tag arbeitete. Früher hatte er, wenn überhaupt, eine Nebenrolle. Inzwischen will er eine Hauptrolle spielen und ein bisschen mehr mitmachen, bei allem. [...] Dass der Vater die Zeit zwangsweise im ersten Lebensjahr beim Kind sein muss, halte ich für Quatsch. Das ist genau die Zeit, in der das Kind mit dem Vater überhaupt nichts anfangen kann.«[7]

Wie kommt dieser Vater zu dieser Schlussfolgerung? Einige Zeilen später, auf die Frage, ob das Vatersein Spaß mache, legt er noch nach: »Ganz ehrlich: Erst mit zwei Jahren fing es für mich an, lustig zu werden. Vorher war das richtig harte Arbeit, und die hat zu 95 Prozent des Tages keinen Spaß gemacht. Väter wären besser bedient, wenn sie ihre Kinder im Alter von zwei bis drei Jahren betreuen würden, da hätten alle was davon. Davor interessieren sich die Kleinen nur für Wesen mit Brüsten.«

Jetzt könnte ich mich über die Erwartungshaltung, dass das Leben mit Kindern »lustig« sein soll, aufregen nach dem Motto: »Typisch Mann ...!« Doch einige Tage, bevor ich dieses Interview las, telefonierte ich mit einer 32-jährigen Frau, die ein halbes Jahr zuvor ihr erstes Kind bekommen hatte. Auf meine Frage »Und, wie geht es euch so miteinander?« kam ihre prompte Antwort: »Na ja, langsam fängt es an, auch mal lustig zu sein!« Diese ehrliche Aussage amüsierte mich.

In der Familienforschung taucht die »Väterforschung« erst in den 1990er-Jahren auf.

Bei Müttern finden Sie Klassifizierungen wie gute, schlechte, anwesende, abwesende, gestresste, berufstätige, unfähige Mutter usw. Welche Zuschreibungen gelten nun den Vätern? Auch sie werden in mehrere Untergruppen eingeteilt und Sie, liebe Väter, können ja mal für sich definieren, welcher dieser Gruppen Sie sich zugehörig fühlen oder aber in welche Darstellungsform Sie Ihren eigenen Vater einordnen würden:

Da gibt es erst einmal den *traditionellen* Mann, der sich ausschließlich als Familienernährer/Familienoberhaupt sieht. Die Kindererziehung ist Sache der Mutter.

Der *unsichere* Mann lehnt zwar die ausschließlich traditionelle Ernährerrolle ab, hat für sich selbst aber noch keine neue Rollenerweiterung im Vatersein gefunden. Er ist sozusagen auf der Suche.

Anders verhält sich der *pragmatische* Mann, der traditionelle mit neuen Rollenelementen verbindende Vater: »Ich bringe dann mal die Kinder ins Bett ...!«

Als aktuellste oder zeitgemäße Variante wird der *neue* Mann beschrieben: Er unterstützt die Berufstätigkeit der Partnerin und will sich paritätisch um Kindererziehung und Haushalt kümmern.

Den Vätern, wie sie sind, wie sie sein wollen oder sollen, widmet sich auch das *Online-Familienhandbuch des Staatsinstituts für Frühpädagogik (IFP)*. Dort finden sich 16 Artikel zum Stichwort »Vaterschaft«, aber erstaunlicherweise nur zehn zu »Mutterschaft« (Stand: November 2010).

Auf dieser Plattform fasste der Familiensoziologe Prof. Dr. Matthias Petzold im Jahr 2006 die Ergebnisse der soziologischen und insbesondere der psychologischen Väterforschung zusammen. Abschließend kam er zu folgendem Ergebnis:

»Väter sind heute mehr als früher bereit, sich aktiv und mit erheblichem Einsatz im Alltag für ihre Kinder zu engagieren; sie sind bereit, an der Alltagssorge und Erziehung mitzuwirken. Gleichwohl ist deutlich, dass es nur einer geringen Zahl von Vätern tatsächlich gelingt, dies im Familienalltag zu verwirklichen. Die Frage, ob dies nun daran liegt, dass Väter die Realisierung dieser neuen Rolle erst noch erlernen müssen (also selbst Förderung und Erziehung brauchen), oder ob es daran liegt, dass die gegenwärtigen Arbeits- und Lebensbedingungen ein größeres Maß an Beteiligung kaum zulassen, kann nicht beantwortet werden. Die Diskrepanz zwischen den Wünschen vieler Väter, mehr Zeit für die Kinder zu haben, und der Unmöglichkeit, dieses Bild heute umzusetzen, ist jedoch wissenschaftlich empirisch belegt.«[8]

Sehen wir uns eine Statistik aus dem Jahr 2004 an. Die Basis dieser Erhebung waren Väter zwischen 15 und 64, die mit einem Kind im selben Haushalt lebten. Davon waren die verheirateten Männer, wenn sie zum ersten Mal Vater wurden, im Durchschnitt 33,1 Jahre alt. Erwerbstätig waren 86 Prozent. Die Möglichkeit des Erziehungsurlaubs im ersten Lebensjahr ihres Kindes nutzten 1,6 Prozent dieser Väter.[9]

An diesem Punkt gibt es eine deutliche Bewegung hin zu mehr: Das Elterngeld, die Kür in der Familienpolitik, wird laut Bundesministerium für Familie, Senioren, Frauen und Jugend von Vätern immer häufiger in Anspruch genommen: »Waren im Jahresdurchschnitt 2008 noch 15,6 Prozent von allen, die ihren Elterngeldbezug beendet haben, Väter, ist dieser Anteil im Jahresdurchschnitt 2009 weiter auf nunmehr 18,6 Prozent gestiegen. Im 3. Quartal 2009 lag der Wert sogar noch höher – bei 20,7 Prozent.«[10]

Zurück zur Statistik aus dem Jahr 2004. Sie gibt nur unzureichend Auskunft über die Vielzahl väterlicher Lebensrealitäten. Unter dem Stichwort »Definition Mütter und Väter« stellt das Statistische Bundesamt Deutschland erklärend fest:

»Auf Grundlage des Lebensformenkonzeptes gehen nur Eltern-Kind-Beziehungen in die Betrachtung ein, die in den eigenen ›vier Wänden‹, also in einem gemeinsamen Haushalt leben. Eltern-Kind-Beziehungen, die über Haushaltsgrenzen hinweg bestehen, bleiben im Mikrozensus unberücksichtigt.« Dies bedeutet, dass in allen Datenquellen der amtlichen Statistik »Männer, deren Kinder zum Beispiel nach einer Scheidung der Eltern nicht (mehr) mit ihnen zusammenwohnen, nicht als Väter eingestuft werden können.«[11]

Das ist mir unverständlich. Verliert ein Vater nach der räumlichen Trennung von seinem Kind automatisch den Status als Vater?

Ja, denn Väter, die nicht in der gleichen Kleinfamilienwohnung wie ihr Kind leben, fallen unter die Rubrik »nicht familialer Haushalte«. Dazu werden gezählt: kinderlose Ehepaare, nicht eheliche Lebensgemeinschaften, Wohngemeinschaften und Einpersonenhaushalte.

Wie begrenzt Datenmaterial die reale Situation von Männern als Väter wiedergibt, verdeutlicht auch eine Erhebung der Stadt Nürnberg aus dem Jahr 2007: »Die genaue Zahl aller Väter in Nürnberg ist nicht bekannt, weil das Amt für Stadtforschung und Statistik nur Väter mit Kindern bis zum 18. Lebensjahr registriert. Demnach gab es Ende 2006 exakt 160 373 Männer im Alter von 18 und 65 Jahren, von denen 35 498 (das sind 22,1 Prozent) in Haushalten mit minderjährigen Kindern lebten. 50,2 Prozent dieser Väter haben ein Kind, 38,2 Prozent zwei und 11,5 drei und mehr Kinder.«[12]

Genug der Versuche, der Anzahl der Väter durch statistische Zuordnungsversuche auf die Spur zu kommen. Dies ist und bleibt eine Sackgasse.

»Sie sind sexy, mega-erfolgreich – und Super-Dads!«

Beim Friseur lese ich gern in der BUNTEN oder Gala … Da tobt das Leben der Promis, deren Namen mir oftmals gar nichts sagen und die ich ganz schnell wieder vergesse. Aber manchmal mache ich mir doch Notizen, wie im Januar 2009. Da ging es unter dem beeindruckenden Titel »Sie sind sexy, mega-erfolgreich – und Super-Dads!« um die derzeit beliebtesten männlichen Hollywoodstars.

Liebe Väter, falls Sie schillernde Vorbilder suchen, die BUNTE, die Gala oder Vanity Fair zeigen immer wieder diese »Super-

Dads«. Und was zeichnet diese Väter aus, was macht sie zu so besonderen Männern?

»Sie spielen mit ihren Kindern, lesen ihnen jeden Wunsch von den Augen ab und erzählen der ganzen Welt, wie sehr sie sie lieben!« Oder sie werden beschrieben als »junge, attraktive Väter in der Welt der Stars und Sternchen«.[13]

Ob dies wirklich die besten Väter für Kinder sind? Wenn Geld keine Rolle spielt, wenn die Kamera ständig das Leben begleitet, dann blüht er wohl förmlich auf, der Mega-Erfolgs-Vater mit Sex-Appeal!

Das hört sich dann so an: »Mein Leben hat sich sehr verändert, seit ich Vater geworden bin«, sagt Benjamin Affleck. »Das klingt wie ein Klischee, aber es stimmt.« Brad Pitt hat sechs Kinder, selbst gezeugte, in die Ehe von der Frau mit eingebrachte und adoptierte: »Vater zu sein ist das Wichtigste für mich.« Und über den Fußballstar David Beckham, Vater von drei Söhnen, schwärmt die Reporterin: »Für Brooklyn, Romeo und Cruz würde der fürsorgliche Vater alles tun.«[14]

Diese Aufzählung geht noch einige bunte Fotostrecken weiter, den Rest aber erspare ich Ihnen. Im wirklichen Leben sind diese Väter beruflich sehr viel auf Reisen, die Kinder werden von A nach B mitgeschleppt. Ob es diesen Kindern mit ihren Vätern (und Müttern) wirklich gut geht, wird nicht erzählt. Erst im Rückblick berichten »Star«-Kinder aus ihrer Sicht.

Ein prominenter Mann entschied sich für einen in seiner Zeit sehr ungewöhnlichen Weg. Der Mitgründer, Sänger und Gitarrist der »Beatles«, John Lennon, wurde 1975 an seinem 35. Geburtstag Vater. »›All die Jahre, wo ich mich bemühte, hart zu sein, der Rocker, der Frauenheld, der Säufer – diese Jahre brachten mich fast um. Und es ist eine Erleichterung, das nicht mehr machen zu müssen. Also ich mag es, wenn bekannt wird, dass ich ein Baby pflege. Ich bin stolz darauf.‹ So wurde er Hausmann und seine Frau Yoko übernahm das ›Geschäft‹.«[15]

Im November 2008 startete die *Süddeutsche Zeitung* ein Familienmagazin: *SZ WIR*. Die Zielgruppe? WIR »stellt Frauen und Männer in den Mittelpunkt, die auch mit Kindern ein eigenes Leben
führen: also mit der besten Freundin ins Kino gehen, am Mitt-
wochabend mit den anderen Jungs Fußball spielen und natürlich
auch in ihrem Beruf vorankommen möchten. Süddeutsche Zeitung WIR will kein Ratgeber zur Perfektionierung von Kindern
sein, auch wenn es in dem Heft um Themen wie Erziehung, Bildung, frühkindliche Förderung und Elterngeld geht.«[16]

Auf dem Titelbild der Erstausgabe lächelte mir ein sehr entspannter junger Mann mit Säugling im Arm entgegen. In großen
Lettern stand darunter: »Endlich Vater. Warum Familienmenschen
wie Lukas Podolski mehr vom Leben haben«. Der 23-jährige Fußballstar, also ein junger Vater, erzählt in einem Interview vom
Glück, ein Kind zu haben. Den Namen und das Geburtsdatum
seines Sohnes hat er sich auf den Unterarm tätowieren lassen. Er
wickelt, füttert und verzichtet auf pädagogische Ratgeber: »Die
meisten Dinge muss man sowieso selbst ausprobieren und auf
sich zukommen lassen. Wenn man sein Kind und seine Entwicklung beobachtet, lernt man alles von allein.«

Die Präsenz des Vaters in Film und Fernsehen

Der erste Filmvater, der mich nachhaltig beeindruckte, war Gre-
gory Peck in der Rolle des alleinerziehenden Vaters in der Schwarz-
Weiß-Verfilmung von *Wer die Nachtigall stört* aus dem Jahr 1962.
Darin gibt es ganz intensive Vater-Kind-Momente: ein fürsorgli-
cher Mann, der seiner Tochter und seinem Sohn vermittelt, was
Gerechtigkeit ist.

1973 kam *Paper Moon* in die deutschen Kinos. Der Film spielt 1935 in Kansas. Ein kleiner Ganove soll ein neunjähriges Waisenmädchen zur einzigen Verwandten bringen. Ist er der leibliche Vater? Das Mädchen glaubt fest daran, er streitet dies vehement ab. Doch die beiden werden sich immer ähnlicher, gleichwertiger. Mir ist kein anderer Film bekannt, in dem so herzerfrischende, unpädagogische Situationen zwischen zwei Generationen entwickelt werden. Mal gibt der Mann, mal das Mädchen den Ton an; sie arrangieren sich zu ihrer beider Vorteil. Nicht nur für Männer, auch für Frauen ist dieser Streifen ein ausgesprochen vergnügliches Filmerlebnis.

Ende der 1970er-Jahre lief *Kramer gegen Kramer*, in dem Dustin Hoffman einen Vater darstellt, der seine Karriere der Verantwortung seinem Sohn gegenüber opfert und später sogar um das Sorgerecht für dieses Kind kämpft. Für die damalige Zeit eine ungewöhnliche Geschichte.

Eher als Slapstickwelle einzuordnen sind Filme wie *Drei Männer und ein Baby* (1985) oder *Guck mal, wer da spricht* (1989). Im selben Jahr, als dieser simple Film anlief, fragte der Soziologe Werner Schneider: »Hat der ›neue Vater‹ spezifisch ›männliche‹ Qualitäten oder ist er nur eine notwendigerweise unvollkommene ›Mutterimitation‹?«[17] Dieser Stachel sitzt tief: Muss ein Vater sozusagen zur Mutter werden, um den kindlichen Bedürfnissen gerecht werden zu können?

Der Journalist Dirk Knipphals hatte sich 1996 unter diesem Blickwinkel durch die deutschen Fernsehprogramme gekämpft:

»In den deutschen Fernsehserien kommen Väter ständig nur als Karikaturen vor. Zum Thema Mann mit Baby assoziieren die Drehbuchschreiber nur zweierlei: Hilflosigkeit und zwei linke Hände. Sollte unser junger Vater also tatsächlich etwas Besonderes sein, ein Mann, der, wenn es drauf ankommt, mit einem Baby umgehen kann, das eben hin und wieder in die Windeln scheißt und gelegentlich auch mal daneben? Aus seinem Bekanntenkreis weiß er, dass das nicht so ist. Aber wenn er die öffentlichen Bilder vom Vatersein betrachtet, scheint es fast so zu sein. Vor dem Fernseher sitzend, braucht der junge Vater manchmal nur sehr wenig ironische Fantasie, um den Hilfeleistungen, die ihm in der Öffentlichkeit auch ungefragt zuteil werden, einen Sinn abzugewinnen: Seine Zeitgenossen könnten, belehrt durch das Vorabendprogramm, schlicht Angst haben, er könne dem Baby durch Ungeschicklichkeit ein Leid antun ...«[18]

Gut, denken Sie vielleicht, das ist ja schon 15 Jahre her. Hat sich in den Jahren das Vaterbild im Fernsehen aber weiterentwickelt? 2005 wurden im Auftrag des deutschen Familienministeriums Mütter- und Väterbilder im deutschen Fernsehen untersucht. Irmela Hannover, eine der Mitautorinnen der Studie, kommt zum Ergebnis, dass ein in erster Ehe lebendes heterosexuelles Paar mit leiblichen Kindern relativ selten vorkommt – und sie findet dafür eine sehr anschauliche Erklärung:

»Das hat natürlich dramaturgische Gründe. Meistens geht es ja um Liebe. Um sich zu finden als liebendes Paar, muss man erstmal Single sein. Das kann man alles erklären, und trotzdem fragt man sich, warum fällt deutschen Drehbuchschreibern so wenig Stoff auch aus ganz normalen Familien ein, denn ich kann Ihnen versichern, da gibt es einiges zu erzählen, und da kann man bestimmt auch spannende Stoffe draus machen. Aber irgendwie drängt sich so ein bisschen der Verdacht auf – das ist gar kein Vorwurf –, dass eben vermutlich Drehbuchschreiber und Fernsehmacher oft ihr eigenes großstädtisches Singleleben als Vorbild haben, wenn sie Geschichten erzählen.«[19]

Wie fürsorgliche Väter auf Frauen wirken

Der Pop- und Jazzsänger Roger Cicero wurde 2008 Vater und schrieb seinem Sohn den Song »Für 'nen Kerl«. In einer Strophe outet er sich als fürsorglicher Vater:

»Dass es mir immer eine Freude ist, dir zu helfen, wenn du wieder ganz tief in der Scheiße sitzt. Dass ich dich fütter', wasche, deinen Schlaf bewache, ich hätt' nie gedacht, dass ich mal sowas mache – für 'nen Kerl.«[20]

Roger Cicero wechselt also nicht nur Windeln, er besingt sogar diese Aktivität. Seinem Image als Entertainer schadet dies nicht.

Im gleichen Jahr diskutieren junge Frauen und Männer im Blog »Mädchenmannschaft« ein *Spiegel*-Interview mit Ursula von der Leyen. Darin sagte die damalige Familienministerin:

»Gleichberechtigung ist für mich dann erreicht, wenn Männer nicht mehr als Weicheier beschimpft werden, wenn sie sich um ihr Baby kümmern oder um den gebrechlichen Vater. Männer können mehr sein als der Geldbeschaffer, der jeden Abend bis um acht im Büro sitzt.«[21]

Kommt diese politisch korrekte Botschaft bei Ihnen als Vater an? Hilft Ihnen dieses Zitat in Ihrem persönlichen Leben weiter? Oder haben Sie sich schon lange vom Geldbeschaffer-Modell verabschiedet?

Im obigen Blog gingen die Kommentare zu diesem Interview temperamentvoll hin und her. Eine junge Frau schilderte, was ihr Partner, der als Vater gern mit dem Kind unterwegs ist, so erlebt:

»Als mein Mann im Elternurlaub war, ist er fast täglich mit dem Kind ins Café gegangen. Mann muss ja auch mal raus (Decke, Kopf, fallen, ihr wisst schon). Er hat es mir fast täglich am Abend so geschildert, als ob er sich vor Frauenbekanntschaften kaum retten konnte. So ein Baby – und unseres ist ein extrovertiertes, lachendes Baby – ist anscheinend sehr geeignet, um Frauen kennenzulernen. Hätte er dann eine traurige Geschichte erzählt – Frau gestorben, weggelaufen, kümmert sich leider kaum, ist ständig auf Dienstreise –, er hätte Chancen gehabt wie nie.

Was ja wohl eher zeigt, dass ein Mann, der schon gezeigt hat, dass er sich erfolgreich fortpflanzen kann (lachendes Baby) und sich kümmert (Elternurlaub), für Frauen viel attraktiver ist als ein Typ, der still Zeitung liest oder männlich markig rumläuft.«

Na, dann hätte sich ja der Aufwand für Männer gelohnt! Müssen sie doch nicht mehr den Geldbeschaffer geben? Oder werden hier sentimentale weibliche Momentgefühle später in Konflikt geraten mit der Realität?

»Männlich markig« geht es weiter: 2009 startete die »Aktion Gemeinsinn – eine Vereinigung unabhängiger Bürger in Deutschland« die Kampagne »Mach Dich unsterblich – werde Vater!«. Mit dieser Aufforderung wollte Gemeinsinn »einen Beitrag für mehr Familienfreundlichkeit in unserem Land leisten.«[22]

Dieser Slogan ist für mich nicht nachvollziehbar. Ein Kind zu zeugen macht das Land nicht automatisch familienfreundlicher, oder?!

2007 war schon ein Preis für die besten Kurzfilm-Exposés zu diesem Motto ausgeschrieben worden. 14 Ideen wurden von den Studierenden der Hochschule für Film und Fernsehen in Potsdam eingereicht. Lena Kammermeier zum Beispiel drehte den TV-Spot »Sexy Daddy«. Der Inhalt entspricht der Erfahrung der Bloggerin von oben. In diesem gerade einmal 40 Sekunden dauernden Geschehen werden alle Klischees verarbeitet. Zwei Freunde sind unterwegs. Der eher unauffällige Mann schiebt einen Buggy mit einem ca. zweijährigen Kind, neben ihm schlendert sein attraktiver Freund. Junge Frauen mit Modelausstrahlung kommen den beiden entgegen, werfen erst einen Blick auf das Kind und strahlen dann den »Vater« an. Wie reagiert darauf der Single-Mann? Er tut so, als sei das schokoladenverschmierte Kind seines – und schon wird er bewundert!

Im wirklichen Leben würde dieser Vater ganz schön ins Schwitzen kommen, wenn alle Frauen, die sich bereit für Kinder fühlen, denen aber der passende und »willige« Mann fehlt, plötzlich an ihm interessiert wären: Seitensprung, Trennung …? Wie durchdacht ist diese Geschichte auf den zweiten Blick?

Väterpolitik?

Sie, liebe Väter, sind eine gesellschaftlich relevante Bevölkerungsgruppe. Sie arbeiten in allen Berufsfeldern, Sie zahlen Steuern, umsorgen den demografisch so notwendigen Nachwuchs.

Fühlen Sie sich von den politischen Parteien ernst genommen? Denken Sie, bevor Sie wählen gehen, darüber nach, welche Partei Ihre Interessen als Vater in Ihrem Sinne vertritt? Haben Sie sich je mit den familienpolitischen Aussagen der Parteien befasst?

Im Herbst 2009 wurden Väter anlässlich der Bundestagswahl auf der Internetseite www.vaeter-zeit.de gefragt: »Welche Partei vertritt die Interessen der Väter am besten?« 254 Väter antworteten. Väter also, die sich so sehr mit ihrer Rolle als Vater auseinandersetzen, dass sie diese Internetinitiative anklicken. Das Ergebnis sah folgendermaßen aus:

CDU 11 Prozent, SPD 9 Prozent, Grüne 17 Prozent, FDP 9 Prozent, Die Linke 6 Prozent. Aber 50 Prozent dieser Männer stellten fest, dass sie »keine Ahnung« haben.

Karsten Knigge, der für diese Initiative verantwortlich war, schlussfolgerte: »Die Parteien haben zu wenig Konzepte, wie man Vätern den oft schwierigen Spagat zwischen Beruf und Familie erleichtern kann. Familienpolitik wird von den Vätern oft als ausschließliche Förderung der Mütter empfunden. An dieser Einstellung hat offensichtlich auch die Einführung der Vätermonate nicht viel geändert.«[23]

Die Grünen kamen bei dieser Abstimmung am besten weg. Vielleicht lag es einfach daran, dass genau zu dieser Zeit am 9. September 2009 über einen dpa-Ticker folgende Botschaft lief: »An der Grünen-Spitze entsteht möglicherweise erneut eine Personal-Lücke wegen Kinderbetreuung: Parteichef Cem Özdemir erwägt, für sein im November erwartetes zweites Kind in Elternzeit zu gehen. Das Kind solle nicht ohne Vater aufwachsen, sagte er dem *Hamburger Abendblatt*. Elternzeit sei allerdings nicht einfach als Parteivorsitzender. Bereits im vergangenen Jahr hatten einige Grüne Elternpflichten als Begründung dafür angeführt, dass sie nicht Nachfolger des Vorsitzenden Reinhard Bütikofer werden wollten.«

Setzen sich eigentlich die männlichen Abgeordneten des aktuell 17. Deutschen Bundestags für Väterinteressen ein? Wie viele von ihnen sind selbst Väter? Meine Befragung des ZDF-Parlameters ergab:

Im Juli 2010 waren von den 420 Männern 57 Väter eines Kindes, 112 hatten zwei Kinder und 62 Abgeordnete hatten drei Kinder. Vier oder mehr Kinder hatten 39 Abgeordnete. Insgesamt werden Sie als Vater demnach von 270 Vätern in der Bundespolitik vertreten.

In der Geschäftsordnung des Deutschen Bundestags gibt es bisher keinerlei Regelungen für Situationen, in denen Mütter oder Väter plötzlich ihr Kind »übernehmen« müssen. Zum Beispiel weil die Babysitterin ausfällt, die Kita geschlossen ist. Im Dezember 2009 brachte eine Abgeordnete ihr Baby mit in den Plenarsaal. Eine Ausnahmesituation war eingetreten, die Saaldiener reagierten völlig überfordert: Kindern ist der Zutritt nicht gestattet! Die Vizepräsidentin Katrin Göring-Eckhardt schrieb die acht Abgeordneten mit Kindern unter einem Jahr an und lud zum »Babygipfel«. Das Ergebnis: In »Notsituationen« dürfen die Eltern die Babys seither mitbringen.

Ist diese Initiative ein nachahmenswertes Beispiel? Wäre es möglich, dass Sie sich als Väter einmal mit allen Kollegen, die auch Kinder haben, an Ihrem Arbeitsplatz mit diesen Kindern zeigen? Und dann laden Sie die regionale Presse zu einer Fotoreportage ein: Seht her, Väter sind wir! Erst dann würde vor Ort sichtbar werden, wie viele Väter es im Betrieb gibt.

Wie wichtig heute das Image des fürsorglichen Vaters zu sein scheint, demonstrierte auch der amerikanische Präsident Barack Obama. Er stellte sich in einem CBS-Interview im Juni 2009 als fürsorglicher Vater dar: »Ein guter Vater zu sein, ist der wichtigste Job im Leben eines Mannes.« Und: »Jeder Idiot kann ein Kind zeugen, die echte Herausforderung ist, ein guter Vater zu sein.«[24] Das Weiße Haus soll nun familienfreundlicher sein. Und deshalb gibt es angeblich keine Arbeitstermine zwischen 16 und 18 Uhr, diese Zeit gehöre Obamas Töchtern.[25]

Das Baby-Projekt

> Vater: »Wir kriegen uns schon groß, oder?«
> Sohn: »Ja, Papa, das schaffen wir.«[26]

Dass es kein ständiges Vergnügen ist, Mutter beziehungsweise Vater zu werden und von diesem Moment an rund um die Uhr für das Baby verantwortlich zu sein, wird immer häufiger im Schulunterricht unter dem Titel »Babybedenkzeit« thematisiert. Weibliche und männliche Jugendliche sollen sozusagen am eigenen Leib erfahren, wie es ist, für ein schreiendes Baby die Verantwortung zu übernehmen. Eine Firma bietet hierzu ein Rundumpaket an: »Füttern, Aufstoßen, in den Armen wiegen und Windelwechsel fordert das Baby mit unterschiedlichem Schreien. Es kann zufrieden jauchzen, husten und manchmal ist es auch einfach nur nörgelig. Die Elektronik im ›Babykörper‹ zeichnet alle Vorgänge der Elternsimulation auf und auch, wie oft es vernachlässigt wurde. Wurde das Köpfchen nicht gestützt, das Baby grob behandelt oder in eine schlechte Lage gelegt, schreit es und muss beruhigt werden.«[27]

Diese Hightech-Babypuppen sind mit einem Steuergerät, Stillsimulation, Fläschchen, unlösbaren Armbändern, IDs, Kursleiterschlüssel, Handbuch, Batterien beziehungsweise aufladbarem Akku sowie Programm-Handbuch und Bedienungsanleitung ausgestattet.

Männliche Jugendliche nehmen bisher seltener an solchen Unterrichtsprogrammen teil. Babypuppen, selbst wenn sie einen Computer integriert haben, sind eben eher »Mädchensache«.

Die Schriftstellerin Anne Fine, leidenschaftliche Darstellerin pubertierender Mädchen und Jungen, griff dieses Thema für Jungen auf. In ihrem Buch *Das Baby-Projekt* schildert sie 13-jährige Schüler, die den Lehrkräften das Leben schwer machten. Totale Rüpel sozusagen. Die Lehrkräfte sinnen auf Rache. Diese Jungs sollen endlich mal den Ernst des Lebens kennenlernen. »Die Mehlbabys sind nichts weiter als ein Experiment zur Eltern-Kind-Beziehung. Jeder der Jungen übernimmt für die gesamten drei Wochen die volle Verantwortung für sein Mehlbaby und führt ein Tagebuch, in dem er seine Probleme und Einstellungen festhält.«[28]

Sehr zu ihrem Verdruss werden diesen Schülern statt einer Puppe babyschwere Mehlsäcke in den Arm gedrückt. Sie sollen ihr Baby verantwortlich behandeln. Ein Projekt, das eigentlich nicht gelingen kann. Doch selbst die ganz coolen Jungs beginnen zu verstehen, dass es »der reinste Horror« ist, »aus Versehen ein Baby« zu kriegen: »Für einen allein war das nicht zu schaffen, soviel war klar. Um für ein Mehlbaby zu sorgen, musste man zu zweit sein. Man brauchte einen Ersatzmann. Einen Reservespieler. Einen, der abends nichts Besonderes vorhatte.« Typisch für die Autorin, entwickeln sich auf 185 Seiten einige dieser männlichen Jugendlichen zu nachdenklichen Individuen.

Und am Ende dieser wirklich spannenden Geschichte steht fest: »Vierundzwanzigstunden-Schichten. Tag für Tag. Fast zwanzig Jahre lang. Keine Pausen. Keine Ferien ... Eltern hatten lebenslänglich.«[29]

So kann Elternsein auch gesehen werden! Statt Heranwachsenden computergesteuerte Plastikpuppen in den Arm zu drücken, empfehle ich Lehrkräften, den Schülerinnen und Schülern dieses Buch nahezubringen.

Wie fürsorglich sind Väter heute? Stehen sie nachts auf, wenn das Kind weint? Wer bleibt zu Hause, wenn das Kind krank wird und sowohl der Vater als auch die Mutter berufstätig sind?

»Die meisten Väter kommen zum Beispiel gar nicht erst auf die Idee, sich freizunehmen, wenn ihr Kind die Masern hat – und deshalb der Besuch der Kindertagesstätte ausfallen muss. Dabei haben sie genauso wie Mütter die gesetzliche Möglichkeit, fünf Arbeitstage im Jahr wegen der Krankheit eines Kindes zu fehlen. Den anteiligen Lohn für diesen Zeitraum zahlt die Krankenkasse, wenn kein Anspruch auf bezahlte Freistellung besteht.«[30]

Wir haben immer zwei Möglichkeiten, eine Situation zu betrachten: Ist das Glas halb voll oder halb leer? Ich persönlich sehe lieber in Richtung halb voll, damit fühle ich mich einfach besser. Und so stelle ich Ihnen eine »halb volle« Variante dieser eben wiedergegebenen Analyse vor:

Die Techniker Krankenkasse (TK) veröffentlichte 2010 aktuelle Daten zum Thema Kinderkrankengeld. Darin wird festgestellt, dass Väter immer häufiger das Kinderkrankengeld beantragen, das Eltern in Anspruch nehmen können, um den Verdienstausfall durch die Pflege eines kranken Kindes zu kompensieren. »... der Anteil der Väter unter den Kinderkrankengeldbeziehern steigt von Jahr zu Jahr kontinuierlich an: von rund 18 Prozent im Jahr 2005 auf über 22 Prozent im Jahr 2009. Die absolute Zahl der Kinderkrankengeldfälle unter männlichen TK-Versicherten hat sich im selben Zeitraum sogar mehr als verdoppelt.«[31] Diese Zahlen sagen allerdings nichts darüber aus, ob es den Vätern, die sich um ihr krankes Kind kümmern wollen, auch so einfach ermöglicht wird.

Vor einiger Zeit erhielt ich einen Anruf von einem Vater, der wissen wollte, wie er sich verhalten sollte. Seine kleine Tochter war erkrankt, die Partnerin selbst beruflich engagiert. Als er an seinem Arbeitsplatz erschien, um sich wegen Erkrankung des Kindes abzumelden, erhielt er von seiner weiblichen (!) Vorgesetzten die Antwort: »Sie haben doch eine Frau, erst mal ist die dran. Schließlich ist sie die Mutter!« Ich riet dem Vater, sofort mit dem erkrankten Kind zum Kinderarzt zu gehen, denn das ärztliche Attest für das Kind ist bereits ab dem ersten Krankheitstag erforderlich. Der zur Pflege freigestellte Elternteil hat dann, wie oben dargestellt, ein Anrecht auf den vollen Lohn für fünf Tage. Die Rechtsgrundlage ist eindeutig. Problematisch ist für Väter, dass sie für ihren Einsatz bisweilen nicht gelobt, sondern getadelt werden. Und wie in diesem Beispiel manchmal leider sogar von weiblichen Vorgesetzten.

Der (vor)lesende Vater

Nun, liebe Väter, geht es um ein Detail väterlicher Fürsorge: das Vorlesen. Vielleicht tun Sie's sowieso, weil Sie Spaß daran haben. Vielleicht aber war es bisher die Mutter, die das kindliche Bedürfnis nach Bilderbüchern und Geschichten stillte?

Gehen Sie davon aus, dass Frauen einfach besser vorlesen können? Die Geschlechter, so zeigen Analysen, haben ein sehr unterschiedliches Leseverhalten. Am Beispiel der Tageszeitung wurde unterschieden: »Artikel über Innen- und besonders Außenpolitik, der Wirtschaftsteil und Berichte aus Technik und Wissenschaft werden von einem weitaus höheren Anteil der Männer gelesen als von Frauen, während umgekehrt Kultur und Frauenthemen sowie Berichte über menschliche Schicksale bei Frauen wesentlich mehr Beachtung finden.«[32]

Frauen lesen demnach mit mehr Gefühl und sie lesen ihren Kindern wesentlich häufiger vor als Männer.

»Jüngste Studien zeigen, was Leseforschungs-Experten schon lange postulieren: Väter sind ausgewiesene ›Vorlesemuffel‹.[33] So eine der Aussagen der Vorlesestudie aus dem Jahr 2008. Befragte Kinder gaben an, dass nur acht Prozent der Väter vorlesen, die Mütter dagegen achtmal so häufig. Kinder aber lieben es, vorgelesen zu bekommen – auch von ihren Vätern. Denn die männliche Stimme und die Auswahl der Vorlesegeschichten erreichen Kinder eben anders.

Als ich Vorschulkinder befragte, wie es ist, wenn ihnen abends der Papa vorliest, kamen die Kinder ins Schwärmen. Dabei ging es nicht in erster Linie um die vorgelesene Geschichte, sondern um die Nähe zum Vater, die den Kleinen so guttut:

»Wenn mein Papa mir vorliest, dann kann ich mich an ihn ankuscheln. Sonst ist er ja immer so weit weg.« (Mädchen, fünf Jahre)

»Mein Papa hat mir ein Buch vorgelesen, das ganz von früher ist. Da hatte meine Oma ihm das vorgelesen. Und dann hat mein Papa von damals erzählt. Das war noch besser als das Buch.« (Junge, fünf Jahre)

Muss es immer ein Bilderbuch sein? Ich erinnere eine Szenenfolge aus dem Spielfilm *Die Legende vom Ozeanpianisten*. Die Geschichte spielt im Jahr 1900. Ein Maschinist findet auf dem Ozeanriesen einen zurückgelassenen Säugling. Er nimmt das Baby mit hinunter in den Maschinenbauch des Schiffes. Heiß und laut ist es dort unten in der Welt der Männer. Dieser »ungebildete«, tollpatschige Mann wird zum fürsorglichen Vater. Und er bringt dem Jungen das Lesen bei, indem er ihm aus der Zeitung vorliest, am liebsten Pferdewettberichte. So lernt das Kind selbst lesen und kann bald mitreden, wenn es um Pferde geht. Kein Bilderbuch, sondern die Themen, die den Maschinisten selbst interessierten, las er voller Emotionen vor.

Die Hessenstiftung will nun Väter zum Vorlesen animieren. Aber wie und wo sind Väter erreichbar: »Väter haben die Möglichkeit, sich Dossier und Vorlesegeschichte am Arbeitsplatz auszudrucken und ihren Kindern abends oder am Wochenende die jeweils neue Geschichte vorzulesen. Auf diese Weise ist das Thema ›Vorlesen‹ für die Väter präsent und ihnen bleibt der Aufwand für die Beschaffung geeigneter Vorlese-Geschichten erspart!«

Firmenchefs sollen das Projekt »Mein Papa liest vor« unterstützen: Der »Animationstext« für Firmenchefs bewirbt »die einzigartige Möglichkeit, ihren männlichen Mitarbeitern ein gesellschaftlich relevantes und nachhaltiges Thema über ihr Firmen-Intranet nahezubringen und so positiven Einfluss auf die Familienkultur ihrer Mitarbeiter zu nehmen.«

Hierfür müssten die Arbeitgeber den Vätern die Möglichkeit schaffen, die Website der Hessenstiftung zu nutzen. »Das Projekt ist ein weiterer innovativer Baustein im Programm der Hessenstiftung, die einen Schwerpunkt ihrer Fördermaßnahmen auf den Bereich Väter in Familie und Beruf gelegt hat«, erklärte Petra Müller-Klepper, Staatssekretärin des hessischen Familienministeriums und Vorstandsvorsitzende der Hessenstiftung.

Wie nachhaltig würde so ein »positiver Einfluss« wirken? Ein bisschen sehr auf Mittelschicht-Büroangestellte ausgerichtet scheint mir diese Idee zu sein. Neulich erzählte ich einem Handwerker von diesem Projekt. Seine Reaktion kam prompt: »Mein Chef würde mir eins husten, wenn ich mit so 'nem Quatsch in seinem Büro auftauchen würde …« Auf meine Frage, ob er seinen zwei Kindern schon mal vorgelesen habe, kam als Antwort: »Wieso ich, die Kinder sind doch im Kindergarten. Das machen die da schon.«

Können Sie, liebe Väter, sich erinnern, ob Ihnen als kleiner

Junge vorgelesen wurde? Von der Mutter oder gar dem Vater? Wenn ja, welche Geschichten fanden Sie selbst am spannendsten?

Sollten Sie grundsätzlich Freude am Vorlesen haben, dann nehmen Sie Ihre Kinder und besuchen eine Stadtteilbibliothek oder eine Buchhandlung. Es gibt wesentlich mehr Papa- als Mama-Geschichten-Bilderbücher! Sie können sich aber auch zu Hause – fernab des Arbeitsplatzes – aus dem Internet eine »Papa-Liste« herunterladen: »Rezensionen zu Bilderbüchern, Romanen, Comics, Ratgebern, Hörbüchern, Musikkassetten und Zeitschriften. Viele Hinweise also für werdende Väter, junge Väter, Hausmänner, Elternzeit-Väter, Rollentausch-Väter, getrennt erziehende Väter, soziale Väter und Großväter – und natürlich auch für deren Partnerinnen –, um sich anregen zu lassen für die gemeinsame Zeit mit Kindern.«[34]

Ein Rundumpaket sozusagen. Aber vielleicht hockt sich Ihr Nachwuchs ja zu Ihnen an den Tisch, aufs Sofa, wenn Sie das lesen, was Sie interessiert? Vielleicht eine Autozeitschrift, ein Anglermagazin? Dann erzählen Sie einfach, was auf den Bildern zu sehen ist. Es geht um die Nähe, die sprachliche Anregung. Und wer weiß, vielleicht wird Ihre Tochter eine großartige Autofahrerin, Ihr Sohn ein begeisterter Angler?

Weg vom Vorlesen, hin zum Selbstlesen: Was liest der Mann, taucht er als Vater am Zeitungskiosk auf? Angeboten werden mir vom Kioskbesitzer diverse Magazine. Manche mit einem schiefen Lächeln (»Ich weiß nicht, ob Sie das so interessiert …«), dann Automagazine etc. und, na klar, der *Playboy* als traditionelles Männermagazin: Zum Schluss die Zeitschrift *Men's Health*. Dieses Magazin liegt sogar in meiner regionalen Stadtteilbibliothek aus. Seit 1996 ist es in Deutschland erhältlich und richtet sich vor allem an Männer im Alter zwischen 20 und 40 Jahren mit überdurchschnittlichem Einkommen und – tatsächlich vorhandener oder angestrebter – Meinungsführerschaft. Überwiegend geht es in diesem Magazin um Fitness und Sex.

Doch in der Mai-Ausgabe von 2009 fand ich einen Beitrag, der sich gezielt an Väter richtete. Hinter dem etwas reißerischen Titel »Männer-TÜV: Haben Sie das Zeug zum Super-DAD?« verbarg sich ein sehr ernsthafter Text. Aufhänger für diesen Artikel war – wen wundert's – das Thema Elterngeld. Umrahmt von alten Fotos, auf denen Väter mit ihren kleinen Kindern zu sehen waren – mal fütternd, Windeln wechselnd oder sogar beim Säuglingspflegekurs im Jahr 1941 –, wird klargestellt:

»Die Bezeichnung ›neue Väter‹ ist auch ein wenig zynisch, denn sie impliziert, dass sich erst jetzt bei den Vätern etwas tut, dass sie erst jetzt zu Zugeständnissen bereit sind. Das ist so, als bekäme Bruce Springsteen für ein erfolgreiches neues Album einen Preis als Newcomer des Jahres. Alles, was vorher war, jede Anstrengung, das etablierte Vatermodell zu überwinden, fällt unter den Tisch. Wo ist da die Anerkennung?« Und zu Recht wird gefragt: »Was passiert am Ende der Elternzeit? Wo bleiben all die Teilzeitmodelle und Betreuungskonzepte, die nötig wären, um Väter und Kinder langfristig zusammenzubringen?«[35]

Eine nicht am Kiosk erhältliche Zeitschrift will ich Ihnen hier zusätzlich vorstellen: Seit 1989 gibt es – nun schon mit über 120 Ausgaben – das Magazin *Switchboard*, das sich seit seinem Ersterscheinen mit den Themen von Vätern auseinandersetzt:

»Wir verstehen unseren Informationsdienst als Beitrag zur Frage, was Männer heute bewegt und was sie selbst bewegen. Switchboard ist, auch wenn wir mit ihr sehr sympathisieren, kein Organ der ›Männerbewegung‹, denn wir wollen Männer auch jenseits aller Fraktionen in den Austausch mit Gleichgesinnten und Andersdenkenden bringen. Wir wollen vor allem praxisbezogene Impulse aufgreifen und die Entwicklungen der Männer- und Jungenarbeit dokumentieren. Wir fördern verschiedene Meinungen und möchten eine breite kritische Männeröffentlichkeit anregen.«[36]

Die ehrenamtlich tätigen Redakteure vermitteln Kontakte, berichten über Studienergebnisse, dokumentieren Tagungen und vernetzen Männeraktivitäten. Sachbücher werden darin ebenso rezensiert wie Bilderbücher und Tonträger. Eine Zeitschrift, die ich Ihnen, liebe Väter, gern empfehle. Fernab vom Mainstream erfahren Sie, was ihre Mit-Väter bewegt und vor allem auch, was sie selbst bewegen.

»Klar kann ich mich auf ihn verlassen« – Kinder über ihren Vater

Wie erleben Kinder ihre Väter im Alltag? Fühlen sie sich sicher, geliebt, verstanden? Im Rahmen einer Studie des Institute Iconkids & Youth für die Zeitschrift *Eltern Family* wurden 728 sechs- bis zwölfjährige Mädchen und Jungen befragt, wie es ihnen mit ihrem Vater so ergeht. Das Ergebnis aus dem Jahr 2007:

Drei Viertel der befragten Kinder waren stolz auf ihren Papa. Und sogar noch mehr Kinder, nämlich 80 Prozent, gingen selbstverständlich davon aus, dass ihr Vater sie liebt. Mehr als zwei Drittel (67 Prozent) gaben an, sie könnten mit ihrem Vater über alles reden. Bei drei von vier Kindern spendete der Vater Trost, wenn sie traurig waren. Jedes zweite Kind wurde abends vom Vater ins Bett gebracht.

Allerdings gibt es auch einen Wermutstropfen: Jedes fünfte der befragten Kinder hatte Angst vor dem eigenen Vater.[37] Ob diese Angst begründet ist oder ob im Haushalt Mütter zu ihren Kindern sagen:»Wart ab, bis Papa kommt, dann kannst du was erleben …!«, ist nicht belegt.

Was zeichnet den Mann als vertrauenswürdigen Vater aus? Was wünschen sich Kinder von ihm?

Vorurteile machen es Männern in der Erziehungsarbeit schwer. Oft haben sie andere Vorstellungen von der Kindererziehung als Frauen, was nicht selten zu Konflikten in der elterlichen Beziehung führt. Als typische Konfliktfälle zwischen Müttern und Vätern erlebe ich auf Elternabenden folgende unterschiedliche Meinungen darüber, was Kinder brauchen: So fordern Väter für Kinder zum Beispiel mehr Entfaltungsmöglichkeiten, Abenteuer und Freiraum. Mütter werfen dann den Männern Verantwortungslosigkeit und Leichtsinn vor. Väter lassen häufiger die Unordnung im Kinderzimmer zu, Mütter dagegen räumen den Kindern häufig hinterher, versuchen, das »Chaos« zu verhindern.

Liebe Mütter, einen Aspekt muss ich Ihnen besonders zu bedenken geben: Es gibt unterschiedliche Möglichkeiten, Kinder zu erziehen. Manchmal scheint es mir geradezu in einen Wettbewerb zwischen Müttern und Erzieherinnen gegenüber Vätern zu münden, was dort an Gegensätzen zum männlichen erzieherischen Verhalten herausgestellt wird. Das Verrückte daran ist, dass ja auch Mütter untereinander sehr unterschiedliche Toleranzgrenzen haben. Grundsätzlich aber haben wir Frauen nicht die erzieherische Wahrheit gepachtet.

Deshalb: Lassen Sie Ihren Partner frei und individuell den Zugang zum Kind gestalten. Es ist nicht so wichtig, dass die Kinder gleichfarbige Socken an den Füßen tragen, es ist für Kinder aber ganz wichtig, dass sie ihren Vater authentisch erleben können.

»Mein Vati ist eben mein Vati und meine Mutti eben die Mutti. Und beide sind ganz anders. Das ist doch klar, oder?«, betonte eine Siebenjährige auf die Frage, ob die Eltern sich unterschiedlich verhalten, wenn es um Strafen geht. Ein beim Gespräch anwesender Junge ergänzte: »Das wäre ja ganz schön blöd, wenn meine Eltern sich immer einig wären. Dann könnte ich ja nicht mal hier oder da eine Ausnahme heraushandeln!«

Wichtig ist nur, dass Kinder keiner ernsthaften Gefahr ausgesetzt werden. Doch da reagieren viele Mütter schon weit vor der wirklichen Gefahr für das Kind mit Ängsten. Ganz destruktiv ist es, wenn Mütter den Vätern das Kind aus dem Arm reißen. Dann brauchen sie sich nicht zu wundern, wenn Väter selbst ihr Vertrauen in die eigene väterliche Kompetenz verlieren!

Im Rahmen meiner Tätigkeit als Referentin an Fachakademien bat ich die weiblichen Studierenden, aufzuschreiben, worin sich ihrer Erinnerung nach »typisch« väterliches vom mütterlichen Engagement unterschied. Frauen im Alter zwischen 19 und 42 Jahren notierten und diskutierten über die Frage: Erziehen Väter anders als Mütter? Im Laufe der Zeit bekam ich so über 300 Antworten zusammen. Übrigens: Keiner dieser erinnerten Väter war Hausmann gewesen, alle Väter waren in Vollzeit berufstätig: »Das war eben so, das war normal, dass mein Vater den Tag über nicht da war«, stellten die Frauen rückblickend fest.

Lesen Sie, wie diese Frauen als Mädchen ihre Väter erlebt haben:

Mein Vater »hat oft mit mir gespielt, vor allem die Dinge, für die sich meine Mutter nicht sehr interessierte, wie Ballspiele, Brettspiele, Schnitzeljagd im Wald – hat mehr Ausdauer beim Spielen, dafür gesorgt, dass ich viel Bewegung bekam – hat mir Tischtennisspielen, Schwimmen und Fahrradfahren beigebracht – hat die Initiative übernommen, das heißt Ausflüge mit der ganzen Familie geplant, war spontaner – hat mir beigebracht, wie man aus einem Ast eine Pfeife schnitzt – hat mich immer per Huckepack ins Bett gebracht – hat sich für meine Hobbys interessiert und diese unterstützt – hat mich animiert, Dinge auszuprobieren, mir mehr Freiheiten gegeben – hat mein Selbstbewusstsein gestärkt, indem er mir immer gezeigt hat, wie viel ich wert bin – hat mir beigebracht, mich von anderen Menschen unabhängig zu machen, mich zu wehren, mutig zu sein – hat mir Wissen über technische Dinge vermittelt, mir die spannenderen Geschenke gemacht – hat mich strenger, konsequenter erzogen, gab mir mehr Grenzen, aber auch mehr Geborgenheit und Sicherheit (als die Mutter) – hat mir bei Fehlern nicht stundenlange Standpauken gehalten ...«[38]

Alle diese Frauen waren der Meinung, dass ihr Selbstvertrauen besonders durch ihre Väter gestärkt worden war!

Ob es uns Müttern nun gefällt oder nicht: Männer verfügen über andere Erziehungsqualitäten als wir. Wenn wir sie lassen und nicht ständig stöhnen: »Lass dass, das kannst du nicht, das machst du falsch, das dauert zu lange, das ist zu chaotisch ...«, können wir uns einfach mal aus der Familie zurückziehen. Der Papa wird's schon richten!

Um Ihnen als Elternpaar noch einige Anregungen zu bieten, schildere ich weitere Gesprächsinhalte, die zeigen, wie schwierig gemeinsames Erziehen sein kann. Quelle dieser Erinnerungen sind Elternveranstaltungen in Kitas mit dem Thema »Meine Frau will mehr Beteiligung, mein Mann ist nie greifbar ...«. Damit auch Väter an solchen Veranstaltungen teilnehmen konnten, fanden sie direkt nach der Arbeitszeit der Väter statt. Die Kinderbetreuung wurde in der Kita selbst übernommen.

An diesen Abenden erzählten dann plötzlich auch die Väter, wie es ihnen im Alltag ergeht. Wenn der Tag nur 24 Stunden hat, wenn die Arbeitswege weit und die Arbeitstage lang sind, wie viel Zeit bleibt dann noch dem Vater, um sowohl dem Kind/den Kindern als auch der Partnerin gerecht zu werden? Ganz zu schweigen von der Erwartung, dass er auch im Haushalt mit anpackt?

Ich erinnere viele Streitgespräche zwischen Elternpaaren, in denen es nicht etwa um Erziehung, sondern um den Haushalt ging. Dispute wie der folgende sind allgegenwärtig:

Sie: »Meine Güte, kannst du nicht einfach mal die Spülmaschine einräumen? Ich habe schon den ganzen Tag den Haushalt am Hals ...«

Er: »Eben sagtest du noch, ich solle Nico ins Bett bringen, jetzt soll ich erst mal den Tisch abräumen. Darf ich erst mal kurz die Beine hochlegen?«

Und nicht nur einmal beschwerten sich Mütter bei mir, dass der Partner »beim Bilderbuchvorlesen am Bett des Kindes mit einschläft ...« und der Abend für sie als Paar dann gelaufen sei ... »Ja«, bestätigten dann die Väter, »abends bin ich so kaputt ...!«

Ist es Zufall, dass ich sehr selten Klagen von Vätern über das mütterliche Engagement höre? Die meisten Väter sind davon überzeugt, dass ihre Frauen »das mit den Kindern ganz gut hinkriegen«.

Oftmals brachten solche offenen Elterngespräche für die anwesenden Mütter und Väter eine entlastende Erkenntnis: Nicht wir allein sind entnervt, auch in anderen Familien spielen sich die gleichen Szenen ab: »Wir haben irgendwie viel zu viel voneinander gefordert und ganz aus den Augen verloren, dass es einfach verdammt schwer ist, uns gegenseitig auch mal in Ruhe zu lassen.«

In einer Untersuchung des Staatsinstituts für Familienforschung an der Universität Bamberg (ifb) aus dem Jahr 2000 wurde ermittelt, wie junge Ehepaare ihre tägliche Zeit nutzten, vor allem: Was verändert sich im Umgang mit der Zeit, wenn aus Ehepaaren Elternpaare werden? Wie sich der Alltag von Frauen hin zu Müttern entwickelt, darüber wurde zuvor schon viel geforscht und geschrieben. Nur »die Rolle des Vaters in diesem Prozess wird dabei jedoch entweder gar nicht thematisiert oder auf das Faktum ›Berufstätigkeit‹ reduziert.«[39]

Ältere Studien lassen den Vater also außen vor oder verwenden Aussagen der Mütter. So basieren zum Beispiel die Angaben zur Zeitverwendung der Männer in der Zeitbudgetstudie des Bundesinstituts für Bevölkerungsforschung aus dem Jahr 1988 ausschließlich auf einer Befragung der Partnerinnen dieser Männer. Dass dies, wenn überhaupt, nur punktuell objektiv sein kann, liegt auf der Hand.

»Bisherige Befunde thematisieren die Berufstätigkeit des Vaters in dieser Phase weitgehend als Konstante. Die Frage, ob und inwieweit die alleinige Ernährerrolle dazu führt, dass das Ausmaß der Berufstätigkeit zunimmt, zum Beispiel die Väter auch an Wochenenden arbeiten (müssen), um die finanzielle Existenz der Familie zu sichern, ist bislang ebenfalls nur unzureichend untersucht worden. Ebenso wurde die Wechselwirkung mit der Berufstätigkeit der Frau bislang weitgehend außer Acht gelassen. Die Frage der Beteiligung des Vaters an der Kinderbetreuung kann nicht unabhängig von der beruflichen Situation der Frau gesehen werden. Sind die Eltern Doppelverdiener, sind sicherlich andere Betreuungsarrangements notwendig als bei Familien, in denen sich die Frau im Erziehungsurlaub befindet.«[40]

Also, liebe Väter, Sie sind nicht allein!

Vom Ehemann zum Elternteil

Aber wie beschreiben sich Männer selbst, erst als »nur« Ehemann, dann als Elternteil? Zwischen 6 Uhr morgens und 1 Uhr nachts notierten auskunftswillige Männer (und Frauen) jeder und jede für sich, mit welchen Aktivitäten sie den Tag verbracht hatten. Laut der schon eben zitierten Studie »Was machen junge Väter mit ihrer Zeit?« verbrachten die Väter unter der Woche im Schnitt über neun Stunden pro Tag außer Haus. Die zeitliche Belastung durch den Beruf hatte sich für die Väter erhöht, und zwar stärker, als dies bei kinderlosen Männern der Fall ist.

Wie ändert sich die Freizeitgestaltung von Vätern nach dem Übergang zur Elternschaft? »Deutliche Veränderungen zeigen sich neben der beruflichen Mehrbelastung in der Gestaltung der Freizeit, bei der, in Abgrenzung zu der Gruppe der kinderlos gebliebenen Männer, ein klarer Trend zur Verhäuslichung der Freizeit beobachtet werden kann. Reduziert haben sich insgesamt alle Tätigkeiten, die – neben der Berufstätigkeit – mit einem Aufenthalt außer Haus verbunden sind. Dazu zählen ganz klar Sport, kulturelle Aktivitäten, abendliches Ausgehen.«

In welchem Umfang leisten Väter ihren Beitrag zur Betreuung von Kindern? »Unter der Woche kümmern sich die Väter immerhin im Durchschnitt pro Tag rund 1,5 Stunden um die Kinder, wobei sie allerdings eher den leichteren Part der Kinderbetreuung ›Beschäftigung mit dem Kind‹, d.h. Spielen, Spazierengehen etc. übernehmen (im Durchschnitt eine Stunde) und weniger anfallende Arbeiten für das Kind leisten (im Durchschnitt eine halbe Stunde).«[41]

Wieso ist dies der »leichtere Part«?

Hauptsächlich am Wochenende werden Väter aller Altersgruppen sichtbar. Samstagvormittage eignen sich hervorragend für Beobachtungen. Da gibt es die Väter, die mit Kinderwagen unterwegs sind. Oder Väter, die ihre Grundschulkinder mit zum Einkaufen nehmen und diese am Einkauf aktiv beteiligen. Beide sind im Gespräch miteinander, haben oftmals gute Laune und wirken entsprechend entspannt und selbstverständlich im Umgang miteinander. Mit Kindern durch Lebensmittelabteilungen der Kaufhäuser oder Supermärkte unterwegs zu sein, ist kein »leichtes« Unterfangen. Überall locken Süßigkeiten, und Begehrlichkeiten aller Art werden geweckt. Väter, so erlebe ich es, gehen wirklich zusammen mit dem Kind auf Einkaufstour, sie ziehen ihren Nachwuchs nicht genervt hinter sich her.

Die gleiche Konstellation sehe ich sonntags im Stadtteilpark, allerdings ergänzt von anderen Vätern mit Kindern und den dazu gehörigen Müttern.

Unter der Woche sind Väter mit schnellem Schritt und Buggy auf dem Weg in die Krippe oder Kita unterwegs, ihr Tagesbeitrag zum Thema Kinderbetreuung. Anschließend verschwinden sie in den Firmen oder hinter Bürotüren. Die Öffnungszeiten der Kinderbetreuungseinrichtungen decken sich leider nur selten mit den möglichen Abholzeiten vieler Väter (und Mütter).

In einer Ausgabe des *Handelsblattes* mit dem Titel »Rabenväter wider Willen« wurden Ergebnisse der Studie »Anforderungen von Vätern an einen familienfreundlichen Arbeitgeber« veröffent-licht, die die Kölner IGS Organisationsberatung im Auftrag der Hessenstiftung »Familie hat Zukunft« durchgeführt hat. 360 Vä-ter, jeder zweite davon in einer Führungsposition, gaben im Rah-men einer Online-Befragung Auskunft. Selbst wenn die Befragten der Meinung sind, dass ihr Betrieb im Großen und Ganzen fami-lienfreundlich ist, wird die Väterfreundlichkeit des derzeitigen Arbeitgebers insgesamt als schlechter beurteilt.

»Gerade mal 14 Prozent sagen, in ihrem Betrieb sei es selbstverständlich, dass Väter familienfreundliche Angebote nutzten. Nur 25 Prozent bescheinigen ihrer Firma Väterfreund-lichkeit, 40 Prozent aber sprechen ihrem Brötchengeber diese gänzlich ab. [...] Die überwiegende Mehrheit der Väter (71,4 Prozent) befürchtet negative Konsequenzen durch die Nutzung familienfreundlicher Angebote. Dabei dominiert die Angst vor nachteiligen Auswirkungen auf die Karriere (Karriereknick: 54,3 Prozent). Fehlendes Verständnis von Vorgesetzten und Kol-legen werden in gleichem Ausmaß erwartet (ca. 39 Prozent). Die Gefahr des Arbeitsplatzverlustes sehen nur 6,6 Prozent der Befragten.«[42]

Das hört sich gar nicht gut an! Und was wünschen sich diese Väter, um ohne schlechtes Gewissen Vater sein zu können?

»Fast 60 Prozent der Befragten würden gern ihre Arbeitszeit reduzieren – im Schnitt um 30 Prozent. Jeder zweite Vater würde gern Elternzeit nehmen – im Schnitt für 16 Monate. Zwei Drittel wünschen sich für zwei Tage in der Woche Arbeiten im Home-Office – wohlgemerkt, wenn sie frei und ohne Angst wählen könnten.«

Wenn dem so ist, wie kommt es, dass Männer als sogenanntes starkes Geschlecht sich ständig verrenken, aber keinen kollektiven Väteraufstand in den Firmen organisieren? Könnten Väter nicht selbstverständlicher die tariflichen Gleitzeitmodelle und flexible Arbeitszeiten nutzen? Sicher, im Kleinbetrieb wird es für Väter weiterhin schwierig bleiben, die Arbeitszeit mit der Kita-Öffnungszeit in Einklang zu bringen. »Ich wollte Vater sein, mit allem Drum und Dran, aber dann wurde schnell klar: Das ist eine Illusion. Die Realität bei uns im Büro heißt Verfügbarkeit, unbezahlte Überstunden und ein Chef, der seine Kinder selbst kaum sieht!«, empörte sich ein 32-jähriger Vater mit zweijährigem Sohn auf einem Elternabend.

Andere Väter bestätigten diese Realität, und auf meine Frage »Gibt es noch andere Väter in Ihrem Betrieb, mit denen Sie sich zusammenschließen können?«, erhielt ich ein nachsichtiges Lächeln. Ein Vater ergänzte: »Das ist doch blanke Theorie, was Sie sich da vorstellen. Wir brauchen alle unseren Job, da schießt doch keiner quer!«

Wie reagieren Gewerkschaften auf die Sehnsucht des Vaters, am Familienleben kontinuierlich teilnehmen zu können?

Beim Reflektieren dieser Frage gebe ich bei Google »Gewerkschaft Vater« ein und lande als Erstes auf der Seite »Vater und Beruf« von ver.di Hessen. Weshalb diese Seite? Walter Lochmann, der Projektleiter »vater und beruf« und Fachbereichsleiter »Bildung« bei ver.di Hessen, begründet in einem Interview diese Initiative folgendermaßen:

»Die Vereinte Dienstleistungsgewerkschaft ver.di bietet jetzt eine virtuelle Beratungsstelle für Väter im Internet an – weil viele Männer in Werkstatt und Büro über Erziehungsfragen und ihr Verhältnis zu ihren Kindern lieber nicht sprechen.«[43]

Immer wieder greife ich in diesem Buch das Thema flexible Arbeitszeiten auf. Nicht weil ich es für das spannendste, sondern weil Mütter und vor allem Väter es für das dringendst zu lösende Problem halten.

Volker Baisch, Geschäftsführer von Väter e. V. und Autor von *Das Väter-Buch*, war selbst einmal in der Situation, nicht zu wissen, welche Rechte er als aktiver Vater eigentlich hat. Er entwickelte Personalentwicklungsinstrumente für Unternehmen: Wie werden Väter konkret angesprochen, wie können sie besser motiviert werden, sowohl dem Betrieb als auch der Familie gegenüber solidarisch zu sein? Die Arbeitgeber »lernen«, dass Väter in der Elternzeitphase Fähigkeiten erlernen, die dem Unternehmen später nützen. Und das sind Fähigkeiten, die auch Müttern zugesprochen werden: Einfühlungsvermögen, Multitasking und Geduld.

In seinen Vorträgen stellt Volker Baisch mögliche hilfreiche Angebote für Väter im Betrieb vor: Einige davon gebe ich hier wieder: »Keine längeren Dienstreisen in den letzten zwei Monaten vor der Geburt; Infopaket für neue Väter und Mütter, um die eigenen Rechte zu kennen; alternierende Telearbeit; Ergebnis- statt Anwesenheitsorientierung; flexible Auszeiten (Pausen) für Kinder-, Krisen- und Pflegezeiten; Kantinenessen mit Kindern; keine Besprechungen vor 9:00 und nach 17:00 Uhr; klare Vertretungsregelungen im Team.«[44]

Welche dieser Ideen sind Ihrer Meinung nach wirklich für Sie als Vater sinnvoll? Es ist ja möglich, dass unter Ihnen auch einflussreiche Menschen sind, die in der eigenen Firma solche pragmatischen und helfenden Vorschläge einbringen können! Wäre dies imagefördernd oder eher imageschädigend? Es ist doch bedauerlich, dass Männer immer dann, wenn sie als Väter ihre Rechte einfordern, um ihre Pflichten zu erfüllen, auf Granit beißen!

Männer in der Gesellschaft

Vor einigen Jahren wagte sich sogar die Wochenzeitung des Deutschen Bundestags *Das Parlament* an »den Mann in seiner Gänze«. Weshalb dort dieses Thema, wo doch der Mann sozusagen das Herz des politischen Geschehens ist? Im Editorial dieses Heftes fasste Cornelia Schmitz zusammen:

»Die herkömmlichen Konstruktionen von Männlichkeit bedürfen dringend der Überarbeitung, der Anpassung an gewünschte und zum Teil auch bereits praktizierte Lebensentwürfe, bedürfen eines Paradigmenwechsels. Frauen kämpfen dafür seit Beginn des 18. Jahrhunderts (1. Frauenbewegung). Es wird Zeit, dass auch Männer sich einmischen, sich gegen (Leit-) Bilder wehren, sich emanzipieren. Das geht auch mit der europäischen Strategie des Gender Mainstreaming.«[45]

War dies aus parlamentarischem Munde ernst gemeint? Was haben Sie als Väter davon? Hier die Antwort:

»Je nach Lebenslage und Orientierung, je nach Männlichkeit unterscheiden sich die möglichen Gewinne durch Gleichstellung: Männer, deren Männlichkeit durch das Selbstverständnis als Familienernährer geprägt ist, können mehr Kontakt zu Familie und Kindern bekommen. Führungskräfte, berufliche Übererfüller, die bis zu 100 Stunden die Woche mit Berufsarbeit verbringen, können dadurch ihre körperliche und seelische Gesundheit stärken. Zeitpioniere, die schon jetzt der Berufsarbeit nicht die Priorität einräumen, können gleichzeitig in mehreren Lebensbereichen aktiv sein und wären dennoch keine Ausnahmefälle.«[46]

Ich bekomme zunehmend Schwierigkeiten mit diesen aufmunternden Pamphleten. Ich sehe Parallelen zum Kapitel über die »gute« Mutter: angepriesene Veränderungsvorschläge von rechts und links und aus der Mitte heraus. Aber in der Praxis wenig Sichtbares. Denn »Männer, die versuchen, andere Paararrangements, aktive Vaterschaft und Reduzierung des Berufslebens zu leben, finden bisher kaum Unterstützung. So fühlen sich Gleichstellungsbeauftragte häufig nicht zuständig für die Vereinbarkeitsprobleme von Männern.

Zusammenfassend lässt sich festhalten, dass Männer in der Gleichstellungspolitik bisher meist nur in dem sozialen Stereotyp des Ernährers mitbedacht sind, der sich der Gleichstellungspolitik in den Weg stellt.«

Eine Frage bleibt unbeantwortet: Geht es den Parteien, den Verbänden wirklich um eine eigene Väterpolitik oder werden Väter verschluckt von der sogenannten Familienpolitik?

Im April 2010 wurde das Grüne Männermanifest »Nicht länger Machos sein müssen« veröffentlicht. Auch darin wird für eine neue Sicht auf den Mann geworben:

»Es ist weder schlau noch gut, Menschen lediglich eindimensional in wirtschaftliche Wachstumsprozesse einzubinden. Familienleben und soziales wie gesellschaftliches Engagement sind gerade für Männer eine Möglichkeit, an einem qualitativen Wachstum mitzuwirken. Vernetztes Denken, ganzheitliche Bildung und Kreativität können sich nur vollends entfalten, wenn Menschen alle Lebensbereiche gemeinsam gestalten. Das Ende der Rollenaufteilung ist auch wirtschaftlich notwendig, denn ein Ende der Ungleichbehandlung führt für alle Beteiligten zu einer größeren Zufriedenheit.«[47]

Diese »wirtschaftliche Notwendigkeit«, den Arbeitnehmer als Vater zu akzeptieren, scheint sich noch nicht wirklich herumgesprochen zu haben.

Ich habe einen Traum

Die Suche nach dem »Super-Papa« war doch aufschlussreicher, als ich anfänglich dachte. Vater sein ist ebenso facettenreich wie Mutter sein, daran besteht kein Zweifel.

Ob es Ihnen jetzt, am Ende dieses Kapitels, als Vater besser geht? Finden Sie sich hierin wieder oder sind Sie der Meinung, dass Ihre eigene Situation ganz anders ist? Das kann gut sein, denn niemals sind zwei Väter gleich.

In einem kleinen regionalen Familienmagazin übernahm ein Mann die Gestaltung eines Schwerpunktheftes zum Thema Vater.

Als Einführung schrieb er:

»Väter gibt es in zwei wunderbaren, aber schwer zu handhabenden Ausführungen: den alleinerziehenden Wollsockenträger mit Vorliebe für Matetee und den Business-Papi, der regelmäßig Schulaufführungen, Geburtstage oder das erste Golfturnier seines Sprösslings verpasst … Oder gibt es da noch was anderes?«[48]

Klar gibt es auch diese Klischees vom Vater. Neben vielen anderen. Gemeinsam ist ihnen allen, dass sie immer die Realität durch ein Brennglas übersteigert darstellen.

Abschließend reiche ich Ihnen eine Einschätzung von »Vater zu Vater« weiter. Der Schauspieler Jan Josef Liefers, Vater von vier Kindern, betont die Notwendigkeit, als Mann einen eigenen Zugang zu den Kindern zu finden:

»Ein guter Vater ist meiner Meinung nach einer, der zupackt und sich traut, sein Kind auf seine Art zu entdecken. Kein Feigling, sondern jemand Eigenständiges, der sich nicht von der Mutter einschüchtern oder über den Mund fahren lässt. Männer sind bequem und lassen sich deshalb zu viel aus der Hand nehmen.«[49]

Also, greifen Sie zu! Nehmen Sie diese Ausführungen einfach als Unterstützung für die Klärung Ihres eigenen Vaterbildes. Lassen Sie sich nicht mehr ständig kritisieren, sondern entwickeln Sie sich weiter; Schritt für Schritt in Ihrem eigenen Tempo und auf Ihre ganz eigene Art!

Vater werden, ein »guter« Vater sein und lebenslang der Vater für die eigenen Kinder zu bleiben – so wünschen es sich fast alle Väter, mit denen ich sprach. Ihr Anspruch an sich selbst ist sehr unterschiedlich. Doch eines verbindet sie: »Ich möchte, dass meine Kinder später mal gern an die Jahre mit mir zurückdenken und sagen: ›Mein Vater, der war okay.‹«

Familienleben
und Beruf

Die verzweifelte Suche nach einem Krippen- oder Kitaplatz wird öffentlich sichtbar durch Anschläge an Bäumen oder Straßenlaternen. Mütter und Väter werden in ihrer Not dabei immer erfinderischer.

In Hannover las ich: »Hilfe, wir suchen einen Krippenplatz für unseren zweijährigen Sohn. Er ist pflegeleicht und anspruchslos. Erbitten dringend Hinweise unter …«

In Berlin fand ich folgende Formulierung am Schwarzen Brett eines Supermarktes: »Ich heiße Melanie, bin ein Jahr alt und möchte so gern mit anderen Kindern spielen. Gibt es eine Gruppe, die ein selbstbewusstes Mädchen wie mich aufnehmen will? Meine Mama ist mit den Nerven am Ende und bald bin ich es auch.«

In München verteilte ein Vater vor einem Kaufhaus farbige Handzettel: »Jan ist fast drei Jahre und will endlich mit anderen Kindern spielen können und ich will endlich wieder eine zufriedene Ehefrau, die wieder arbeiten gehen will. Deshalb suchen wir dringend einen Platz in einer Spielgruppe. Helfen Sie uns suchen und wir laden Sie zum 5-Gänge-Menü ein!«

Verzweifelte Eltern preisen ihre Kinder an wie Schnäppchen im Supermarkt. Das Stimmungsbarometer sinkt unter den Nullpunkt.

Neulich bekam ich unfreiwillig ein Telefonat mit, das eine Frau in der Zug-Sitzreihe vor mir führte. Erst vernahm ich nur

Wortfetzen, dann aber wurde ihre Stimme laut: »Einen Krippenplatz zu suchen, das ist ja noch frustrierender, als auf Wohnungs-
suche zu sein. Wir stehen jetzt auf der Warteliste auf Platz 53, sagt
die Kindergartenleiterin. Stell dir das mal vor, bis wir dran sind,
ist Tobias ja schon schulreif!«, empörte sie sich am Handy. Und
sie stellte die nicht abwegige Frage: »Wozu habe ich eigentlich
einen Beruf gelernt, wenn ich mein Kind nicht versorgt kriege?
Da hätte ich ja gleich Hausfrau werden können!«

Treffend beschreibt Tobias Kniebe die Suche nach einer Tages-
unterbringung für Krippenkinder und fragt sich, weshalb die
»konservativen Kräfte« vehement gegen deren Ausbau argumentieren: »Krippenplätze [...] verändern die Rezeption des Eltern-
gefühls im Kleinhirn. Sie höhlen das traditionelle Bild der Familie
genauso aus wie Heroin den Körper von, sagen wir, Keith
Richards.«[1] Und mit der Wut der Verzweiflung macht er den »re-
gierenden Parteien« ein skurriles Angebot: »Ihr gebt uns Krippenplätze, so viele wir wollen, und wir sorgen dafür, dass auch
nach unserem Tod noch jemand da ist, den ihr regieren könnt.
Versprochen.«

Es ist schon ein Skandal: Es fehlt trotz eines Rechtsanspruchs
auf einen Kindergartenplatz, der seit 1996 gilt, in Deutschland
überall an Tagesbetreuungsplätzen für Kinder. Er gilt für jedes
Kind im Alter vom vollendeten dritten Lebensjahr bis zum Schul-
eintritt und bezieht sich, in der Regel, auf einen Halbtagsplatz. 13
Jahre später trat zum 1. Januar 2009 das Gesetz zur Förderung
von Kindern unter drei Jahren (U3-Plätze) in Tageseinrichtungen
und in der Kindertagespflege (Kinderförderungsgesetz – KiFöG)
in Kraft.

Die Realität in den bestehenden Kindertageseinrichtungen
verdeutlicht noch ein weiteres Problem: Ein Vater, der selbst in der
Personalabteilung einer großen Firma tätig ist, stellte auf einem
Elternabend die Frage: »Wenn ich sehe, wie wenig Personal hier
in der Kita für die vielen Kleinen zuständig ist, dann frage ich

mich: Wo sollen die Erzieherinnen für die neuen Einrichtungen herkommen?« Dieser Vater forderte »inhaltliche Qualität, längere Öffnungszeiten, kleinere Gruppengrößen« und löste mit diesem – sehr berechtigten – Wunsch bei den anderen anwesenden Eltern nur ein müdes Lächeln aus, nach dem Motto: »Ich bin froh, dass ich überhaupt einen Platz für meine Tochter gefunden habe, mehr Ansprüche stelle ich lieber nicht …«

Auf Weiteres also betreuen viele Mütter (oder Väter) ihr Kind zu Hause, bis es in die Schule kommt. Und ohne Hortplatz dann weitere Jahre, vielleicht in einem Teilzeitarbeitsverhältnis, bis die Tochter, der Sohn so selbstständig ist, dass sie/er nach der Schule allein zu Hause bleiben kann, bis die Eltern von der Arbeit kommen.

Der Ehemann verdient das Geld – Punktum!

Begleiten Sie mich zurück in die sogenannte »gute alte Zeit«, als die Mutter noch »glückliche Nur-Hausfrau« gewesen sein soll und der Mann – als Familienoberhaupt – abends zwar müde, aber glücklich im Sessel saß und seinen Blick stolz und zufrieden über das Familienidyll gleiten ließ …

Frauenarbeit wurde damals, vor 100 Jahren, für die »zölibatär« lebende Frau als Alternative zu Ehe und Mutterschaft akzeptiert oder galt als »notwendiges Übel«, wenn der Arbeitslohn des Mannes für das Überleben der Familien allein nicht ausreichte.

Junge, noch unverheiratete Frauen, die berufstätig sein wollten, mussten auf ernsthafte Konflikte mit ihrem potenziellen Ehemann gefasst sein. Dies verdeutlicht ein Leserinnenbrief an die Zeitschrift *Frankfurter Hausfrau* aus dem Jahr 1928:

»Seit einem dreiviertel Jahr bin ich verlobt. Bisher habe ich mich mit meinem Bräutigam immer ausgezeichnet verstanden, doch in letzter Zeit taucht eine tiefgehende Meinungsverschiedenheit auf. Ich bin natürlich berufstätig – wie die meisten jungen Mädchen heute – und liebe meine Tätigkeit sehr. Nicht nur des Geldverdienens wegen arbeite ich, sondern der inneren Befriedigung wegen, die mir der Beruf gibt. Mein Verlobter hatte auch für meine Arbeit stets großes Interesse und freute sich, daß ich eine Tätigkeit habe, die mir voll und ganz zusagt und auch meinem Wesen entspricht. Wir wollen nun in einem halben Jahr heiraten, und als wir näher über Wohnung, Einrichtung, überhaupt über die Zukunft sprachen, erklärte mein Verlobter mit einem Male, es sei natürlich selbstverständlich, daß ich meinen Beruf aufgebe und den Haushalt führen sollte. Ich war ganz fassungslos und lehnte das entschieden ab. Wir verdienen beide gut, können es uns also ohne weiteres leisten, eine Hausangestellte zu halten.«[2]

Wie wurden solche Konflikte damals wohl gelöst? Gab die Frau nach oder löste sie die Verlobung? Der Verlobte ging ja nicht nur selbstverständlich davon aus, dass sie ihm den gemeinsamen Haushalt führt. Sicher gehörte zu seinen Erwartungen auch die baldige Mutterschaft »seiner« Ehefrau.

Konnten Frauen damals überhaupt so wagemutige Pläne schmieden? Auf die auch damals aktuelle Frage »Wohin mit dem Kind?« wurde in den 1920er-Jahren ebenso verzweifelt nach praktischen Antworten gesucht wie heute. Und entsprechende Forderungen an die Politik gab es auch:

»Für Frauen mit Familienpflichten sind entsprechende Einrichtungen, Dienste und Hilfen in ausreichendem Maße zur Verfügung zu stellen, die es ihnen erleichtern, ihre beruflichen und familiären Pflichten zu erfüllen. Die Gesellschaft ist dazu verpflichtet, da es sich hier nicht nur um Probleme der arbeitenden Frauen, sondern um Probleme der Familien und der Gesellschaft in ihrer Gesamtheit handelt.«[3] Dieses Zitat stammt aus dem Jahr 1929!

In den 1950er-Jahren arbeiteten die Mütter, weil sie arbeiten

175

gehen mussten. Nicht der Traumjob motivierte sie, sondern die blanke finanzielle Not. Und die arbeitende Frau schuftete tagaus, tagein.

So sah der Frauenalltag im Jahr 1958 für eine Industriearbeiterin mit einem Kind aus: Der Tagesablauf bestand aus 17 Stunden Arbeitszeit und sieben Stunden Schlaf.

»Morgentoilette und Herrichten des Frühstücks: ½ Stunde. – Täglicher Arbeitsweg zweimal je 1 ½ Stunden: 3 Stunden. – Arbeitszeit in der Fabrik: 8 Stunden. – Mittagspause: ½ Stunde. Einkaufen am Abend: 1 Stunde. – Kochen, Abendessen, Abspülen, Aufräumen: 2 Stunden. – Beschäftigung mit dem Kind: 1 Stunde. – Näharbeiten, Waschen, Flicken: 1 Stunde.«[4]

Der tägliche Zeitplan vieler Vollzeit arbeitender Mütter unterscheidet sich heute nicht wesentlich vom Alltag vieler berufstätiger Mütter vor 50 Jahren!

Das Idealbild damaliger Familienkonstellation, in der die Mutter zur Hausfrauen-Mutter wird und der allein erwerbstätige Mann für die finanzielle Absicherung »seiner« Familie sorgt, hatte für Frauen auf lange Sicht weitreichende Konsequenzen. Er verdiente Geld, sie »verwaltete« die Haushaltskasse. Bei genauerer Betrachtung der finanziellen Abhängigkeit der Ehefrau vom Ehemann sieht es rückblickend ganz schlecht für Frauen aus. Genau genommen musste (und muss) eine Frau kinderlos bleiben, wenn sie ein einigermaßen ausreichendes Lebenserwerbseinkommen erzielen wollte (und will).

Die folgenden Zahlen belegen: Frauen, in Westdeutschland der Geburtsjahrgänge 1936 bis 1955, die Mütter wurden, sind im Alter finanziell sehr viel schlechter dran als ihre Geschlechtsgenossinnen, die in Ostdeutschland Kinder bekamen. In Westdeutschland erzielten berufstätige Mütter nur 43 Prozent des Lebenserwerbseinkommens der Männer, die ja auch Väter waren. Ausschlaggebend für das Geld, das am Ende für die Frauen herauskam, war die Anzahl der Kinder. Je größer die zu versorgende

Kinderzahl war, desto ärmer waren (sind) diese Mütter als Rentnerinnen. Am Ende ihres Erwerbslebens verfügten westdeutsche Frauen mit einem Kind über 58 Prozent, Frauen mit zwei Kindern über 43 Prozent und Frauen mit drei Kindern sogar nur noch über 30 Prozent des versicherungspflichtigen Lebenserwerbseinkommens kinderloser Frauen.[5]

Was waren die Gründe für diese finanzielle Abhängigkeit der Mütter von ihren Ehemännern? Sie unterbrachen für längere Zeit ihre Berufstätigkeit, arbeiteten später in Teilzeitjobs. Wie viele Mütter heute auch. Und diese Dynamik führt zu einer wesentlich geringeren eigenständigen Alltagsversicherung als bei Männern. Nur: Darüber dachten weder die meisten Mütter noch die meisten Väter nach. Das heraufbeschworene Bild der mütterlichen Allzeitverfügbarkeit trübte den Blick. Ja, mehr noch:

»In einer 1958 in Westdeutschland durchgeführten Umfrage befürworteten 55 Prozent der Männer und 61 Prozent der Frauen (!) die Einführung eines Gesetzes, das Müttern mit Kindern unter 10 Jahren die Erwerbsarbeit verbot. Nur 9 Prozent hatten keine Bedenken gegen die Erwerbsbeteiligung von Müttern.«[6]

Die über Jahrzehnte anhaltende Vollzeiterwerbstätigkeit der Mütter in der DDR, egal, ob mit einem oder drei Kindern, spiegelt sich heute in ihrer wesentlich höheren Rente wieder. 2003 erhielten ostdeutsche Frauen im Durchschnitt 70 Prozent der Rente der Männer, westdeutsche Frauen nur knapp 50 Prozent.

In einer Bayern 2-Rundfunksendung des »Notizbuchs« aus dem Jahr 1961 wurde ein Mann interviewt, dessen Ehefrau berufstätig war. Der Mann erklärte auf Nachfrage, dass seine Frau nicht bereit sei, ihre Arbeit ganz aufzugeben, obwohl er gut verdiene. Als die Journalistin vorsichtig fragte, ob ihn die Berufstätigkeit der Frau stören würde, antwortete er: »In einem Haushalt entsteht eine ganze Menge Arbeit und die leidet darunter. Es stört mich nicht, dass sie arbeitet, sondern dass sie nicht mehr die Energie für den Haushalt mitbringt!«[7]

Im Kapitel über die »gute« Mutter wurde dargelegt, wie hoch die gesellschaftliche Erwartung an eine Mutter war: permanente Verfügbarkeit für Kinder und Ehemann. Wer sprach da schon von Geld, gar von Alterssicherung? Das Stichwort von der ökonomischen Unabhängigkeit wurde erst in den 1970er-Jahren von jungen Frauen in klare Forderungen umgesetzt: Nur Vollzeit beschäftigte Frauen werden im Alter einigermaßen frei von Abhängigkeiten leben können!

Mitte der 1980er-Jahre erschien das Ergebnis einer von der Frauenzeitschrift *Brigitte* in Auftrag gegebenen Studie mit dem schlichten Titel »Der Mann«. Gefragt wurde auch damals, inwieweit sich Partnerschaft und Hausarbeit in den Ehen vereinbaren lassen. Offenbar erwarteten Männer vor 35 Jahren nicht mehr, dass ihre Partnerinnen Nur-Hausfrauen waren: »Das ›Heimchen am Herd‹ ist passé. Der Entscheidungsautonomie der Frau messen sie einen hohen Stellenwert bei. Die selbständige Frau, die weiß, was sie will, ist gewünscht.«[8]

Die Studienergebnisse ergaben aber auch: »Probleme mit der Emanzipation haben die Männer dann, wenn die ›Selbständigkeit‹ der Frau sich auch gegen sie zu wenden droht, Forderungen an sie gestellt und Interessen gegen sie durchgesetzt werden.«

Auch wenn in den 1980er-Jahren der Anteil der Männer, auf die ihre Frauen in der Kinderbetreuung zählen können, zunahm, sah es doch bei der Mithilfe der Männer an Haushaltstätigkeiten weiterhin schlecht aus: »Auch dort, wo ein Viertel oder ein Drittel der Männer von ›Mithilfe‹ redet, gibt es immer noch ein erhebliches Ungleichgewicht. Selbst in dem Bereich mit den höchsten Beteiligungsraten des Mannes – dem Einkauf – ist es gerade jeder Vierte, der genauso häufig oder häufiger die Arbeit macht.[...] Beim Abwaschen bleibt am Ende noch vielmehr an den Frauen hängen. Und mit Bügeln und Nähen wollen Männer überhaupt nichts zu tun haben.«[9]

Der Fairness halber sollte bedacht werden, dass Jungen damals und auch heute noch in den meisten Familien und Schulen weder Bügeln noch Nähen gelernt haben.

Es ist gleichermaßen unüblich gewesen, dass die Partnerinnen jener Zeit (und auch heute) wie selbstverständlich die heimischen Handwerksdienste übernehmen, den Rasen mähen oder sich unter das Auto legen, wenn es streikt.

Als wäre die Zeit stehen geblieben, finden wir in der im Jahr 2008 veröffentlichen Studie »Innerfamiliale Arbeitsteilung als Prozess. Die Veränderung der Arbeitsteilung im Beziehungsverlauf« die immer noch gleichen Fragestellungen, wie sie im Leserinnenbrief von 1928 und in der *Brigitte*-Studie thematisiert worden sind. Befragt wurden in der aktuellen Studie 14 Paare, Frauen und Männer getrennt, denn die »Entscheidung, ob ein (und gegebenenfalls welcher) Partner (Mann, Frau oder beide) seine Berufstätigkeit reduzieren oder zeitweilig aufgeben wird und wie die alltägliche Verantwortung für das Kind geteilt werden kann, ist insbesondere bei Paaren mit egalitären Rollenvorstellungen und ähnlichen beruflichen Ausgangssituationen aus theoretischer Sicht häufig unklar«.

Vielleicht ist es auch für Sie als Mutter, als Vater, als Elternpaar erhellend, sich diese Fragen jetzt zu stellen. Wie lebten Sie als Frau, als Mann, bevor Sie Eltern wurden (berufliche und private Situation)? Wie sahen Ihre Pläne und Wünsche in Bezug auf die Vereinbarkeit von Berufstätigkeit, Haushaltsarbeit und Kinderbetreuung aus? Und später, mit Kind(ern)?

In der genannten Studie wurden die Paare etwa ein halbes Jahr nach der Geburt ihres ersten Kindes noch einmal befragt: Was blieb von den egalitären Plänen »Wir machen das gemeinsam, wir schaffen das zusammen …« übrig? Welche unterstützenden oder hinderlichen Rahmenbedingungen waren dabei relevant? Und nicht zuletzt: Wie erleben die jungen Väter und Mütter ihre derzeitige Situation subjektiv? Ergänzend wurde nun aber nachgefragt, wie ihr Leben sich in der Realität gestaltet: Kamen sie konfliktfrei (oder zumindest konfliktarm) mit der Alltagsgestaltung, der Arbeitsteilung im Haushalt, der Kinderbetreuung zurecht, so wie sie es sich theoretisch vorgenommen hatten?

»Während vor der Geburt des ersten Kindes beide Partner berufstätig sind und sich die Hausarbeit tendenziell eher partnerschaftlich aufteilen, verschieben sich diese Muster bei den meisten unserer untersuchten Paare nach der Geburt des ersten Kindes deutlich. Die Auswertungen der qualitativen Interviews zeigen, dass sich die Paare nach der Geburt des ersten Kindes die Arbeiten eher traditionell aufteilen. Die Männer konzentrierten sich verstärkt auf die Erwerbstätigkeit und die Frauen auf die Hausarbeit und Kinderbetreuung. Dabei ist es interessant zu sehen, dass diese Entwicklungen in der Regel von den befragten Paaren bereits vor der Geburt antizipiert wurden. In den meisten Fällen schätzen sowohl Männer als auch Frauen die beruflichen und privaten Konsequenzen des Übergangs zur Elternschaft recht gut ein. Nur wenigen Paaren gelingt es offenbar, an einem partnerschaftlichen Arbeitsteilungsmodell festzuhalten und den Traditionalisierungstendenzen zu widerstehen.«[10]

Wie soll dies auch gelingen, wenn der junge Vater nun als Vollzeit berufstätiger Alleinernährer der Familie die meisten Stunden des Tages außer Haus verbringt?

Wie sehr engagierten sich die Partnerinnen im Haushalt, bevor sie Mutter wurden? Und: Verbringen Frauen grundsätzlich deutlich mehr Zeit mit haushaltsnahen Tätigkeiten als Männer?

An Sie, liebe Mütter und Väter, sei folgendes Forschungsergebnis weitergegeben. Untersucht wurde das Verhalten im Haushalt von kinderlosen Frauen im Vergleich zu Müttern:

»In puncto Hausarbeit unterscheiden sich beide Gruppen: Spätere Mütter verbringen bereits zu Beginn ihrer Ehe mehr Zeit mit Putzen, Kochen und Waschen als die kinderlosen Frauen. Hier zeigt sich ein signifikanter Unterschied: Die späteren Mütter investierten in diesen Bereich rund 45 Minuten pro Tag mehr als die kinderlosen Frauen. Dies kann als Indikator dafür interpretiert werden, dass bereits vor dem Übergang zur Elternschaft bei den späteren Müttern ein traditionelleres Rollenverständnis vorherrschte, als dies bei kinderlosen Frauen der Fall war.«[11]

Diese Interpretation finde ich allerdings etwas einseitig, denn werden nur Frauen, die ein »traditionelles Rollenverständnis« verinnerlicht haben, Mütter? Oder waren zufällig nur diese Frauen zur Teilnahme an dieser Studie bereit?

Immer full speed – immer am Rennen ...

Oftmals haben berufstätige Eltern weite Anfahrtswege. Sie sind in öffentlichen, überfüllten Verkehrsmitteln unterwegs, sie stehen zur Rushhour ewig im Stau auf der Autobahn. Dagegen wird für den täglichen Einkauf meist weniger Zeit verbraucht als in der Generation zuvor. Die Eltern fahren am Samstag zum Wocheneinkauf in den großen Supermarkt; Vorratseinkäufe sind heute dank Kühlschrank und Gefriertruhe möglich. Die sogenannten Regelarbeitszeiten werden zunehmend verlängert. So summieren sich unbezahlte Mehrarbeiten und werden widerstandslos hingenommen, denn besonders Väter – als Alleinernährer – fürchten den Verlust des Arbeitsplatzes. Sowohl Personalengpässe als auch die wie selbstverständlich erwartete Solidarität mit dem Arbeitgeber treffen Eltern besonders hart.

Der Wunsch, in der Familie genügend gemeinsame Zeit miteinander zu verbringen, also das ursprüngliche Idealbild der Familiengründungsphase auch zu leben, bleibt dann immer häufiger auf der Strecke. Und dann wird am Frühstückstisch – wenn diese morgendliche Zeit überhaupt noch gemeinsam verbracht werden kann – organisiert. Von Woche zu Woche gibt es eine aktuell zu regelnde Wochen(ver)planung.

Mütter oder Väter, die ihre Kinder nach Dienstschluss aus Krippe oder Kindergarten abholen, kommen schon häufig gestresst in die Einrichtungen. »Ich kam einfach nicht weg; ich musste meine Arbeit noch termingerecht abgeben; eine Kollegin ist erkrankt; der Bus hatte Verspätung …«

Dies sind keine »billigen Ausreden« trödelnder Eltern, sondern Tatsachen. Mal dauert die Übergabe der Kasse an die Kollegin länger als geplant, mal kam die Schichtwechsel-Kollegin zu spät, mal streikte der Drucker im Büro. »Immer sitzt mir die Uhr im Nacken, immer habe ich Angst, mein Kind könnte als Letztes weinend in der Tür stehen …!« Diese Sorge treibt viele Mütter und Väter um.

Dieser Problematik widmete sich ein Feature des Bayerischen Rundfunks im April 2010. Das Ergebnis ist erschütternd:

»Nur noch 16 Prozent aller berufstätigen Menschen arbeiten zu sogenannten regulären Arbeitszeiten, meint der Arbeitsforscher Prof. Günter Voß von der TU Chemnitz: ›Sie fangen wie Industriearbeiter ganz früh an, oder sie haben Gleitzeit in unterschiedlichsten Formen, oder sie arbeiten nachts – klassisch oder weil sie in Projekten sind, wo man die Nacht durchmachen muss.‹ Arbeit und Privatleben lassen sich heute nicht mehr so klar trennen wie bei der sogenannten ›fordschen Normalfamilie‹ der 1960er-Jahre. Das hat Auswirkungen auf das gesellschaftliche Leben von Menschen, aber auch auf den familiären Alltag.«[12]

Familienleben wird zum Über-Leben mit ständig neuen Absprachen. Und wenn Mutter und Vater sowieso schon genervt sind, ein dauerhaft schlechtes Gewissen haben, weil das Kind, die Kinder zu kurz kommen, sich vernachlässigt fühlen und temperamentvoll auf sich aufmerksam machen, dann ist von Liebe, Glück und Zufriedenheit in der Familie nichts mehr zu spüren.

»Die Forscher sprechen von der ›Herstellungsleistung Familie‹. Die negative Seite: Sogenannte Stand-by-Gespräche, spontane Begegnungen, um über den Streit im Hort oder die schlechte

Mathe-Probe zu reden, finden sehr viel weniger statt. Die Begleit-wege werden zur aktiven Familienzeit.«

Sozialforscherin Dr. Michaela Schier, die für das Deutsche Ju-gendinstitut die Studie »Entgrenzte Arbeit, entgrenzte Familie« mitverfasst hat, stellte aber fest: »Auch wenn die Eltern beruflich sehr eingespannt sind, würden sie möglichst wenig an der Zeit für ihre Kinder sparen. Eher kämen sie selbst oder der Partner zu kurz.«[13] Dieses Untersuchungsergebnis sollten sich all die, die Müttern und Vätern Vorwürfe machen, gut merken!

Miteinander unterwegs sein, gemeinsam den Busfahrplan studieren, den Einkaufswagen vom Kind schieben lassen und da-bei die Farbenpracht von Obst und Gemüse bewundern, das Kind mit in die Autowerkstatt nehmen ... Werden diese Aktivitäten als Begleitwege abgewertet? Ist es nicht mehr normal, dass Kinder ihre Mütter und Väter begleiten und ihnen dadurch auch das Fenster zur Welt geöffnet wird? Begleitwegen mangelt es nicht grundsätzlich an emotionaler und intellektueller Qualität! Kinder brauchen Anregungen vielfältiger Art und Weise. Die nach außen verlagerte Betreuung in Kitas bietet diese Abenteuer des prakti-schen Lebens nicht.

Immer wieder geht es in meiner Tätigkeit als Referentin auf Elternabenden in Kindertageseinrichtungen um das alltägliche Spannungsverhältnis, in dem sich Mütter und Väter befinden: Be-ruf, Familie, eigene Person. Sie fragen: »Wie werde ich das los, das ewig schlechte Gewissen?« und berichten: »Ich bin ständig hin und her gerissen zwischen Kind und Arbeitsplatz. Und mit meinem Mann streite ich um Kleinigkeiten.«

Ist es nicht absurd, dass unsere Parteienvertretungen, unsere Kirchen ein ständiges Loblied auf die Kleinfamilie singen und ge-rade diese Familienlebensform so in die Enge getrieben wird? Über die vielen Scheidungen wird der Kopf geschüttelt, überfor-derten Eltern wird die Fähigkeit der elterlichen Fürsorge abge-sprochen.

Mütter sehnen sich danach, »mal selber richtig krank zu sein, damit dann endlich niemand Ansprüche an mich stellen kann«. Wenn eine Teilnehmerin eines Elternabends ausruft: »Ach könnte ich doch mal einen Tag nur machen, was ich will!«, dann macht sich regelmäßig Resignation im Raum breit.

Den Vätern ergeht es kaum anders. Auch sie leben dauernd mit einem schlechten Gewissen, auch sie verbringen so viel Zeit wie möglich mit Frau und Kindern. Doch sie sprechen nicht so offen über ihren Frust.

Hierzu eine Begegnung, die schon mehrere Jahre zurückliegt. An einem Sommertag lief ich um die Mittagszeit eine breite Straße entlang. Der seitliche Grünstreifen war durch kleine Geländer begrenzt. Ein Stück vor mir sah ich einen jungen Mann auf dieser Umrandung hocken. Er hielt die Hände vor seinem Gesicht. Als ich nah herankam, hörte ich ihn schluchzen. Erstaunt ging ich langsam auf ihn zu. Er bemerkte mich nicht, war so verzweifelt am Weinen, dass ich mich neben ihm auf dem Geländer niedersetzte und ihn vorsichtig ansprach. Er begann zu erzählen: Als Bühnenbildner am Theater hatte er in letzter Zeit ständig Überstunden gemacht, alle neuen Ideen des Vorgesetzten ausgeführt und war heute davon ausgegangen, dass er bei diesem schönen Wetter seinen Sohn vom Kindergarten abholen und mit ihm zum Schwimmen gehen kann. »Aber plötzlich hatte mein Chef eine neue Idee und bestand darauf, dass ich bleibe und alles wieder umwerfe, was wir seit Tagen gebaut haben. Ich kann nicht einfach gehen, das geht nicht.« Also hatte er seine Frau angerufen, mitgeteilt, dass er länger arbeiten muss. Sie »war völlig aus dem Häuschen, hat eine Szene gemacht, mir vorgeworfen, dass mir der Junge ganz egal ist«. Und dann habe sie das Gespräch abgebrochen. »Jetzt bin ich einfach rausgerannt, ich kann nicht mehr, ich will nicht mehr!«

Ich blieb neben ihm sitzen und wir sahen den vorbeifahrenden Autos hinterher. Als der Mann wieder tief durchatmen konnte, sah er mir erstmals direkt ins Gesicht. »Ich habe mich noch nie so gehen lassen, entschuldigen Sie. Aber es tut so gut, einfach mal den ganzen Frust rauszulassen. Jetzt werde ich zurückgehen und sagen, dass ich nicht mehr kann. Ja, das tue ich!«

Wir verabschiedeten uns und er lief los. Was für ein Dilemma für Vater, Mutter und Kind! Sehnsüchte nach gemeinsamen Aktivitäten bleiben unerfüllt. Nicht aus Desinteresse der beteiligten Erwachsenen, sondern aufgrund beruflicher Notwendigkeiten. Familienfreundliche Arbeitsplätze sind in Deutschland rar.

Unter dem Titel »Das skandinavische Familienmodell (inkl. Finnland) – Vorbild für ganz Europa?« referierte 2007 Dr. Eva Häussling von der Rechtsabteilung der Deutsch-Schwedischen Handelskammer. Sie beschrieb eine so andere Sicht der Arbeitgeber auf ihre mitarbeitenden Mütter und Väter, dass ich Mühe hatte, diese Aussage als Wirklichkeit zu erfassen:

»Das System ›Skandinavien‹ funktioniert nicht nur, weil die gesetzlichen Grundlagen für eine gleichberechtigte Familienverantwortung vorhanden sind, sondern weil auch die Gesellschaft akzeptiert, dass Väter ihren Anteil an Kindererziehung leisten. Es ist selbstverständlich, dass Väter und Mütter Besprechungen vorzeitig abbrechen müssen, um ihre Kinder von der Tagesstätte abzuholen, oder dass Eltern mit ihren kranken Kindern zu Hause bleiben.«[14]

Berufstätige Mütter und Väter im Krimi – wie im richtigen Leben?

Ich bin ein Krimifan und habe im Laufe der Jahre festgestellt, dass in vielen Fernsehkrimis der zeitgemäße Kommissar ein oder mehrere Kinder hat. Er ist also ein berufstätiger Vater, mit Nachtschicht, ständiger Rufbereitschaft und eher magerem Gehalt – zumindest, wenn er deutscher Kommissar ist.

Sind diese Sonntagabendfilme realen Vätern und Müttern ein Vorbild im Kampf um die Vereinbarkeit von Familie und Beruf?

Die »Tatort«-Kommissare leben eher getrennt von Kindsmutter und Kind, Ehefrauen sind als Mitspielerinnen nicht verfügbar, private Wohnumgebungen und persönliche Interessen, gar gemeinsame Mahlzeiten mit der Familie kommen nicht ins Bild. Wir erfahren nur ab und zu, ob und, wenn ja, wie sie mit der privaten Familienkonstellation zurechtkommen.

Da gibt es den Berliner Tatort-Kommissar Felix Stark (Boris Aljinovic). »Als alleinerziehender Vater eines Sohnes verbietet er sich zu offensives Flirten, ein Held des Alltags, ein starker Organisator, der weiß, Prioritäten zu setzen.«[15] Dessen Sohn tauchte ab und zu mal auf: Er musste zum Beispiel früher von der Schule abgeholt werden. Nach einigen Drehbuchjahren ist der Sohn in die Pubertät gekommen, der Vater wartet nachts, allein auf dem heimischen Sofa sitzend, auf sein Eintreffen.

Der Münsteraner Kommissar Frank Thiel (Axel Prahl) kam als Trennungsvater ins Spiel. Frau und Kind sind ausgewandert. »Frisch geschieden und ohne Führerschein hat sich Hauptkommissar Frank Thiel aus Hamburg nach Münster versetzen lassen. Er ist jetzt Anfang 40 und gern Polizist. Das kann allerdings sein Vater, ein Alt-68er Taxifahrer, nicht nachvollziehen. Von dem ›Verein‹, bei dem sein Sohn die Brötchen verdient, will der in die Jahre gekommene Revoluzzer nichts wissen.« Hier haben wir es mit einer etwas anderen Vater-Sohn-Konstellation zu tun, denn Thiel muss seinen kiffenden Vater immer wieder zur Ordnung rufen. Eine originelle Variante. Vom eigenen Sohn ist nie wieder die Rede.

Kommissar Freddy Schenk (Dietmar Bär) in Köln hat Frau und Kinder. Er ist der Inbegriff des Familienvaters mit ständig schlechtem Gewissen und explosiven Reaktionen, wenn Mädchen missbraucht und ermordet werden. »Weil er so viel arbeitet und deshalb weniger zu Hause ist, gibt es immer häufiger Ärger mit seiner Frau, den er meistens am Telefon zu schlichten versucht. Seine beiden Töchter sieht er mit gemischten Gefühlen zu jungen Frauen aufwachsen.«

2005 schied der Saarbrücker Tatort-Kommissar Max Palu (Jochen Senf) aus. Wie ihn »rausschreiben«? Hier die Antwort: »Auch privat steckt Max Palu in der Krise, steht kurz vor der Trennung von Lebensgefährtin Margit. Er, der im Mordfall Schneider mit einer zerfallenden Familie konfrontiert wird, wird sich bewusst, wie zerrissen seine eigenen Familienbande sind. Er muss sich entscheiden, beruflich und privat, in seinem letzten Fall.« Beziehung oder Karriere, das war hier das zu lösende Problem.

Irgendwie scheinen mir deutsche Kommissare immer selbst auf der Flucht vor dem Leben zu sein. Anders die Kommissare aus südlichen Regionen. In Venedig oder Triest leben sie mit Familie und privater Lebensqualität. So wohnt der Ermittler Commissario Laurenti mit Frau und Nachwuchs sehr harmonisch unter einem großbürgerlichen Dach. Als Familienvater nimmt er Anteil am Alltag seiner Kinder. Er, der »Chef der Triester Kriminalpolizei, ist gestresst: Seine eigenwillige Frau Laura will unbedingt in eine neue, ruhigere Wohnung ziehen, seine 18-jährige Tochter Livia möchte gegen den Willen des Papas an der Wahl zur ›Miss Triest‹ teilnehmen und sein Sohn Marco rast mit einer unversicherten Vespa durch die Stadt.«

Hier ein kurzer Dialog zwischen Commissario Laurenti und seinem fast volljährigen Sohn Marco. Der Vater steht in der Küche und werkelt vor sich hin. Der Sohn kommt hinzu und sagt im leicht überheblichen Tonfall seiner Altersgruppe: »Aber Papa, Ingwer raspelt man doch nicht …!« Laurentis Antwort: »Ich habe schon gekocht, da existiertest du noch nicht einmal als Bedrohung!«

Mich hat diese väterliche Reaktion sehr vergnügt und so erzählte ich den Dialog einigen Frauen, die mehrheitlich der Meinung waren, das sei »unmöglich«, »sehr unfreundlich«, »ausge-

187

sprochen gemein«. Männer reagierten überwiegend erheitert: »Der traut sich«, »Stimmt doch, dass die Halbwüchsigen sich im Ton vergreifen und eine gepfefferte Antwort brauchen«, »Den Satz muss ich mir merken«.

Auch der Kommissar aller Kommissare, der venezianische Commissario Brunetti, arbeitet zwar intensiv, aber immer gibt es Zeit für gemeinsame Mahlzeiten mit der Familie. Seine Frau ist intelligent und gern berufstätig. »Frau Brunetti ist des Commissarios Ehefrau. Sie liebt ihren Mann leidenschaftlich, aber auch ein saftiger Streit oder etwas Eifersucht gehören zum Ehe-Alltag. Chiara Brunetti ist die Tochter des Commissario: Natürlich Papas Liebling. Raffi Brunetti ist Brunettis Sohn. Er hat ein großes Herz.«

Für mich sind diese – nicht deutschen – Kommissare lebensfroher, lustvoller und besser geeignet als väterliche Vorbilder.

Seit Kurzem gibt es einen neuen Kommissar. Kein neuer Tatort-Kommissar, sondern wohl eher im Stil von Brunetti und Laurenti angedacht. Dieser französische Ermittler, Maurice LaBréa (Francis Fulton-Smith**)**, »ermittelt seit dem Tod seiner Frau in Paris, um Abstand von seinen Erinnerungen zu gewinnen. Jenny, die inzwischen 14-jährige Tochter LaBréas, wird immer erwachsener und interessiert sich schon länger nicht mehr nur noch für Fußball. Dabei leidet sie im Moment unter ihrem überfürsorglichen Vater, den sie durch ihren Charme immer wieder versucht, um den Finger zu wickeln. Der ist aber oft einfach nicht da oder nur am Telefon. Trotzdem gibt er dem jungen Mädchen Sicherheit.«

Hier sehen wir einen überbesorgten, einfühlsamen, bis zur Schmerzgrenze guten Mann, sodass ich mich frage, ob er den neuen alleinerziehenden Vater verkörpern soll. Laut Drehbuch gibt er sich »alle Mühe, ein guter Vater zu sein, auch wenn ihn das manchmal mehr fordert als sein Polizeidienst«. Die Väter Brunetti und Laurenti sind mir da lieber …!

Und die deutschen Kommissarinnen?

Als 2007 die NDR-Tatort-Kommissarin Charlotte Lindholm laut Drehbuch Mutter wird, ist sie in 37 Jahren Tatort die erste schwangere Kommissarin, eine späte Erstgebärende. Nicht nur das, sie wurde schwanger von einem verheirateten Mann, der als Lebenspartner für sie nicht infrage kommt. Die Idee zur Rollen-erweiterung stammte von der Schauspielerin Maria Furtwängler selbst. »Sie wollte im Film zeigen, dass ein Baby insgesamt eine Bereicherung für die Ermittlerin Charlotte Lindholm ist und kei-ne Hauptursache für Stress und Hektik. Furtwängler sieht darin durchaus auch einen gewünschten familienpolitischen Beitrag.«[16]

Diese »neue Rolle« kam lange nicht so gut an wie erwartet. In Internetforen kritisierten reale Mütter die »unnatürliche Müt-terlichkeit« der Kommissarin und in der Wochenzeitung *Freitag* kommentierte Matthias Dell:

»In einer der ersten Szenen erleben wir Lindholm privat, und zwar als sogenannte moderne Frau, was nichts anderes bedeutet, als seinen Mann zu stehen und dabei auch noch gut auszusehen. Hier geht alles zusammen: Frau Lindholm renoviert die Wohnung selbst, der – of course – jüngere Lover schneit mit belegtem Bröt-chen herein und wird, nun ja, beinahe vernascht, und irgendwo sitzt immer dieses Kind, das man nie für das Kind von Frau Lind-holm hält und das man auch nie selbst sein möchte, weil es eigentlich nur dazu da ist, zu zeigen, dass Frau Lindholm auch ›alleinerziehende Mutter kann‹, wie wir vom politischen Cam-paigning sagen.«[17]

Ein Gegenstück zu dieser Mutterfigur präsentiert die Bremer Kommissarin Inga Lürsen (Sabine Postel). Sie »ist bekennende Rabenmutter, geschieden und überzeugte Polizistin – Stöckel-schuhe trägt sie weder privat noch im Dienst«. Nun, die Tochter ist erwachsen geworden und Auseinandersetzungen gibt es im-mer wieder, wenn die Tochter nicht so will wie die Mutter.

Familienleben trotz Schichtarbeit?

Deutschland liegt im europäischen Vergleich auf Platz vier der Betriebe mit mindestens zehn Beschäftigten, in denen auch nachts, am Wochenende oder zu wechselnden Zeiten gearbeitet wird. Am meisten verbreitet sind Samstagsarbeit und wechselnde Arbeitszeiten, zum Beispiel Schichtdienst. Die Verbreitung derartiger »unüblicher« Arbeitszeiten betrifft also sehr viele Familien und hat massive Beeinträchtigungen familiärer Beziehungen und sozialer Aktivitäten zur Folge. Insbesondere Spät- und Nachtschicht sowie Wochenendarbeit erfordern ständige familiäre Absprachen.

Fernab aller Krimidrehbücher verhindert die Arbeitsbelastung der im Polizeidienst stehenden Männer und Frauen ein einigermaßen harmonisches Familienmiteinander. Die Universität Göttingen befragte mit Unterstützung der Forschungsstelle Arbeitsmedizin in Freiburg 112 von 18 000 niedersächsischen Beamten. Auch gesundheitlich wurde diese Gruppe unter die Lupe genommen. Das Ergebnis:

»Gewalt, traumatische Erlebnisse bei Verbrechen und Unfällen, 16-Stunden-Tage, Wechselschicht – die täglichen Belastungen machen eine Vielzahl der Polizisten krank. Dies wird nun erstmals durch eine Pilotstudie belegt. Dabei seien, mehr als in anderen Berufen, Schlaflosigkeit, Stress sowie kritische Befunde des Hör- und Sehvermögens und auch erhöhte Anzeichen eines Burn-out-Syndroms zutage gekommen, sagte die Leiterin der Studie, Astrid Heutelbeck. Insbesondere die Belastungen des täglichen Wechsels zwischen Früh-, Spät- und Nachtdienst seien so hoch wie in keinem anderen Beruf. Auffällig sei zudem der geringe Anteil verheirateter Polizistinnen und die deutlich höhere Scheidungsrate insgesamt.«[18]

Leider entsprechen demnach die Tatort-Inszenierungen der Realität wesentlich mehr als vermutet! Berechtigterweise fordert der Landesvorsitzende der Deutschen Polizeigewerkschaft, Thomas Kliewer:

»Die Polizei wird immer häufiger mit immer mehr Personal eingesetzt! Selbst an Heiligabend müssen deutlich mehr Polizisten als früher Dienst versehen, Silvester wird volle Stärke gefahren, an Himmelfahrt verhindern viele Polizisten, dass sich sinnlos Betrunkene prügeln. Dazu kommen Fußballeinsätze bis in die Amateurligen und viele Demos. Außerdem müssen Stadtfeste, Skater-Nächte, Marathonläufe, Konzerte und viele andere sogenannte Spaßveranstaltungen begleitet werden. Das alles lässt den Beruf immer belastender für die Polizisten und deren Familien werden. Die Kolleginnen und Kollegen schieben vermehrt an den Wochenenden Überstunden, bekommen kaum frei und können eigentlich nichts mehr mit der eigenen Familie planen. Überstunden können zeitnah kaum abgebaut werden und schon gar nicht an anderen Wochenenden. Und das, obwohl die Polizei das Label ›familienfreundlicher Betrieb‹ erworben hat.«[19]

»Familienfreundlichkeit« als Label sagt eben nicht immer etwas darüber aus, wie in der Berufspraxis mit der Unberechenbarkeit elterlicher Realitäten umgegangen wird. Die so vollmundig ständig von den Volksvertretern thematisierte Balance zwischen Familie und Beruf verkommt dann zur Sprechblase.

Vom Wirtschafts- und Sozialwissenschaftlichen Institut (WSI) der Hans-Böckler-Stiftung wurde im Jahr 2003 in Kooperation mit dem Bundesfamilienministerium und dem DGB die repräsentative Studie »Erwartungen an einen familienfreundlichen Betrieb« durchgeführt. 2 000 abhängig Beschäftigte mit Kindern und/oder mit pflegebedürftigen Angehörigen wurden nach ihren Erwartungen an einen familienfreundlichen Betrieb und ihren eigenen Erfahrungen befragt. Das Ergebnis:

»Diejenigen, die die Arbeitsbedingungen in ihrem Betrieb als nicht familienfreundlich einschätzen, sehen häufig familienfreundliche Arbeitszeiten als den Bereich mit dem größten Handlungsbedarf an. Diese Beschäftigten scheinen die Familienfreundlichkeit ihres Betriebes vor allem daran zu messen, inwieweit die

Arbeitszeiten mit ihren familiären Zeitarrangements in Einklang stehen.«[20]

Da es sich herumgesprochen hat, wie schwierig es im Alltag ist, Berufstätigkeit und Familienleben miteinander in Einklang zu bringen, erscheint eine große Anzahl von Fragen hierzu in Internetforen. Junge Frauen und Männer machen sich Gedanken über mögliche Konflikte, die auf sie zukommen, wenn sie eine Partnerschaft eingehen, gar ein Kind haben wollen.

Auf der Seite www.uni-protokolle.de, die Adresse für Studium, Ausbildung und Beruf, stellte eine junge Frau die Frage: »Mich würde interessieren, welche Erfahrungen Ihr gemacht habt bezüglich Schichtdienst und Partner/Familie, Hobbys, Freunde etc. Bin selbst im Schichtdienst tätig und weiß, dass es nicht easy ist, alles unter einen Hut zu bringen.«

Die zwölf Antworten waren für mich selbst aufschlussreich. Mir war gar nicht mehr bewusst gewesen, wo überall Frauen und Männer im Schichtdienst tätig sind: Rettungsdienst, Werkschutz, Lokomotivführer, Krankenhauspersonal, Bundeswehr, Hotelpersonal ...

Eine Antwort kam von einer »betroffenen Tochter«: »Mein Vater ist Polizist. Also 3-Schichtsystem und mein erster Freund hatte auch Schichtdienst. Was ich dazu sagen kann: Nein, danke. Das sieht man ganz deutlich immer in der Familie. So ein richtiges geregeltes Familienleben habe ich nicht gekannt. Wie auch – wenn der Vater Samstag, Sonntag immer arbeiten muss – nur einmal im Monat ein ganzes Wochenende frei hat. Und jetzt auch Weihnachten und Silvester arbeiten muss!«

Wie können Frauen und Männer in Schichtdienstberufen noch genügend gemeinsame Zeit miteinander verbringen? Ein User schrieb:

»Privat habe ich zum Glück eine sehr tolerante Ehefrau, die auch selber als Altenpflegerin so ihre Erfahrungen mit Schicht- und Wochenenddienst hat. Wir nutzen unsere gemeinsame Freizeit intensiver und an den freien Wochenenden sind wir nur für uns da.«

Welche Regelungen können die Vereinbarkeit von Arbeit und Familie im Schichtdienst erleichtern? Ständige Herausforderungen sind die Regel-Öffnungszeiten von Kita und Hort, sie kollidieren mit den Schichtzeiten. Väter können nicht an Elternabenden teilnehmen, die Freizeitaktivitäten der Kinder finden ohne sie statt. Wenn der Vater Spätschicht hat, wird der Kontakt zwischen ihm und seinen Kindern über Tage unterbrochen. Und wenn dann beide Elternteile im ständigen Schichtwechsel tätig sind, geht jedes kleine beruhigende Alltagsritual verloren:

»Wir reden ständig über Zettel auf dem Küchentisch miteinander. Und jetzt, wo die Kinder etwas größer sind, fangen sie auch schon damit an. Ich könnte ein Zettelbuch anlegen, immer das Datum draufschreiben und irgendwann als Zettel-Familien Tagebuch veröffentlichen. So sieht es nicht nur bei uns aus. Familienleben? Dass ich nicht lache ...« Diese Mutter arbeitet als Krankenschwester, ihr Mann ist bei der Bundesbahn angestellt.

Auf der Internetseite von »Beruf-und-Familie-Wiki« fand ich folgende Vorschläge für eine familiengerechte Schichtgestaltung:

»Planbarkeit, Verlässlichkeit (keine kurzfristigen Schichtplanänderungen) – Bevorzugung von Beschäftigten mit Familienpflichten bei der Auswahl bestimmter Schichten – Familienschicht: an feste Zeiten gebunden, nicht rotierend – Schichtpläne an familiäre Festzeiten anpassen (Schulbeginn, Hortzeiten ...) – Festlegung von Service- und Funktionszeiten – Festlegung von Frei-Fenstern – Schichtteams = zeitautonome Arbeitsgruppen mit selbstverantworteter Schichteinteilung – demografischer Faktor in den Schichtteams – Arbeitszeitkonten – flankierende Unternehmensangebote wie Kinderbetreuung.«[21]

Die Arbeiterkammer (AK) hat ein Heft für Menschen in Schichtarbeitsverhältnissen herausgegeben. In *Besser leben mit Schichtarbeit* werden ganz praktische Tipps für die Aufrechterhaltung der Familienharmonie gegeben. Abzurufen ist dieser Text unter www.arbeiterkammer.com/bilder/d13/Besser_leben_mit_ Schichtarbeit.pdf

Fliegende Mütter

Im Mai 2010 flog ich von Madrid nach München. Die übliche Begrüßungszeremonie, ich höre selten richtig hin. Doch dann realisierte ich: Eine Flugkapitänin und eine Kopilotin grüßen die Passagiere. Dies war mein erster, von zwei Frauen gesteuerter Flug! Ich genoss ihn sehr, denn vor mehr als 30 Jahren hatte ich in einem Vortrag zum Thema »Berufsvisionen von Mädchen« meinen Wunsch geäußert, dass es irgendwann selbstverständlich sein wird, in von Pilotinnen gesteuerten großen Flugzeugen zu sitzen! Nach der Landung konnte ich ins Cockpit gehen und den beiden jungen Frauen genau diese alte Vision erzählen. Sie freuten sich – und ich erst!

Zu Hause recherchierte ich und fand heraus, dass die Lufthansa allein 27 Pilotinnen unter Vertrag hat. Wie stressig ist dabei das Leben mit Kindern? »Damit auch für Verkehrsflugzeugführerinnen Beruf und Familie gut miteinander zu vereinbaren sind, schafft Lufthansa für die ›fliegenden Mütter‹ im Cockpit mit unterschiedlichen Teilzeitmodellen die passenden Arbeitsbedingungen.«[22]

Nüchtern muss aber festgestellt werden, dass Pilotinnen es sich gar nicht leisten können, mehrere Jahre aus dem Beruf auszusteigen, denn nach drei Jahren am Boden ist der Flugschein unwiderruflich weg. Die Lufthansa »hat die Wortneuschöpfung ›Kapitänin‹ extra von der Gesellschaft für deutsche Sprache absegnen lassen. Denn im Mutterhaus der 1955 gegründeten Fluggesellschaft sind Frauen in der Kanzel immer noch Exoten.«

Monika Rühl, die Beauftragte für Chancengleichheit der Lufthansa, ist zuständig für die Weiterentwicklung der Chancengleichheit für Männer und Frauen. Weshalb Männerförderung? Aus jahrelanger Erfahrung heraus stellt sie nüchtern fest:

»Wenn sich bei den Männern nichts tut, dann tut sich in quantitativer Hinsicht auch bei den Frauen nicht mehr allzu viel. Das heißt, auch Männer müssten eigentlich die Chance haben, sich für die Familie beziehungsweise für die Kombination Beruf und Familie entscheiden zu können, damit sich eben auch mehr Frauen in Führungsfunktionen entwickeln können. Wir haben damit aber noch ein kleines Kulturproblem. Wir haben dieses kulturelle Problem in unserer Gesellschaft und in den Unternehmen: Das ist ein Problem, das die Umsetzung dieser Idee bis heute in der täglichen Praxis nicht recht ermöglicht, obwohl das an sich faktisch bereits möglich wäre.«[23]

Frau Rühl betrachtet ihre Aufgabe fern jeder sozialromantischen Überlegung. Entsprechend pragmatisch stellt sie fest: »Die Frage, ob ein Land kinderfreundlich oder kinderfeindlich ist, ist eine philosophische Frage, aber jenseits dessen muss klar gesagt werden, dass die Rahmenbedingungen auf diesem Gebiet kontraproduktiv sind. Es ist ein volkswirtschaftlicher Wahnsinn, die Menschen erst hoch zu qualifizieren, um sie dann für drei Jahre in den Erziehungsurlaub nach Hause zu schicken. Denn wenn sie zurückkommen, sind sie wieder Neuanfänger.«

Elterliche Rechte und Pflichten dem Arbeitgeber gegenüber

Tina Groll entwickelte für DIE ZEIT einen Fragebogen[24] für Frauen und Männer, die als Berufstätige ein Kind erwarten oder schon Kinder haben: Was ist zu tun, welche Rechte und Pflichten können genutzt, müssen bedacht sein?

Angekreuzt werden konnte zu jeder dieser Fragen jeweils eine von drei möglichen Antworten. Sieben dieser Fragen stelle ich ans Ende dieses Kapitels. Sie müssen nicht raten, die richtige Antwort gebe ich Ihnen hier wieder:

Frage: Hurra, endlich schwanger – aber die Wirtschaftslage ist so schlecht und es stehen Entlassungen an. Der Job könnte gefährdet sein, wenn der Arbeitgeber jetzt davon erfährt. Ist die Arbeitnehmerin verpflichtet, den Arbeitgeber über die Schwangerschaft zu informieren?

Antwort: Ja, die Arbeitnehmerin sollte ihre Schwangerschaft mitteilen. Nach § 9 des Mutterschutzgesetzes darf der Arbeitgeber während der gesamten Dauer der Schwangerschaft und bis zu vier Monaten nach der Geburt nicht kündigen. Sie muss ihre Schwangerschaft auch zu ihrem eigenen Arbeitsschutz mitteilen.

Frage: Die Kinder sind krank und brauchen Betreuung zu Hause. Dürfen sich die berufstätigen Eltern beim Arbeitgeber krankmelden, um sich um ihre Kinder zu kümmern?

Antwort: Nein, sie dürfen sich nicht krankmelden, aber Eltern haben Anspruch auf eine unbezahlte Freistellung durch den Arbeitgeber und auf Krankengeld von der Krankenkasse. Das gilt allerdings nur, wenn das Kind jünger ist als zwölf Jahre und ein ärztliches Attest vorliegt.

Frage: Die Abteilungsleiterin hat ihr Wunschkind bekommen, aber möchte den Job nicht allzu lange ruhen lassen. Kind und Karriere – das möchte sie vereinbaren. Kann sie schon vier Wochen nach der Geburt an den Arbeitsplatz zurückkehren?

Antwort: Nein, das geht nicht. In Deutschland gilt acht Wochen nach der Geburt ein absolutes Beschäftigungsverbot. Nur vor der Geburt kann die Mutter freiwillig auf ihren Mutterschutz verzichten.

Frage: In der Firma gibt es immer mehr junge Eltern, die sich flexible Arbeitszeiten und mehr Teilzeitstellen wünschen. Können die Beschäftigten die Umgestaltung ihrer Arbeitsstellen bei ihrem Arbeitgeber einfordern, haben Eltern einen Anspruch auf Teilzeitarbeit?

Antwort: Ja, seit 2002 gibt es in Deutschland das Teilzeit- und Befristungsgesetz (TzBfG), das jedem Arbeitnehmer, der länger als sechs Monate bei seinem Unternehmen arbeitet, den Anspruch auf eine Teilzeitstelle einräumt – allerdings nur, wenn das Unternehmen mehr als 15 Mitarbeiter hat.

Frage: Die Elternzeit kann maximal drei Jahre umfassen. Müssen die drei Jahre am Stück während der ersten drei Lebensjahre des Kindes genommen werden – oder können berufstätige Eltern diese auch noch nehmen, wenn das Kind schon älter ist?

Antwort: Ja, mit Zustimmung des Arbeitgebers kann die Elternzeit gestückelt werden. Das dritte Jahr der Elternzeit darf bis zum achten Lebensjahr des Kindes genommen werden. Allerdings müssen die Eltern das acht Wochen vor Ablauf der ersten zwei Jahre ihrem Arbeitgeber mitteilen.

Frage: Kinder kosten – erst recht, wenn die berufstätigen Eltern in den ersten Jahren nach der Geburt ihrer Kinder die Arbeitsstunden im Job reduzieren müssen. Wer hat Anspruch auf Erziehungsgeld?

Antwort: Jeder hat Anspruch auf Elterngeld. Es beträgt 67 Prozent des durchschnittlich nach Abzug von Steuern, Sozialabgaben und Werbungskosten vor der Geburt monatlich verfügbaren laufenden Erwerbseinkommens, höchstens jedoch 1 800 Euro und mindestens 300 Euro.

Frage: Wegen der Kinder daheim – und in der Firma gibt es Fortbildungen. Haben Beschäftigte in Elternzeit einen Anspruch auf Fortbildungen?

Antwort: Ja, selbstverständlich. Gibt es innerhalb der Firma Fortbildungsmaßnahmen oder Schulungen, sind auch die Mitarbeiter in Elternzeit dazu aufgefordert, diese wahrzunehmen. Das erhöht auch für den Arbeitgeber die Chance, dass die Mitarbeiter nicht jahrelang in Elternzeit entschwinden, sondern bald zurückkehren.

Familienpolitik – und wenn ja, für welche Familien?

Ein Schnelldurchlauf durch die letzten 60 Jahre

> »Weil die Frauen Kinder gebären, darum sollen
> sie keine politischen Rechte haben. Ich behaupte:
> Weil die Männer keine Kinder gebären,
> darum sollen sie keine politischen Rechte haben,
> und ich finde die eine Behauptung mindestens
> ebenso tiefsinnig wie die andere.«[1]

Wenn Familien, wie auch immer definiert, als Kern unserer Gesellschaft betrachtet werden, dann ist Familienpolitik das Herzstück, die wichtigste Grundlage jeder Gesellschaftspolitik.

Interessieren Sie sich für Politik, insbesondere für Familienpolitik? Immerhin geht es um Sie als Mütter und Väter und Ihre Töchter und Söhne, die vielleicht auch einmal Mütter und Väter werden. Auch wenn Ihre eigenen Kinder schon »aus dem Gröbsten raus« sind, werden die Weichen mit jeder politischen Entscheidung für die nächsten Jahrzehnte gestellt. Und somit hat Familienpolitik immer Auswirkungen auf die Ausgestaltungsmöglichkeiten der Familienrealitäten der nächsten Generation.

»Früher habe ich noch an die Aussagen der Politik geglaubt, aber da war ich wohl zu leichtgläubig«, äußerte eine mittlerweile 70-jährige Großmutter und fuhr fort : »Wenn ich sehe, wie meine Schwiegertochter als gut ausgebildete Hotelfachfrau einfach nicht zurück in ihren Job kann, weil sie keinen Hortplatz für meine Enkelin bekommt, dann frage ich mich: Was waren das für Lippenbekenntnisse die letzten 20 Jahre?«

Ja, was wird nicht alles im Landes- oder Bundeswahlkampf versprochen! Dann ist eine Wahl gewonnen und es scheint, als wären die Versprechen reine Nebelkerzen gewesen. Also stellt sich aktuell die Frage: Was wurde im Laufe der Jahrzehnte, die wir nun schon ein eigenes Familienministerium zur Verfügung haben, für Frauen und Männer, Mütter und Väter, Mädchen und Jungen an Verbesserungen durchgeführt, was zurückgestellt oder gar wieder »vergessen«?

Ein Rückblick auf die Familienpolitik der letzten 60 Jahre spiegelt die Vorstellungen von den jeweils förderungswürdigen Familienformen wider. Aus Diskussionen und Empfehlungen unserer Politikerinnen und Politiker wurden Verordnungen und Gesetze, die sich in diesem Lande überwiegend an der traditionellen Kleinfamilie orientierten.

Familienpolitik in Deutschland erscheint im Rückblick erstaunlich kurzatmig und ohne visionäre Ausrichtung. In der Gesamtheit ist sie ein spannendes, für Mütter und Väter aber zusätzlich ausgesprochen nervenaufreibendes Thema.

Was haben die vielen unterschiedlichen Ansätze der letzten Jahrzehnte für die heutigen Großeltern und Eltern gebracht?

Beginnen wir mit einem historisch wichtigen Datum, dem 6. September 1953, an dem in der Bundesrepublik der zweite Bundestag gewählt wurde. Das Wahlergebnis ermöglichte der Union eine breite Koalition mit der FDP und einigen Kleinparteien, die über eine komfortable Zweidrittelmehrheit im Bundestag verfügte.

In der neuen Bundesregierung wurde erstmals ein eigenes »Ministerium für Familienfragen« gebildet; unter dem (77-jährigen!) katholischen, konservativen Kanzler Adenauer übernahm der Katholik Franz-Josef Wuermeling (CDU), selbst Vater von fünf Kindern, die Leitung.

Sehen wir uns einige Äußerungen aus jener Zeit an, um ein Gefühl für den damals vorherrschenden Politikerblick auf die »richtige Familie« im Nachkriegsdeutschland zu bekommen.

Der Name Wuermeling wird Ihren Eltern vielleicht noch ein Begriff sein. *Der Spiegel* nannte diesen Mann im Heft 16/1961 einst den »Familien-Bewacher«. Wuermeling ging ausschließlich von der Vater-Mutter-Kinder-Konstellation aus. Er propagierte das Häuschen im Grünen, damit Familien mit mehreren Kindern genügend Platz haben. Wohneigentum sollte aus »… besitzlosen Proletariern verantwortungsbewusste Staatsbürger«[2] machen. Ganz im Stil der damaligen Sprachgepflogenheiten konnte er auch laut verkünden, dass die kleine Mietwohnung den »Willen zum Kind töte«, zu »Empfängnisverhütung, Abtreibung und Entsittlichung und damit zum biologischen Volkstod« führe.

Ein weiteres Zitat aus dem Jahre 1954 zeigt die Funktion der Familienpolitik als Teil seines politischen Weltbildes: »Nichts führt so schnell zum Niedergang eines Volkes wie Kinderarmut und damit Schwächung der heranwachsenden Generation. Außerdem sind Millionen innerlich gesunder Familien mit rechtschaffen erzogenen Kindern als Sicherung gegen die drohende Gefahr der kinderreichen Völker des Ostens mindestens so wichtig wie alle militärische Sicherung.«

Konkret entstand in dieser Zeit mit dem »Kindergeldgesetz« von 1955 ein erster finanzieller Anreiz für Kinderreiche. Das Kindergeld in Höhe von 25 DM ab dem dritten Kind wurde eingeführt. (Das »Mutterschutzgesetz«, das einheitliche Schutzfristen für berufstätige werdende Mütter von je sechs Wochen vor und nach der Geburt vorsah, galt übrigens schon ab 1952.)

Auch der nächste Familienminister von 1962 bis 1968, Bruno Heck, arbeitete unter einer CDU-geführten Bundesregierung. Der ledige Minister favorisierte das »Dreiphasenmodell« im Leben von Frauen. Seinen Vorstellungen entsprechend sollten Frauen erst eine Berufsausbildung erhalten und dann bis zur Geburt ihres ersten Kindes berufstätig sein. Wenn das Kind/die Kinder aus dem Gröbsten raus sind, also nach der sogenannten Familienphase, sollte die Mutter wieder in die Erwerbstätigkeit zurückkehren können. Der Ehemann und Vater wurde damit selbstverständlich zum Alleinernährer der Familie.

Immer mehr Frauen waren aber damals auch als Mutter mit kleinen Kindern durchgängig berufstätig. Die Realität deckte sich nicht mit dem politisch propagierten Modell der Hausfrauenmutter. Verunglimpfungen in der Boulevardpresse wie »Rabenmütter« und »Schlüsselkinder« konnten den sich anbahnenden Rollenwandel der Frauen in den Familien nicht stoppen.

In Hecks Amtszeit fiel der 1968 veröffentlichte »Erste Familienbericht«. Darin ging das Statistische Bundesamt für die BRD noch mit einem Geburtenüberschuss bis zum Jahr 2000 aus.

»... damals konnten sich die Demografen nicht vorstellen, dass die Frauen der Geburtsjahrgänge 1942 und später zunehmend auf das dritte und vierte Kind verzichteten und bei den Geburtsjahrgängen nach 1950 zunehmend eine steigende Kinderlosigkeit zu verzeichnen war.«[3]

15 Jahre lang war das Familienministerium nun von Männern geführt worden. Dann übernahm für kurze Zeit die CDU-Ministerin Aenne Brauksiepe (1968/1969) diese Aufgabe. Sie, selbst kinderlos, hatte die berufstätige Mutter im Blick. Sie setzte sich für Frauen-Teilzeitarbeitsplätze und für den Bau von Ganztagsschulen ein. Die Diskussionen um das Für und Wider der Ganztagsschule dauert in den für die Schulpolitik zuständigen Bundesländern bekanntlich bis heute an!

Mit dem Regierungswechsel zu einer SPD/FDP-Koalition leitete Käte Strobel (SPD) 1969–1972 das Familienministerium. Das »Bundesministerium für Gesundheit« wurde nun in das »Bundesministerium für Familie und Jugend« eingegliedert. Käte Strobel ermöglichte unter anderem den ersten Modellversuch mit Tagesmüttern und plädierte für ein modernes Rollenbild der Frau, das heißt: das Recht jeder Einzelnen auf personale und berufliche Entfaltung.

1972–1976 ging dieses Bundesministerium an Katharina Focke (SPD) über. In ihrer Amtszeit wurden die Grundlagen für die wesentlichen Veränderungen des gesamten Familienrechts gelegt. Im neuen Familienrecht wurde aus der »väterlichen Gewalt« die »elterliche Sorge«, entwürdigende Erziehungsmethoden waren damit verboten. Familiengerichte wurden neu geschaffen. Und ab 1976 waren Mann und Frau in der Familie gleichberechtigt.

Für junge Frauen ist es heute wohl kaum noch vorstellbar, dass die Ehefrau bis dahin nur dann berufstätig sein durfte, wenn der Mann zustimmte. In erster Linie hatte sie die Verpflichtung der Haushaltsführung. Diese Alleinherrschaft des Ehemannes wurde nun eingedämmt.

Neu geregelt wurde dabei auch das Namensrecht für die Familien. Bei der Eheschließung konnten nun Mann und Frau einen der beiden Namen frei wählen, ein wirklicher Bruch mit einer jahrhundertelangen Selbstverständlichkeit!

Auch Familien mit »nur« einem Kind konnten jetzt finanzielle Hilfe beantragen: Ab 1975 gab es erstmals 50 DM Kindergeld für das erste Kind.

Die Reform des Scheidungsrechts 1977 brachte, vor allem für Frauen, weitreichende Veränderungen: Die Frage nach der Schuld wurde nun durch die neutrale Feststellung, dass die Ehe zerrüttet ist, ersetzt. Alle in der Ehe erworbenen Altersrentenanwartschaften wurden seitdem 50:50 im »Versorgungsausgleich« geteilt.

Ab 1976 folgte unter Kanzler Helmut Schmidt Antje Huber (SPD) als Familienministerin. Sie setzte das Gesetz zum Mutterschaftsurlaub von sechsmonatiger Dauer mit Arbeitsplatzgarantie und Kündigungsschutz durch. Ihrer Zeit voraus war sie in ihrem Engagement für eine zeitgemäße Sexualaufklärung. Als die Wirtschaftskrise Anfang der 1980er-Jahre dazu führte, dass im Zuge der allgemeinen Einsparungsmaßnahmen das Kindergeld um rund 10 Mark je Kind gekürzt wurde, trat die Ministerin Anfang 1982 von ihrem Amt zurück. Dies war ein bedeutender Schritt: Eine Politikerin »klebte« nicht an ihrem Posten.

1982 zerbrach die sozialliberale Koalition. Unter dem neuen Kanzler Helmut Kohl übernahm wieder ein Mann das Ressort: Heiner Geißler/CDU (1982–1985). In seine Amtszeit fiel die sehr kontrovers geführte Diskussion um den Umgang mit dem § 218. Die Angriffe der katholischen Kirche, ihr nahestehender Verbände und der CSU/CDU gegen abtreibende Frauen häuften sich. Sie forderten die verfassungsrechtliche Überprüfung und das Verbot der »sozialen Indikation«. Dies empörte die Frauenverbände. Unter Heiner Geißlers Schirmherrschaft wurde die Bundesstiftung »Mutter und Kind« beschlossen, die mittellosen Schwangeren eine finanzielle Starthilfe ermöglichen sollte.

Das einheitliche Kindergeldsystem wurde nun durch ein duales System aus Kindergeld und steuerlichem Kinderfreibetrag abgelöst. Nach dem 1986 in Kraft getretenen Bundeserziehungsgeldgesetz konnten berufstätige Mütter oder auch Väter nach der Geburt eines Kindes zunächst zehn Monate, ab 1992 dann bis zu drei Jahre pausieren, ohne ihren Arbeitsplatz zu verlieren. Erstmals hatten Eltern nun einen Anspruch auf ein einkommensabhängiges Erziehungsgeld des Bundes von bis zu 600 DM.

Vor 25 Jahren also konnten – theoretisch – auch Väter schon zu Hause bleiben, um sich um den Nachwuchs zu kümmern!

Von 1985 bis 1988 übernahm wieder eine Frau, Rita Süssmuth (CDU), das Ministerium. Es wurde neu gegliedert in die Bereiche »Jugend, Familie, Frauen und Gesundheit«. Im neuen Ressort »Frauen« sollte das Augenmerk des Familienministeriums nicht mehr nur auf verheiratete Frauen beschränkt bleiben. Während Süssmuths Amtszeit wurden erstmals drei Jahre für Kindererziehungszeiten von Müttern und Vätern in der gesetzlichen Rentenversicherung anerkannt.

In den Jahren 1988 bis 1991 übernahm Ursula Lehr/CDU das

Ruder. Sie forderte den Bau von Krabbelstuben für unter Dreijährige und setzte sich damit der harschen Kritik aus ihrem eigenen politischen Lager aus. »Diese ›Frühablieferung‹ (*Bayernkurier*) der Kinder erinnert den bayrischen Ministerpräsidenten Max Streibl ganz offen an Verhältnisse in der DDR.«[4]

Die DDR-Sozialpolitik hatte insgesamt stärker auf die Förderung der Familie (einschließlich der Alleinerziehenden) gesetzt – im Gegensatz zur Sozialpolitik der Bundesrepublik, die ihre Unterstützung bis dahin stärker auf die Förderung der Ehe ausgerichtet hatte. Im flächendeckenden Ausbau von Kinderbetreuungseinrichtungen wie Krippen, Kindergärten und Schulhorten war die DDR sozialpolitisch der Bundesrepublik weit voraus!

In den Jahren 1991 bis 2002 waren die Aufgabenfelder der Familienpolitik unter häufig wechselnden Zuständigkeiten. Der Einfachheit halber stelle ich nur noch die wesentlichen familienpolitischen Entscheidungen dar, unabhängig von den Aufgabenverteilungen in den Ministerien.

Politisch begann nun eine umfassende Umbruchphase: 17 Jahre nach der Gleichberechtigung in der Familie billigte nach endlosen Debatten die Verfassungskommission am 27. Mai 1993 eine neue Formulierung von Art. 3 Abs. 2 GG, die in das Grundgesetz übernommen wurde: »Männer und Frauen sind gleichberechtigt. Der Staat fördert die tatsächliche Durchsetzung der Gleichberechtigung von Frauen und Männern und wirkt auf die Beseitigung bestehender Nachteile hin.« Heute bezeichnen wir diese Aufgabe als politische Querschnittsaufgabe, die den sperrigen Namen »Gender Mainstreaming« trägt.

Das Kindergeld wurde 1992 für das erste Kind auf 70 DM und der steuerliche Kinderfreibetrag pro Kind auf 4 104 DM angehoben.

Ein bundesweiter Rechtsanspruch auf einen Kindergartenplatz für alle Drei- bis Sechs-jährigen wurde geschaffen, der seit 1996 gilt.

Ebenfalls 1996 wurde das Kindergeld für das erste und zweite Kind auf 200 DM, für das dritte Kind und weitere Kinder auf 300 DM angehoben; der steuerliche Kinderfreibetrag stieg auf 6 264 DM pro Kind.

Einen wirklich bedeutsamen Schritt nach vorn gab es 1997 in der Rechtsprechung für Ehefrauen: Die Vergewaltigung in der Ehe wurde strafbar. Auch die Reform des Kindschaftsrechts im Jahr 1998, das gemeinsame Elternrecht für verheiratete, geschiedene und unverheiratete Eltern, trug der sich schon lange vom traditionellen Modell der Ehe als alleiniger Familienform entfernenden Familienvielfalt Rechnung. Aus dem »Erziehungsurlaub« wurde die »Elternzeit«, das Recht von Kindern auf eine gewaltfreie Erziehung wurde gesetzlich verankert. Und, wichtig für Mütter: Eine deutlich bessere Berücksichtigung von Kindererziehungszeiten in der gesetzlichen Rentenversicherung wurde umgesetzt.

Wir nähern uns der Gegenwart. Der Perspektivwechsel vom traditionellen Familienmuster hin zur Realisierung, dass Menschen in unterschiedlichsten Familienformen leben, war vollzogen. Die demoskopisch schon lange belegte kontinuierliche Abnahme der Geburtszahlen war von der Politik weitgehend verschlafen worden. Frauen waren alleinerziehend, Frauen waren berufstätig, Mütter und Väter forderten stringente Lösungsvorschläge der Politik zur Vereinbarkeit von Familie und Beruf. Und immer deutlicher wurde von Familienverbänden auf die Kinder selbst hingewiesen: »Jedes sechste Kind in Deutschland ist von Armut betroffen«, sagt der »Bericht zur Lage der Kinder in Deutschland« von UNICEF im Mai 2008. »Jeder vierte zwischen 16 und 24 Jahre alte Jugendliche lebt in materieller Not oder ist davon bedroht«, erklärt die Arbeitsgemeinschaft der Kinder- und Jugendhilfe (AGJ) Anfang Juni 2008.

Renate Schmidt (SPD) legte in ihrer Amtszeit 2002–2005 mit der – nicht neuen – Zielsetzung »Deutschland braucht mehr Kinder« einen Plan aufeinander abgestimmter politischer Instrumente aus Zeitpolitik, Infrastrukturförderung und finanzieller Unterstützung für Familien vor. Das von ihr initiierte »Tagesbetreuungsausbaugesetz«, das Anfang 2005 in Kraft trat, versprach bis zum Jahr 2010 in Deutschland 230 000 Plätze mehr für unter dreijährige Kinder in Kindertageseinrichtungen oder in der Tagesmütterpflege. Dieses Gesetz beschrieb erstmalig Standards für die Qualität der Betreuung in Einrichtungen und in der Tagespflege. Die Umsetzung ihrer Pläne scheiterte am Widerstand der CDU/CSU-Opposition.

Im Jahr 2005, jetzt unter der Bundeskanzlerin Angela Merkel, übernahm wieder eine Kollegin von der CDU das Familienministerium: Ursula von der Leyen. Sie führte die Ideen ihrer SPD-Vorgängerin weiter und setzte sich vehement für den schnelleren Ausbau der Krippenplätze ein. An ihre öffentlichen Stellungnahmen zur Familienpolitik werden Sie sich erinnern können, zum Beispiel: »Wir brauchen mehr Kinder in den Familien und mehr Familie in der Gesellschaft.«

Nun waltet seit 2009 die junge Dr. Kristina Schröder als Ministerin des Amtes, das sich im Laufe der Jahrzehnte zu einem riesigen Aufgabengebiet mit dem langen Titel »Bundesministerin für Familie, Senioren, Frauen und Jugend« entwickelt hat.

Ende Mai 2010 wurde die Ministerin in einem *Tagesspiegel*-Interview gefragt:

»Ihre Vorgängerin ist Mutter von sieben Kindern. Sprechen manche Ihnen die Urteilsfähigkeit über Familienfragen ab, weil Sie noch keine Kinder haben?«

Ihre Antwort:

»Kann schon sein, dass mancher das so sieht. Fakt ist: Ich bin zuständig für Familie, Senioren, Frauen und Jugend – und Sie werden kaum jemanden finden, der all das in einer Person vereint. Familienpolitik leidet oft darunter, dass jeder sie auf der Basis seiner eigenen Biografie beurteilt. Das ist wahrscheinlich im Verteidigungsministerium anders.«[5]

Und die Meinung der *Welt-Online*-Lesenden? In Umfragen konnten sie am Hochzeitstag der Ministerin im Februar 2010 abstimmen über die Frage: »Darf eine kinderlose Frau Familienministerin werden?« Von 6 419 abgegebenen Stimmen sagten 49 Prozent: »Ja, es geht um das Amt, nicht um die Person«, 46 Prozent fanden »Nein, Erfahrungen auf dem Gebiet sind dringend gefragt«, und fünf Prozent konnten oder wollten dies nicht beurteilen.[6] 2011 wird diese Ministerin Mutter.

Dieser familienpolitisch notgedrungen auf einige Highlights reduzierte Schnelldurchlauf durch 60 Jahre ist ziemlich aufschlussreich. Ob das Familienministerium von einer Frau oder einem Mann geleitet wird, ist weniger entscheidend als die Parteizugehörigkeit. Fraglich ist allerdings, ob die Würdigung der Frauen in diesem Ausmaß in Gesetzesänderungen stattgefunden hätte, wenn Männer weiterhin dort die Ressort-Hoheit gehabt hätten.

Nur zögerlich wurden die Notwendigkeiten erkannt, dass Familienpolitik gleichwertig positiv Frauen und Männer erreichen muss, die sowohl Eltern als auch berufstätig sein wollen, dass der Ausbau von Kinderbetreuungsplätzen ein wesentlicher Schritt in die richtige Richtung ist. Aber solange das von Wirtschaftsinteressen geleitete Berufsleben hier nicht mitspielt, bleibt der Mann als Vater auf der Strecke. Die Bewilligung von Kindergeld, lange nur mit Blick auf die kinderreiche Familie, die gesetzlich eingeführten Erziehungszeiten, die Würdigung der Erziehungsleistung der Mutter durch Rentenansprüche wurden nach und nach eingeführt. Begleitet wurden und werden alle Aktivitäten, die Geld kosten, vom Kampf mit dem Finanzministerium.

Auf die jeweiligen Stellungnahmen der Vertreter der katholischen Kirche zur Erweiterung des Familienbildes habe ich verzichtet. Sie wären ein Kapitel für sich.

Nachtrag:

Der Vorsitzende der Männerpartei schickte am 2. Mai 2010 folgendes Schreiben an das Familienministerium: »Wie bereits mehrfach angemahnt, ist in Ihrem Ministeriumsnamen das Wort ›Mann‹ oder ›Vater‹ nicht integriert. Selbstverständlich sehen wir das seit Jahren als reine Diskriminierung gegen Männer und es verstößt gegen das GG und das AGG.«[7]

»Familienfreundlichkeit« als Wettbewerbsfaktor

Familienpolitik soll der Zukunftssicherung unserer Gesellschaft dienen, sie verknüpft zahlreiche Politikbereiche. Wie Zahnräder greifen Arbeitsmarkt, Wohnungspolitik, Bildung und Erziehung, Unterstützungs- und Dienstleistungsangebote, Armutsbekämpfung, Gesundheitssicherung und Gleichstellungspolitik ineinander.

Ein breites Spektrum an familienfördernden Maßnahmen muss auf EU-, Bundes-, Landes- und kommunaler Ebene koordiniert werden. Vom kleinen kommunalen Haushalt bis hin zum großen Bundesetat wird verglichen, gefordert, versprochen. Immer auch mit Blick aufs europäische Ausland: Wie stehen wir da im Vergleich mit …?

Angekündigt wird immer und immer wieder die Wahlfreiheit für Mütter und Väter: Ob Sie als Eltern Ihr Kind daheim betreuen oder in einer Kindertagesseinrichtung betreuen lassen, sollen Sie selbst entscheiden können.

»Wahlfreiheit? Dass ich nicht lache. Seit zwei Jahren bekommen wir nur Absagen von Kindergärten. Das zweite Kind, das wir eigentlich zeitnah in die Welt setzen wollten, haben wir jetzt erst mal zurückgestellt. Das hört sich schrecklich sachlich an, aber es ist so«, erklärte mir ein Vater.

Die damalige Bundesministerin Renate Schmidt (SPD) setzte sich im Jahr 2003 gegen den erheblichen Widerstand der CDU/CSU vehement für einen Ausbau der Kinderbetreuungsplätze ein: »Ausbau von Kinderbetreuung bringt ökonomische Vorteile.« Vorgestellt wurde in einer Presseerklärung ein Gutachten des Deutschen Instituts für Wirtschaftsforschung (DIW Berlin) mit dem Titel »Abschätzung der (Brutto-) Einnahmeeffekte öffentlicher Haushalte und der Sozialversicherungsträger bei einem Ausbau von Kindertageseinrichtungen«. Renate Schmidt führte aus, dass der Ausbau der Kinderbetreuung langfristig gesehen »erhebliche Einnahmen- und Einspareffekte« der öffentlichen Haushalte und der Sozialversicherungsträger bringe.

Die Berechnung ging bei der Finanzierung auch von Einkommensteuereinnahmen und Beitragseinnahmen für die Sozialversicherungsträger aus, »… wenn die Erwerbswünsche von arbeitslosen Müttern und Müttern in der sogenannten Stillen Reserve realisiert werden können, deren jüngstes Kind zwischen zwei und zwölf Jahren ist.«

Den Begriff »Stille Reserve« mag ich gar nicht, er hört sich so nach Armee an. Außerdem wünschte ich mir, dass aus der »stillen« eine laut fordernde Gruppe würde!

Weiter in der Presserklärung heißt es, dass alleinerziehende Mütter, die ihre Kinder in bedarfsgerechter Kinderbetreuung versorgt wissen, ein »mögliches Einsparpotential für die Kommunen von insgesamt rund 1,5 Milliarden Euro« brächten »für den Fall, dass alle allein Erziehenden mit Kindern unter 13 Jahren, die Sozialhilfe beziehen, eine Berufstätigkeit aufnehmen.«

Wie sollen Alleinerziehende eine Berufstätigkeit aufnehmen, wenn sie keinen Krippen- oder Kitaplatz für ihr Kind bekommen? Dies war und ist eine der politischen Spruchblasen, die einfach in der Luft hängen bleiben!

Interessant und brandaktuell ist der acht Jahre alte Hinweis gerade heute, wo ein eklatanter Personalmangel an Fachkräften in Krippen und Kitas zu beklagten ist: »Einkommensteuereinnahmen und Beitragseinnahmen für die Sozialversicherungsträger durch zusätzliches Personal in den Kindertageseinrichtungen«.

Ebenfalls 2003 wurde auf Initiative der Spitzenverbände der deutschen Wirtschaft und des Familienministeriums eine repräsentative Befragung zur Balance von Familie und Beruf durchgeführt. Dieser »Monitor Familienfreundlichkeit« »macht deutlich, dass knapp die Hälfte der Geschäftsführer und Personalleiter die Bedeutung von familienfreundlichen Maßnahmen als wichtig einstufen. Zwar haben viele Unternehmer erkannt, dass sich Familienfreundlichkeit rechnet. Trotzdem hat Familienfreundlichkeit nach wie vor keine Priorität in Unternehmen. Die am weitesten verbreitete familienfreundliche Maßnahme bleibt die Arbeitszeitflexibilisierung, die von mehr als drei Viertel der Unternehmen angeboten wird.«[9]

Die Bundesfamilienministerin Ursula von der Leyen (CDU) sagte anlässlich der Bekanntgabe der nächsten Ergebnisse drei Jahre später: »Der Unternehmensmonitor 2006 zeigt eindrücklich, dass Familienfreundlichkeit zunehmend als wichtiger Wettbewerbsvorteil für den Unternehmenserfolg erkannt wird.«

2008 ging es mal wieder um Kinderbetreuungsplätze. Genau genommen war es nicht sehr schmeichelhaft für die Politik, was wir erfuhren. Mit dem Ausbau der Krippen und Kitas geht es zu langsam voran, es gibt »›… ellenlange Wartelisten für einen Platz bei einer Tagesmutter‹, sagt Bundesfamilienministerin Ursula von der Leyen. ›Entscheidend aus Sicht der Mütter und Väter ist die Qualität der Betreuung. Frühkindliche Bildung beginnt nicht erst in der Schule, schon die Kita legt die Grundlage für gerechte Bildungschancen im späteren Leben. Genau hier setzen wir an: Das Aktionsprogramm Kindertagespflege des Bundes begleitet die Ausbauanstrengungen in den Ländern und Kommunen. Es hebt nicht nur die Qualität der Betreuung, sondern ist auch ein wichtiger Schritt, um die Rahmenbedingungen für die Arbeit der Tagesmütter und Tagesväter zu verbessern‹, so Ursula von der Leyen.«[10]

Mich beeindruckt immer wieder, mit welchen Floskeln in Pressemeldungen gearbeitet wird. Ministerin von der Leyens' Ausführungen zum ersten Familienreport wurden mit »Familie hat in Zeiten der Wirtschaftskrise Konjunktur« überschrieben. »Wenn Vater und Mutter einen Arbeitsplatz haben, halbiert sich das Risiko, durch Arbeitslosigkeit in Armut zu rutschen«, so die Ministerin. Dass Sie als Mütter und Väter heute das Thema »Vereinbarkeit von Familie und Beruf« als Topthema ansehen, zeige, dass Sie ein feines Gespür dafür haben, was Ihnen im Alltag wirklich helfen würde, meinte Frau von der Leyen.

Laut Allensbach-Familienmonitor 2008 (im Juli 2008 wurde dazu eine Bevölkerungsstichprobe von 1 786 Personen interviewt) gibt es einen großen Solidaritätstrend der Gesamtbevölkerung: »71 Prozent der Bevölkerung plädieren dafür, dass der Staat Familien mit Kindern stärker unterstützt als bisher.«[11] Und Dr. Kristina Schröder stellte gleich zu Beginn des Jahres 2010 klar: »Moderne Familienpolitik ist weit mehr als Sozialpolitik.«[12]

Abschließend noch Auszüge aus dem Bericht des »Unternehmensmonitor Familienfreundlichkeit 2010«, der im April 2010 nach 2003 und 2006 zum dritten Mal vorgestellt wurde. Darin wurde betont: »Immer mehr Unternehmen in Deutschland setzen auf die Vereinbarkeit von Beruf und Familie – und das trotz der Wirtschaftskrise. Fast 80 Prozent schätzen mittlerweile Familienfreundlichkeit als wichtig ein. Das sind deutlich mehr als noch 2006 (72 Prozent) oder gar 2003 (46 Prozent). Dabei spielt neben der Unterstützung junger Eltern die Organisation von Pflege von Familienangehörigen zunehmend eine Rolle. [...] ›Familienfreundliche Arbeitsbedingungen sind eine zentrale Voraussetzung für eine zukunftsfähige, innovative Wirtschaft‹, sagt die

Bundesministerin für Familie, Senioren, Frauen und Jugend, Kristina Schröder. ›Zeit für Verantwortung in der Familie und Zeit für qualifizierte Arbeit dürfen sich in unserer Gesellschaft nicht ausschließen. Der Unternehmensmonitor zeigt ganz klar: Die Arbeitgeber haben erkannt, wie wichtig eine familienbewusste Personalpolitik für den langfristigen Erfolg des eigenen Unternehmens ist. Deswegen unterstützen sie ihre Beschäftigten auch in schwierigen wirtschaftlichen Zeiten bei der Vereinbarkeit von Familie und Beruf.‹«[13]

Neu in dieser Ausführlichkeit ist der Hinweis auf die Pflegenotwendigkeit von Familienangehörigen: »Die Vereinbarkeit von Beruf und Pflegeaufgaben wird uns künftig noch stärker beschäftigen. Angesichts des wachsenden Fachkräftemangels ist das eine große Herausforderung für die Betriebe. Damit das gelingt, wollen wir unter anderem Best-Practice-Beispiele von Unternehmen bekannter machen.«

Die wichtigsten Ergebnisse des Unternehmensmonitors 2010: »Für knapp 60 Prozent sind familienfreundliche Angebote ein zentraler Bestandteil der Personalentwicklung. Fast jedes fünfte Unternehmen (19 Prozent) erwartet, dass das Thema Familienfreundlichkeit in den kommenden fünf Jahren weiter an Bedeutung gewinnen wird. […] Immer mehr Unternehmen unterstützen ihre Beschäftigten bei der Vereinbarkeit von Beruf und Pflege.«

An dieser Stelle hätte ich gern genauere Angaben darüber, wie hoch der Anteil der pflegenden Männer ist, die familienfreundlich von ihrem Betrieb unterstützt werden!

Der Schutz der Familie im Grundgesetz – mal so, mal so umgesetzt

Im deutschen föderalen Regierungssystem ist zwar primär der Bund für Familienpolitik zuständig. Aber der Artikel 6 des Grundgesetzes verpflichtet auch die Länder und Kommunen dazu, die Familie unter den besonderen Schutz der staatlichen Ordnung zu stellen.

Von oben nach unten sind also erst einmal die Ministerinnen und Minister im Bundesministerium zuständig. Sie verwalten all die Ressorts, die ineinandergreifend tätig werden müssen, um die Zukunftssicherung der nachwachsenden Generation zu gewährleisten.

Wie sieht es aus mit eigenen Erfahrungen als Mutter, als Vater in der Bundespolitik? Auf Bundesebene bringen es die Ministerinnen und Minister auf insgesamt 28 Kinder dank Frau Ministerin von der Leyen als einziger Mutter im Bundeskabinett, alle anderen Kinder werden hier durch Väter vertreten.

61 »Kanzleramtskinder« vermeldete die Bundeskanzlerin im Dezember 2008, so die *taz*. Und wir erfahren, dass sich innerhalb des Kanzleramts etwas geändert hat: »›Wir haben die Teilzeitjobs ausgeweitet und mehr Plätze in der Bundestagskita geschaffen‹, erläuterte eine Sprecherin. Mit der neuen Chefin ist beim Thema Vereinbarkeit offenbar auch ein neuer Geist eingezogen. Unter SPD-Kanzler Schröder sollen Mütter schon mal sanft darauf hingewiesen worden sein, dass sie in einem ruhigeren Ministerium vielleicht besser aufgehoben seien. Merkel dagegen ließ nicht nur Telearbeitsplätze einrichten, sondern sogar Eltern-Kind-Arbeitszimmer. Zudem arbeitet das Kanzleramt mit einem Familienservice zusammen, der Engpässe in der Kinderbetreuung ausgleichen hilft.«[14]

Vom Bundeskanzleramt nun zu den Bundesländern. Diese haben die Freiheit, bundespolitische Vorgaben durch eigene gesetzliche Leistungen (zum Beispiel Landeserziehungsgeld, Familiengründungsdarlehen etc.) zu ergänzen. Sie entscheiden auch über die Ausgestaltung von Ausführungsgesetzen (zum Beispiel Kinder- und Jugendhilfegesetz). Durch diese Eigenkompetenz der Länder können die Regelungen von Bundesland zu Bundesland differieren, müssen Mütter und Väter innerhalb sehr unterschiedlicher Rahmenbedingungen als Familie leben: Mal stehen ausreichend, mal wenige Kitaplätze zur Verfügung, mal gibt es Horte und Tagesheime, mal nicht. Selbst die monatlichen Beiträge für den Kitaplatz variieren zwischen kostenfrei und kaum bezahlbar.

»Abgesehen von dem bundesweit festgelegten Rechtsanspruch auf einen Kindergartenplatz können Kommunen frei über das Angebot etwa von Hort- und Krippenplätzen und Kindergartenplätze mit Ganztagsbetreuung entscheiden. Damit hängt die Kinderbetreuungspolitik – anders als andere Bereiche der Familienpolitik – erheblich von der finanziellen Situation der Kommunen ab und davon, wie diese ihre Prioritäten setzen.«[15]

So sind Eltern davon abhängig, ob Kommunen, Städte und Gemeinden individuelle Attraktivität für Familien entwickeln, um statt eines Wegzugs einen Zuzug an jungen Familien in ihre Region zu bewirken. Sie selbst haben kaum Möglichkeiten, hier Einfluss zu nehmen.

Die drängenden Probleme des Generationenvertrags und der demografischen Entwicklung in Deutschland wurden somit in jeder Legislaturperiode zum Medienspektakel im Wahlkampf und anschließend einfach wieder unter den Tisch gekehrt.

Resignieren? Einmischen!

Was wäre, wenn Sie als Mutter und Vater energischer Ihre familien-politischen Forderungen artikulieren würden? Weg vom individu-ellen Unglück und »Da kann man halt nichts machen…« – hin zu energischen Anfragen an Ihre in den Bundestag gewählten Abge-ordneten? Was wäre, wenn Sie als Eltern in Ihrer Gemeinde, Ihrem Stadtteil Elternbefragungen fordern, um zum Beispiel einen präzi-sen Bedarf an Kinderbetreuungsplätzen ermitteln zu können?

Das ZDF-Parlameter oder der Spiegel-Online-Bundestags-radar ermöglichen es uns Bürgerinnen und Bürgern, zeitnah nachvollziehen zu können, wie im Bundestag diskutiert und ab-gestimmt wird – auch über familienpolitische Maßnahmen. Nicht nur das: Zusätzliche Filter verraten, ob Frauen und Männer unterschiedlich votiert haben, wie sich Verheiratete und Ledige verhalten, wie viele Abgeordnete mit Kindern leben und ohne. Und: In welchen Familienformen die Menschen leben, die wir als Bevölkerung gewählt haben, und nun über die Kosten für den Ausbau der Krippen- und Kitaplätze, der Spielflächengestaltung, der bezahlbaren Familienwohnungen entscheiden.

Aktuell 419 Männer und 207 Frauen – alle von uns Bürgerin-nen und Bürgern in den Bundestag hineingewählt – sollen stell-vertretend für uns – eben auch für Sie als Mutter oder Vater – die angekündigten familienpolitischen Maßnahmen voranbringen.

Fest steht: Ist eine Partei gerade am Ruder, kommt schon von der Opposition Kritik am Handeln. Wechseln die Koalitionen, wer-den statt der großen Versprechen vom »radikalen Umdenken in der Familienpolitik« plötzlich kleine Brötchen gebacken, begründet mit notwendigen Einsparungen. Fakten gelten immer nur dann, wenn sie zur Erklärung der eigenen politischen Entscheidungen hilfreich sind. Finanzlöcher, Sparpakete statt Ausbau der Kinderbe-treuungsplätze – haben Sie sich als Mütter und Väter damit abge-funden? Ich hoffe nicht! Also: Mischen Sie sich ein!

Vom Erziehungsurlaub zur Elternzeit für Mütter *und* Väter

Vielleicht wird das Bundesgesetz um Erziehungsgeld und zur Elternzeit im Laufe der nächsten Jahre wieder verändert, aber momentan (Stand November 2010) können Sie als Eltern von folgenden Unterstützungsleistungen ausgehen:

Das Bundesgesetz zum Erziehungsgeld und zur Elternzeit (BErzGG) regelt in seinem zweiten Abschnitt die Elternzeit für Berufstätige. Demnach haben sowohl Mütter als auch Väter, die in einem Arbeitsverhältnis stehen (auch Teilzeitbeschäftigte), einen gesetzlich festgelegten Anspruch auf eine sogenannte Elternzeit. Der Anspruch auf Elternzeit besteht grundsätzlich bis zur Vollendung des dritten Lebensjahres eines Kindes. Ganz wichtig, und deshalb im Wortlaut des Bundesministeriums für Familie, Senioren, Frauen und Jugend (Stand Mai 2010):

»Anmeldefristen: Arbeitnehmerin und Arbeitnehmer müssen ihre Elternzeit spätestens 7 Wochen vor deren Beginn schriftlich von der Arbeitgeberseite verlangen. Damit wird organisatorischen Schwierigkeiten insbesondere von mittelständischen Arbeitgeberinnen und Arbeitgebern bei der Suche nach Ersatzkräften Rechnung getragen.

Um die Elternzeit flexibel zu gestalten und gleichzeitig die notwendige Planungssicherheit für die Arbeitgeberseite zu gewährleisten, müssen sich die Eltern bei der Anmeldung für die kommenden 2 Jahre ab Beginn der Elternzeit festlegen. Wird die Elternzeit von der Mutter unmittelbar nach der Mutterschutzfrist oder unmittelbar nach einem auf die Mutterschutzfrist folgenden Urlaub in Anspruch genommen, so hat sie sich nur bis zur Vollendung des 2. Lebensjahres des Kindes festzulegen.«[16]

Die Elternzeit kann ganz oder teilweise von einem Elternteil beansprucht werden, also sowohl von der Mutter als auch vom Vater! Mütter und Väter können die Elternzeit aber auch gemein-

217

sam nehmen oder untereinander aufteilen. Die Elternzeit wird für jeden Elternteil getrennt betrachtet. Das heißt aber nicht, dass Elternteile ihre Elternzeit-»Anteile« dem anderen Elternteil »überschreiben« können.

Jeder Elternteil kann seine Elternzeit nur in zwei Zeitabschnitte aufteilen. Für mögliche weitere Aufteilungen muss eine Vereinbarung mit dem Arbeitgeber getroffen werden.

Ein Beispiel: Die Eltern beschließen, dass das Kind die ersten drei Lebensjahre zu Hause betreut werden soll. Die Mutter beansprucht ihre Elternzeit für das erste Lebensjahr; der Vater übernimmt das zweite Lebensjahr. Danach kann die Mutter erneut für ein halbes Jahr und der Vater anschließend für das letzte halbe Jahr Elternzeit beanspruchen. Mutter und Vater können aber auch beschließen, dass beide gleichzeitig für die Dauer von drei Jahren Elternzeit beanspruchen.

Für diese Variante muss schon relativ viel Geld auf dem Konto liegen und beide Elternteile müssen auf ein Leben in der Berufswelt verzichten wollen.

Realistischer ist folgende Möglichkeit: Während der Elternzeit kann die in Anspruch nehmende Person bis zu 30 Stunden in der Woche einer Erwerbstätigkeit nachgehen. Das heißt dann konkret, dass während der dreijährigen Elternzeit, die von beiden Elternteilen genommen wird, demnach von beiden insgesamt bis zu 60 Stunden in der Woche eine Erwerbstätigkeit ausgeübt werden kann. Die einzelnen Elternzeiträume für die ersten beiden Jahre müssen beim Arbeitgeber schriftlich mitgeteilt werden.

Beamten und Beamtinnen kann eine Teilzeitbeschäftigung beim selben Dienstherrn bis zu 30 Stunden wöchentlich bewilligt werden. Mit Genehmigung des Dienstvorgesetzten ist eine Teilzeitbeschäftigung außerhalb des Beamtenverhältnisses möglich.

Für alle Elternzeit beantragenden Mütter und Väter gilt: Ab dem Zeitpunkt der Beantragung der Elternzeit sowie während der Elternzeit besteht der volle Kündigungsschutz! Nach Ablauf der

Elternzeit besteht ein Anspruch auf Rückkehr auf den ursprünglichen Arbeitsplatz beziehungsweise auf einen, der mit dem vorherigen gleichwertig ist.

Auf den Ihnen zustehenden Urlaub müssen Sie als Elternzeit-Eltern nicht verzichten: Der zustehende Jahresurlaub kann für jeden vollen Kalendermonat, für den Elternzeit genommen wird, um ein Zwölftes gekürzt werden. Urlaub, der vor Beginn der Elternzeit nicht oder nicht vollständig genommen wurde, kann im Anschluss an die Elternzeit genommen werden. Endet das Arbeitsverhältnis, so hat der Arbeitgeber den noch nicht gewährten Urlaub abzugelten. Dies gilt nicht bei einer Teilzeitbeschäftigung.

Dauerthema wird die Frage sein: Kommen wir mit dem Geld hin, wenn wir Elternzeit beantragen? Hier muss gerechnet werden:

Anspruch auf Elterngeld haben alle Berechtigten des bisherigen Bundeserziehungsgeldes, also zum Beispiel Erwerbstätige, Beamte, Selbstständige und erwerbslose Elternteile, Studierende und Auszubildende, Adoptiveltern und alle Eltern, auch wenn sie vor der Geburt nicht berufstätig waren.

Im Juni 2010 galt noch: Das Elterngeld ersetzt 67 Prozent des bisherigen Nettoerwerbseinkommens des erziehenden Elternteiles. Es gibt jedoch höchstens 1 800 Euro und mindestens 300 Euro Elterngeld. Zur Berechnung des Elterngeldes wird das Durchschnittserwerbseinkommen der letzten zwölf Kalendermonate vor der Geburt des Kindes herangezogen. Vom Bruttoeinkommen sind bei nicht selbstständiger Arbeit zunächst Lohnsteuer und Sozialabgaben abzuziehen.

Allerdings kann das schon wieder anders aussehen, wenn dieses Buch in Ihren Händen liegt. Informieren Sie sich deshalb im Internet über den aktuellen Stand der Rechte von Müttern und Vätern, dem zu erwartenden Elterngeld und auch Ihre Pflichten dem Arbeitgeber gegenüber.

Weitere Informationen zum Elterngeld gibt es auf der Internetseite des Bundesministeriums für Familie, Senioren, Frauen und Jugend (www.bmfsfj.de), dort unter: Startseite → Familie → Leistungen und Förderung.

Am Ende dieses Kapitels gebe ich Ihnen noch ein Zitat mit auf den Weg, das Sie sich abschreiben, an die Kühlschranktür oder in den Ordner »Nicht vergessen« ablegen können. Es ist die aus dem politischen Leben stammende Empfehlung von Indira Gandhi:

»Aufpassen muss man auf Minister, die nichts ohne Geld machen können, und auf Minister, die alles nur mit Geld machen wollen.«

Learning by Doing oder: Jeder Tag ist anders

Eltern zu sein ist nicht einfach, weder für Mütter noch für Väter. Eltern zu sein ist aber eine wunderbare Lebensweise, wenn es gelingt, dem eigenen Instinkt zu vertrauen, das Leben mit den Kindern als täglich neues Abenteuer erleben zu können. Wir lernen so viel von unseren Kindern. Ihre Neugierde, ihre Begeisterungsfähigkeit und nicht zuletzt ihre grenzenlose Liebe zu uns macht die vielen täglichen Mühen oft vergessen.

Eltern zu sein heißt nicht, sich als Frau, als Mann, als Individuum aufgeben zu müssen. Jedes neu in die Familie hineingeborene Kind ist anders, es ist eine eigene Persönlichkeit, an die wir uns langsam annähern: Worauf reagiert das Baby entspannt, erschrocken, empört? Es ist, als würden wir eine Fremdsprache erlernen: Das Zutrauen in die eigenen elterlichen Fähigkeiten wächst nur durch das Tun. Väter, die von Anfang an ihren eigenen Zugang zum Kind finden können, werden nach und nach – ebenso wie die Mütter – geschickter, entspannter und sicherer mit ihrem Kind, mit allen Kindern um sich herum, umgehen können.

Was das Beste fürs Kind ist? Auf eine einfache Formel gebracht: die liebevolle, geduldige Begleitung hinein in die wachsende Selbstständigkeit. Wir können nicht immer alles richtig machen, wir sind mal gerecht, mal ungerecht. Aber wir können uns bei den Kindern entschuldigen, wenn wir sie überfordert haben. Sie brauchen unsere Führung, unsere klaren Ansagen, unsere

Offenheit ihrer Wandelbarkeit gegenüber. Und was für das eine Kind die beste Lösung scheint, muss nicht automatisch für andere Kinder gelten.

Glauben Sie nur nicht, dass Ihre Kinder Ihren Wünschen immer folgen werden. Und erwarten Sie nur nicht, dass mit dem Winzling, den Sie zu Beginn des Elternseins im Arm halten, alle Ihre heimlichen Sehnsüchte erfüllt werden. Es wird Tage geben, da fragen Sie sich: »Dieses Kind ist von mir? Das kann nicht sein!« Und es wird Tage geben, da beneiden Sie all die Menschen, deren Kinder schon groß sind.

Grundsätzlich profitieren Sie vom Leben mit Kindern mehr, als Sie anfänglich vermuten. Kinder halten uns innerlich und äußerlich lebendig, sie ermöglichen uns eine intensive Erlebnisfähigkeit.

Wie sehr Kinder uns bereichern und beglücken können, spüren wir vielleicht erst, wenn sie schwer krank geworden sind. Wenn wir uns um sie sorgen. Diese Erfahrung möge Ihnen als Eltern erspart bleiben. Doch auf den Punkt gebracht haben dies Eltern, die ich in einem Kinderkrankenhaus traf:

»Wenn ich jetzt erlebe, wie fröhlich Benjamin lacht, dann weiß ich ganz sicher: Diese Entscheidung für ein Kind war genau das, was uns das Leben lebenswert macht!«, schilderte eine Mutter ihr Lebensgefühl mit Kind. Und der Vater ergänzte: »Ich hatte große Sorge, dass ich nicht reif genug für ein Kind bin. Aber jetzt staune ich darüber, dass es so einfach ist, ein Kind glücklich zu machen. Jeder Tag ist jetzt wie ein gemeinsames Wachsen.«

Was ist das Beste für das Kind? Nun, Sie müssen nicht ständig in Hochform sein. Ihr Kind fühlt sich sicher, wenn Sie sich als Eltern eine gute Beziehung zueinander erhalten. Und dann gelingt auch das gemeinsame Wachsen, Tag für Tag, Jahr für Jahr.

Anhang

Hilfreiche Internetadressen

Auf den folgenden Seiten finden Sie Internetadressen, die Ihnen zu unterschiedlichsten Fragen weiterhelfen können.

Mütter

Der Mütterzentren Bundesverband e.V. ist der bundesweite Zusammenschluss von Mütterzentren und regionalen Mütterbüros. Er bietet Treffen und Weiterbildungen. Extern dient der Verband als Ansprechpartner für Behörden, andere Träger und die Politik.
www.muetterzentren-bv.de

genderdax, die Informationsplattform für hoch qualifizierte Frauen, bietet einen umfassenden Überblick über Beschäftigungsmöglichkeiten und Entwicklungschancen bei ausgewählten Großunternehmen und mittelständischen Betrieben in Deutschland, die Frauen aktiv in ihrer Karriere unterstützen.
www.genderdax.de

FinanzFachFrauen, der bundesweite Zusammenschluss von qualifizierten und unabhängigen Finanzdienstleisterinnen, berät auf den Gebieten Versicherung, Kapitalanlagen, Finanzierung und Immobilien.
www.finanzfachfrauen.de

Die Internetseite des Verbands berufstätiger Mütter e.V. (VBM) informiert unter anderem über die Vereinbarkeit von Familie und Beruf.
www.berufstaetige-muetter.de

Das Netzwerk berufstätiger Frauen ist eines der größten Netzwerke für Unternehmerinnen und berufstätige Frauen weltweit. Vor Ort, national und

223

international setzen sich die rund 30 000 Mitglieder von »Business and Professional Women« (BPW) auf vielfältige Weise dafür ein, Frauen auf allen Hierarchieebenen bei der Entwicklung ihrer beruflichen Potenziale zu unterstützen. In Deutschland gibt es Klubs in über 40 Städten.
www.bpw-germany.de

Das *Müttergenesungswerk* stellt bundesweit ca. 1 400 Beratungs- und Vermittlungsstellen als Anlaufpunkte für Frauen zu Fragen rund um die Kur zur Verfügung. Die Beratung reicht von der Beantwortung praktischer Fragen, wie zum Beispiel: Was passiert während der Maßnahme zu Hause?, über die Unterstützung beim Antragsverfahren, die Hilfe bei finanziellen Problemen bis hin zur Abklärung von Erwartungen und Zielen.
www.muettergenesungswerk.de

Verband der Familienfrauen- und männer e.V. (vffm): Der unabhängige und überparteiliche Verband fordert ein eigenständiges Einkommen und soziale Sicherung für den Beruf Familienhausfrau und Familienhausmann.
www.dhg-vffm.de

Väter

Die Online-Beratung *Vater und Beruf* von ver.di-Hessen wendet sich an interessierte Arbeitnehmer, betriebliche Interessenvertretungen, Gender-Beauftragte und Führungskräfte. Sie will in erster Linie Männer informieren, motivieren und als aktive Väter unterstützen.
http://projekte.sozialnetz.de/ca/kb/epk

väterzeit.de thematisiert das Leben mit Kindern. Aber auch Probleme und Konflikte, die sich daraus für den Mann, für die Partnerschaft und für die Familie ergeben.
www.vaeter-zeit.de

Vaeter.de ist eine Webseite für den Mann mit Kind und liefert viele praktische Tipps und Links.
www.vaeter.de

PaPs e.V. ist ein väterpolitisch engagierter Verein, der sich mit Informationen, Unterhaltung und Beratungen für eine aktive Vaterschaft einsetzt.
www.paps.de

Vater-Kind-Kur: Alle notwendigen Infos zum Thema liefert
www.vater-kind-kur.de

Das Institut für anwendungsorientierte Innovations- und Zukunftsforschung e.V. informiert auf seiner Seite auch über die Studie »Auch Männer haben ein Vereinbarkeitsproblem«.
www.iaiz.de

Eltern sein

Das *Staatsinstitut für Frühpädagogik* (IFP) in Bayern befasst sich mit Fragen der Bildung, Erziehung und Betreuung von Kindern in Tageseinrichtungen. Es betreibt angewandte Forschung und Grundlagenforschung in den Bereichen Frühpädagogik, Kindheits- und Familienforschung, Entwicklungspsychologie und Sozialforschung und beobachtet dabei auch internationale Entwicklungen.
www.ifp.bayern.de

Das *Online-Familienhandbuch* ist ein sehr umfassendes Informationsportal mit fundierten Expertenartikeln zu familienrelevanten Themen: Erziehung, Eltern- und Partnerschaft, Gesundheit und Ernährung, Familienpolitik und anderes.
www.familienhandbuch.de

Eltern im Netz wendet sich an Mütter, Väter und alle, die mit Kindern und Jugendlichen zusammenleben. Eltern im Netz informiert und beantwortet Fragen rund um Erziehung und Familie. Eltern im Netz ist der etwas andere Ratgeber der öffentlichen Kinder- und Jugendhilfe.
www.elternimnetz.de

Der *Deutsche Familienverband* (DFV) ist ein bundesweiter Zusammenschluss von Familien, deren Interessen er auf der kommunalen wie Landes- und Bundesebene vertritt.
www.deutscher-familienverband.de

Der *BundesElternRat* ist die Arbeitsgemeinschaft der Landeselternvertretungen in Deutschland. Er unterstützt die Elternvertreter in den Ländern dabei, ihre schulischen Mitwirkungsrechte wahrzunehmen.
www.bundeselternrat.de

Die *Deutsche Liga für das Kind* stellt vielfältige Infos und Themen (Zeitschriften) zur Verfügung.
www.liga-kind.de

Die *Bundeskonferenz für Erziehungsberatung* bietet unter anderem Chat und Onlineberatung für Eltern und Jugendliche sowie einen Bücherservice.
www.bke.de

Der *Berufsverband der Kinder- und Jugendärzte* bietet eine Informationsplattform vom Neugeborenen bis zum Teenager mit Klinik- und Ärzteverzeichnis.
www.kinderaerzte-im-netz.de

Der *Internetratgeber Recht* gibt einen umfassenden Überblick über die verschiedensten Rechtsgebiete in übersichtlicher alphabetischer Ordnung. Viele Informationen und praktische Hilfen besonders für Nichtfachleute. Mit Abkürzungsverzeichnis und Begriffserklärungen.
www.internetratgeber-recht.de

Wer wissen möchte, wie viel Kinderzuschlag ihm zusteht, kann sich unter folgender Internetadresse/Kinderzuschlagrechner den konkreten Betrag ausrechnen lassen:
www.bmfsfj.de/kinderzuschlagrechner

Familienleben
Auf den Seiten des *Bundesfamilienministeriums* finden sich praxiserprobte Modelle und Strategien für eine familienfreundliche Arbeitswelt. Themen sind: flexible Arbeitszeiten, Kinderbetreuung, personalwirtschaftliche Angebote, Wiedereinstieg.
http://bmfsfj.de

Die Homepage von *ver.di* bietet unzählige Hinweise und Informationen zu den Themen Vereinbarkeit, Gender, Frauen und Männer sowie Arbeitszeit. Zu jedem dieser Themen gibt es kostenloses Informationsmaterial, zum Teil direkt zum Herunterladen.
www.verdi.de

Zentrale Informationen zum Thema Vereinbarkeit von Beruf und Familie gibt es unter
www.lokale-bündnisse-für-familie.de

Das *Bundesfamilienministerium* bietet eine Unternehmensdatenbank mit Suchmöglichkeiten nach Branche, Region, Unternehmensgröße und familienfreundlichen Maßnahmen sowie eine Informations- und Kooperationsbörse, in der Mitglieder des Netzwerks Fragen stellen, wichtige Nachrichten einstellen oder Kooperationspartner in ihrer Nähe suchen

können. Die Seite enthält außerdem exklusive Informations- und Veranstaltungsangebote.
www.erfolgsfaktor-familie.de

Zwischen Meeting und Masern: *Work-Life* ist eine Seite mit vielen Tipps rund um das Thema Vereinbarkeit, gefördert vom Europäischen Strukturfonds und dem Bayerischen Familienministerium.
www.work-life.de

Das *Online-Familienhandbuch* enthält umfangreiche Tipps und rechtliche Hinweise zum Thema Familie und Vereinbarkeit von Beruf und Familie.
www.familienhandbuch.de

Audit Beruf und Familie ist eine Initiative der Hertie-Stiftung, die alljährlich Betriebe mit familienfreundlichen Arbeitsbedingungen auszeichnet.
www.beruf-und-familie.de

Die *Initiative Neue Qualität der Arbeit* (inqa) bietet Beratungs- und Unterstützungsangebote für die Arbeitszeitgestaltung und die Planung von Schichtarbeit in der Produktion.
http://inqa.gawo-ev.de

Homepage des *Bundesfamilienministeriums*:
www.bmfsfj.de

Homepage des *Instituts für Arbeitsmarkt- und Berufsforschung* (IAB):
www.iab.de

Homepage des *Instituts Arbeit und Technik*:
www.iatge.de

Forschungen zur »Alltäglichen Lebensführung« mit Projektdarstellungen, Bibliografien, Downloads und Links finden Sie unter
www.tu-chemnitz.de/phil/soziologie/voss/alf/index.htm

Im *DGB Forum Arbeit* stehen Fragen zur Telearbeit, zur neuen Selbstständigkeit, zu neuen Organisationsformen der Arbeit zur Diskussion.
www.forum-arbeit.de/home.html

Die *Bertelsmann Stiftung* engagiert sich für gesellschaftliche Belange. Ein Schwerpunkt der Stiftung ist dabei das Projekt »Balance von Familie und

Arbeitswelt«, das sie zusammen mit dem BMFSFJ koordiniert und mit dem sie die wirtschaftsorientierte Öffentlichkeit für das Thema sensibilisieren und Reformen auf breiter Unternehmens- und kommunaler Ebene initiieren möchte.
www.bertelsmann-stiftung.de

Arbeitszeit

Die *Initiative Moderne Arbeitszeiten* in Nordrhein-Westfalen will Beschäftigung sichern und fördern, Wettbewerbsfähigkeit der Betriebe verbessern und Arbeitszeiten sozialverträglich gestalten.
www.arbeitszeiten.nrw.de

In *ver.di* hat schon eine Reihe von Zeitprojekten begonnen:
www.verdi.de

Die »Böckler-Boxen« der gewerkschaftlichen *Hans-Böckler-Stiftung* liefern viele praktische Tipps zum Thema (sozialverträgliche) Arbeitszeit.
www.boeckler-boxen.de

Die umfangreiche Dokumentation der Arbeitszeitberatung Dr. Hoff/Weidinger/Hermann enthält flexible Arbeitszeitmodelle bundesdeutscher Unternehmen.
www.arbeitszeitberatung.de

»Best-Zeit«: eine Initiative für kleine und mittlere Unternehmen zur Einführung flexibler Arbeitszeitmodelle des *Instituts der Deutschen Wirtschaft* in Köln.
www.best-zeit.de

Qualifizierte Teilzeitarbeit ist eine Informations- und Kommunikationsstelle für qualifizierte und hoch qualifizierte Teilzeitarbeit. Arbeitssuchende und Beschäftigte erhalten hier Anregungen.
www.qualifizierte-teilzeitarbeit.de

Renommierte WissenschaftlerInnen wollen in der *Deutschen Gesellschaft für Zeitpolitik* Zeit als politikrelevantes Thema in der öffentlichen Diskussion etablieren.
www.zeitpolitik.de

Informationen zum Teilzeit- und Befristungsgesetz, zu verschiedenen Teilzeitmodellen und einen Brutto-Netto-Rechner gibt es unter www.teilzeitinfo.de

Wegweiser zu Leistungen für Familien

Internetseite des *Bundesfamilienministeriums* (BMFSFJ) mit Hinweisen und kostenlosen Broschüren zum Download:
www.bmfsfj.de

Internetportal des *Bundeszentralamts* für *Steuern*. Bietet Formulare für das Kindergeld:
www.bzst.bund.de

Internetseite der *Bundesagentur* für *Arbeit* mit Hinweisen zum Kindergeld und dem Einkommenssteuergesetz:
www.familienkasse.de

Kinderseiten

Die *Arbeitsgemeinschaft vernetzter Kinderseiten* bietet seit 1997 einen Überblick über Internetangebote für Sieben- bis Zwölfjährige. Sie engagiert sich für Kinder und angemessene Inhalte im Internet und leistet einen Beitrag zur Förderung der Medienkompetenz und zum aktiven Jugendschutz.
www.seitenstark.de

Quellennachweise

Kapitel »Mutter oder Vater werden – das Normalste der Welt?!«

1 Magdalen Nabb: Eine Japanerin in Florenz. Guarnaccias dreizehnter Fall, Zürich: Diogenes 2006, S. 209

2 Robert Meier: Der Bauch ist rund – und Schluss ist, wenn die Hebamme abpfeift. Ein Begleitbuch für werdende Väter, Frankfurt/M.: Eichborn 2005

3 Wolfgang Friedrich; Dieter Schnack; Melitta Walter: Schwangerer Mann – was nun? Eine Gratwanderung, Braunschweig: Gerd J. Holtzmeyer 1985

4 Wassilios E. Fthenakiks; Bernhard Kalicki: »Die ›Gleichberechtigungsfalle‹ beim Übergang zur Elternschaft«, in: Jörg Maywald; Bernhard Schön; Bernd Gottwald (Hrsg.): Familien haben Zukunft, Reinbek: Rowohlt-TB 2000, S. 161–170

5 Horst-Eberhard Richter: »Nicht Selbstverwirklichung, sondern oberflächlicher Egozentrismus«, in: Psychologie heute, Juli 1995, S. 56

6 Zitiert in: Werner Bartens: »Denken in der Schwangerschaft – Blick fürs Wesentliche«, in: Süddeutsche Zeitung vom 04.02.2010

7 www.eltern.de/kinderwunsch/familienplanung/spaete-schwangerschaft

8 Mama & Co-Redaktion vom 10.06.2010; www.gofeminin.de/ich-bin-schwanger/risikoschwangerschaft-d6353.html

9 www.optiker.de/familie/schwangerschaft

10 DIE ZEIT online vom 02.01.2010

Kapitel »Von jetzt an sind wir Eltern«

1 www.jamescohan.com/exhibitions/2001_5_ron-mueck, Bilder 3–5

2 Lidia Ravera: Mein liebes Kind, München: dtv 1983, S. 99/102

3 Studie »Vater sein dagegen sehr … Geburtserleben und postpartale Befindlichkeit von Müttern und Vätern 2006–2008«, auf: www1.2009.dgppn-kongress.de/guest (auch die nachfolgenden Zitate entstammen dieser Quelle)

4 Martin Spiewak: »Notfall Hebamme«, in: DIE ZEIT vom 06.05.2010

5 »Immer auf Sendung«, in: Eltern, Heft 8/2008, S. 45

6 Grethe Fagerström; Gunilla Hansson: Peter, Ida und Minimum. Familie Lindström bekommt ein Baby, Ravensburg: Ravensburger, 21. Aufl. 2010

7 Werner Bartens: »Papa hat den Baby-Blues«, in: *Süddeutsche Zeitung* vom 01.07.2005

8 Nähere Informationen unter www.wochenbettdepression-hotline. de; Hotline: 01577 / 474 26 54

9 www.beliebte-vornamen.de/215-uni-hd.htm (auch im Folgenden); auf dieser Seite finden Sie auch einen Leitfaden zur Namenssuche.

10 www.beliebte-vornamen.de/279-namensaenderung.htm

11 Vgl. Historisches Museum Frankfurt: *Frauenalltag und Frauenbewegung in Frankfurt 1890–1980*, Ausstellungskatalog, Frankfurt/M.: Stroemfeld 1981, S. 23

12 Laszlo A. Vaskovics u. a.: *Was machen junge Väter mit ihrer Zeit? Die Zeitallokation junger Ehemänner im Übergang zur Elternschaft*, ifb-Forschungsbericht Nr. 2, 2000, S. 15

Kapitel »Ich wünsche mir eine glückliche Familie oder: Familiäre Wirklichkeiten«

1 Georges Duby: *Die Frau ohne Stimme. Liebe und Ehe im Mittelalter*, Berlin: Wagenbach 1989, S. 9

2 Petra Bauer; Ewald Johannes Brunner (Hrsg.): *Elternpädagogik. Von der Elternarbeit zur Erziehungspartnerschaft*, Freiburg: Lambertus 2006, S. 25 f.

3 www.fotosearch.de/bilder-fotos/nuklear-familie.html

4 http://web.me.com/weidenhaus/Website/Familienbild_in_Propagandaplakaten.html

5 www.freiewelt.net/blog-1279/ich-bau-mir-eine-familie.html (auch im Folgenden)

6 www.sos-kinderdorf.de/sos_kinderdorf.de/jobs/beruf_sos_kinderdorfmutter/die_haeufigsten_fragen.htm

7 Vgl. Anmerkung 5, Kapitel »Ich wünsche mir eine glückliche Familie oder: Familiäre Wirklichkeiten« (auch im Folgenden)

8 Auszug aus dem *Datenreport 2008*, Kapitel 2: »Familien, Lebensformen und Kinder«

9 Erziehungs-Call in »Wenn Väter und Mütter verschiedener Meinung sind – Wie viel Streit verträgt die Familie?« im *Notizbuch* des Bayerischen Rundfunks vom 03.02.2009

10 www.dhm.de/ausstellungen/lebensstationen/startseite.htm

11 Kirsten Knaack: *Die Emanzipation der Frau im Sozialismus*, Hausarbeit im Grundkurs Politik I (Prof. Dr. Joachim Raschke) an der Universität Hamburg, 1997

12 Gitta Schelle: »Partner- und Eltern-Kind-Beziehung in der DDR und nach der Wende«, auf: www.bpb.de/publikationen/SEH09H,2,0,

Partner_und_ElternKindBeziehungn_in_der_DDR_und_nach_der_
Wende.html (auch im Folgenden)

13 www.presseportal.de/meldung/636032

14 »Vier Millionen nichteheliche Lebensgemeinschaften in Deutschland«: Pressemitteilung Nr. 307 des Statistischen Bundesamts vom
25.08.2008 (auch im Folgenden)

15 Hans-Böckler-Stiftung (Hrsg.): Wandel der Familie. Literaturstudie 2001,
S. 7, zitiert auf: www.boeckler.de/pdf/p_arbp_048.pdf

16 Ebd., S. 13

17 Rüdiger Peuckert: Familienformen im sozialen Wandel, Wiesbaden: Verlag
für Sozialwissenschaften, 7., vollst. überarb. Aufl. 2008, S. 301

18 Robert Hettlage: Familienreport. Eine Lebensform im Umbruch, München:
C. H. Beck, 2., aktualis. Aufl. 1998, S. 14

19 Wolf Wagner: Familienkultur, Hamburg: Europäische Verlagsanstalt
2003, S. 10

20 Ebd.

21 Nachzulesen auf www.innovations-report.de/html/berichte/wirt-
schaft_finanzen/bericht-4663.html (auch im Folgenden)

22 Uwe Ommer: 1 000 Families. Das Familienalbum des Planeten Erde, Köln:
Taschen Verlag, 3. Aufl. 2000 (Klappentext); auch die folgenden Zitate entstammen diesem Buch.

23 www.verband-binationaler.de

24 Tim Zülch; Kerstin Ewald: DLF-Hintergrund Politik: Binationale Ehen und
Aufenthaltsrecht, auf: www.die-praxis-berlin.de/ewald/manuskripte/
ehe.htm

25 Bernd Eggen: »Kinder in gleichgeschlechtlichen Lebensgemeinschaften«, auf: www.familienhandbuch.de/cmain/f_aktuelles/a_
elternschaft/s_985.html

26 Sarah Suchy: »Familienform und Erziehungsleistung – Gleichge-
schlechtliche Elternschaft«, auf: www.grin.com/e-book/86920/fa-
milienform-und-erziehungsleistung-gleichgeschlechtliche-eltern-
schaft

27 www.hanisauland.de/tagderfamilie (auch im Folgenden)

28 Pressemitteilung vom 28.04.2009, auf: www.stadt-burg.de.index.
html

29 Roland Kachler: Wie ist das mit ... der Familie, Stuttgart: Gabriel 2008,
S. 32

Kapitel »Die ›gute‹ Mutter – eine ernüchternde Bestandsaufnahme«

1 Erik H. Erikson: »Die acht Phasen des Menschen«, in: Erik H. Erikson: *Kindheit und Gesellschaft*, Stuttgart: Klett-Cotta, 14. Aufl. 2005, S. 141–270

2 Friedrich August von Ammon: *Anleitung für physische und moralische Erziehung des weiblichen Geschlechts*, Leipzig: F. A. Brockhaus 1860 (auch im Folgenden)

3 Bernhard Meyer: *Die »Makrobiotik« machte ihn berühmt. Der Arzt Christoph Wilhelm Hufeland (1762–1836)*, Berlin: Edition Luisenstadt 1997 (www.luise-berlin.de)

4 Gisela Shaw: »Alles, was ich schreibe, steht im Dienste der Frauen: Hedwig Dohm (1831–1919)«, Vortrag und Diskussion an der Fern-Universität Hagen am 20.04.2004

5 Martin R. Textor: »Jede Mutter eine Kindergärtnerin. Elternbildung bei Fröbel«, in: *Welt des Kindes*, 1990, 68 (6), S. 35–37

6 Josephine Siebe; Johannes Prüfer: *Henriette Goldschmidt. Ihr Leben und Schaffen*, Leipzig: Akademische Verlagsgesellschaft 1922, S. 140

7 Friedrich August von Ammon: *Anleitung für physische und moralische Erziehung des weiblichen Geschlechts*, a.a.O, S. 66 f.

8 www.dhm.de/ausstellungen/lebensstationen/1900_9.htm

9 Siehe Anmerkung 4, Kapitel »Die ›gute‹ Mutter – eine ernüchternde Bestandsaufnahme«

10 Annette Kuhn (Hrsg.): *Die Chronik der Frauen*, Gütersloh: Chronik Verlag 1992, S. 394

11 Rosa Peter: »Der Haushaltsunterricht im neuen Staate«, in: *Die Arbeitsschule*, Bd. 47, H. 8/1933, S. 329

12 Kathrin Zeilmann: »Mutterkreuz. Gebären für den ›Führer‹«, in: FOCUS-Online vom 21.05.2009

13 Johanna Haarer: *Die deutsche Mutter und ihr erstes Kind*, München: J. F. Lehmanns 1934, S. 169 f.

14 Sigrid Chamberlain: *Adolf Hitler, die deutsche Mutter und ihr erstes Kind. Über zwei NS-Erziehungsbücher*, Gießen: Psychosozial, 2. Aufl. 2000

15 www.univie.ac.at/biografiA/daten/text/bio/haarer.htm

16 Lu Seegers: »Absente Väter der Nachkriegszeit«, auf: www.tau.ac.il/GermanHistory

17 www.kfd-bundesverband.de/publikationen/frau-mutter/geschichte/90-jahre-frau-und-mutter.html

18 Siehe Anmerkung 16, Kapitel »Die ›gute‹ Mutter – eine ernüchternde Bestandsaufnahme«

19 DIE ZEIT, Nr. 44 vom 01.11.1963

20 Wolfgang Heidenreich: »Wie sieht eigentlich eine Mutter aus?«, in: kontraste, H. 14/1964, S. 35

21 www.stmas.bayern.de/frauen/rat/archiv/lfa-news0704.pdf

22 www.wdr.de/themen/kultur/stichtag/2007/12/21. jhtml?rubrikenstyle=stichtag)

23 Amazon-Kundenrezension zum Buch *In aller Liebe. Wie Mütter ihre Kinder unglücklich machen* von Louis Schützenhöfer, auf: www.amazon.de

24 www.nido.de/blattkritik/?id=78

25 Gisela Erler: »Das Müttermanifest«, Thesenpapier 1987, auf: www. gisela-erler.de/text16.htm

26 Dagmar Chidolue: *Aber ich werde alles anders machen*, Jugendroman, Weinheim: Beltz & Gelberg 1988 (Klappentext)

27 Helge Pross: *Die Wirklichkeit der Hausfrau. Die erste repräsentative Untersuchung über nichterwerbstätige Ehefrauen*, Reinbek: Rowohlt 1975 (Klappentext)

28 Ingrid Strobl: »Wider den Hausfrauenlohn!«, aus: »So fing es an! Zehn Jahre Frauenbewegung«, 1975

29 Elisabeth Bannas: *Mutter und Emanzipation – kein Widerspruch*, Braunschweig: Holtzmeyer 1987

30 Presseinformation vom 26.08.2003

31 Quelle: www.visavis.de (auch im Folgenden)

32 www.erziehungstrends.de, Eintrag am 13.06.2008

Kapitel »Wie soll er denn sein – der Super-Papa?«

1 Peter Ustinov: *Bilder meines Lebens*, Köln: Kiepenheuer & Witsch 2004, S. 57

2 ARD-Dokumentation »Legenden: Peter Ustinov« vom 22.06.2009

3 Judith Rauch: »Fürsorgliche Männer. Das neue Bild vom Vater«, 25.04.2006, auf: www.spiegel.de/wissenschaft/mensch/0,1518, 411244-2,00.html

4 www.vaeter.nrw.de/Familie/Vater_sein/kongress-maenner-und-vaterrolle-neu-definieren/index.php

5 Tanja Mühling; Harald Rost (Hrsg.): *Väter im Blickpunkt. Perspektiven der Familienforschung*, Leverkusen: Budrich 2007, S. 85 f.

6 Siehe Anmerkung 4, Kapitel »Wie soll er denn sein – der Super-Papa?«

7 »Der moderne Vater – Papa ist ´ne Weichflöte«, Interview in der *Süddeutschen Zeitung* vom 20.03.2009 (auch im Folgenden)

8 Matthias Petzold: »Vaterschaft heute«, auf: www.familienhandbuch. de

9 »Väter in Deutschland«, in: *DIE ZEIT*, Nr. 21 vom 13.05.2004

10 www.bmfsfj.de/BMFSFJ/familie,did=134086.html

11 Tanja Mühling; Harald Rost (Hrsg.): *Väter im Blickpunkt*, a.a.O., S. 126

12 *famos – Das Nürnberger Familienmagazin*, Jahrgang 1, Heft 1 vom 06.11.2007

13 *Rheinische Post Online* (RP ONLINE) vom 07.06.2010

14 http://starlounge.unterhaltung.msn.de/index.cfm?objectid=43968

15 Barbara Sichtermann: *Paare. Die berühmtesten Liebespaare*, Hildesheim: Gerstenberg 2000, S. 298

16 http://lesekreis.org/2008/11/05/sueddeutsche-zeitung-wir-das-neue-familienmagazin-der-sz/ (auch im Folgenden)

17 Werner Schneider: *Die neuen Väter. Chancen und Risiken. Zum Wandel der Vaterrolle in Familie und Gesellschaft*, Augsburg: AV-Verlag 1989, S. 152

18 Dirk Knipphals: »Applaus für Papa« (1996), auf: http://wikimannia.org/images/6/66/Maenner-in-den-Medien.pdf

19 Deutschlandradio Kultur: »Deutsches Fernsehen spiegelt nicht die Familienwirklichkeit wider«, 22.03.2006, auf: www./dradio.de/dkultur/sendungen/thema/482218/

20 www.songtextemania.com/fur_nen_kerl_songtext_roger_cicero.html

21 http://maedchenmannschaft.net/manner-konnen-mehr-sein-als-der-geldbeschaffer-der-jeden-abend-bis-um-acht-im-buro-sitzt/ (auch im Folgenden)

22 www.gemeinsinn.de/24.html

23 http://pressemitteilung.ws/node/169786

24 www.oe24.at/welt/weltchronik/Obamas_Kids_duerfen_nicht_fernsehen_0483229.ece

25 B5 aktuell, 13.05.2010, 17:50 Uhr

26 *Ein Sommer mit Paul*, ARD-Fernsehfilm vom 14.01.2009

27 www.parchimerbuergerstiftung.de/Dokumente/Foerderungen/Foerderprojekte/Babybedenkzeit.pdf

28 Anne Fine: *Das Baby-Projekt*, Zürich: Diogenes 1996, S. 24

29 Ebd., S. 177

30 Thomas Gesterkamp: »Väter zwischen Laptop und Wickeltisch«, in: Tanja Mühling; Harald Rost (Hrsg.): *Väter im Blickpunkt*, a.a.O., S. 100

31 www.presseportal.de/pm/6910/1647102/tk_techniker_krankenkasse

32 Renate Köcher: »Empirische Befunde aus Deutschland«, 14. Sinclair-Haus-Gespräch am 07./08.04.2000

33 www.stiftunglesen.de/mein_papa/default.aspx (auch im Folgenden)

34 www.vaeter.nrw.de/Familie/Tipps_und_Erfahrungen/tipp-papa-liste/index.php

35 Jens Clasen: »Vater Morgana«, in: *Men's Health*, Heft 5/2009. S. 63 ff.

36 www.switchboard-online.de

37 Andrea Reiche: »Neue Väter braucht das Land. Eine gute Beziehung zum Vater stärkt Kinder besonders gegenüber der Außenwelt«, auf: www.andrea-reiche.de/resources/v$C3$A4ter_2.pdf

38 Melitta Walter: »Von der Väterabsenz zur aktiven Vaterschaft?«, in: Christine Klein; Günther Schatz (Hrsg.): *Jungenarbeit präventiv! Vorbeugung von sexueller Gewalt an Jungen und von Jungen*, München: Ernst Reinhardt 2010, S. 61 f.

39 Laszlo A. Vaskovics u. a.: *Was machen junge Väter mit ihrer Zeit?*, a.a.O., S. 7

40 Ebd., S. 23

41 Ebd., S. 49

42 Exklusivstudie »Rabenväter wider Willen« im *Handelsblatt* vom 05.04.2008 (auch im Folgenden)

43 http://projekte.sozialnetz.de/ca/ko/fsy

44 Volker Baisch: »Väter als neue Zielgruppe«, Vortrag in München, 2007, PowerPoint-Präsentation, Väter e. V., Folie 17

45 *Das Parlament*, Nr. 46 vom 08.11.2004, Editorial

46 Ralf Puchert: »Männer und Gleichstellungspolitik? Was ich nicht sehe, findet auch nicht statt: Diskriminierung«, in: *Das Parlament*, Nr. 46 vom 08.11.2004 (auch im Folgenden)

47 http://blog.gruene-nrw.de/2010/04/09/maennermanifest

48 »Der perfekte Vater?«, in: *Rappel-Post*, Heft 22/2010, S. 3

49 Jan Josef Liefers: »Väter. Ich habe einen Traum«, in: DIE ZEIT, Nr. 21/2004

Kapitel »Familienleben und Beruf«

1 Andreas Bernhard; Tobias Kniebe: »Das Prinzip«, *Süddeutsche Zeitung*, Edition 2007, S. 19 ff. (auch im Folgenden)

2 Historisches Museum Frankfurt: *Frauenalltag und Frauenbewegung in Frankfurt 1890–1980*, a.a.O., S. 72

3 Maria Weber: *Die Ideale der Geschlechtergemeinschaft*, Berlin: F. A. Herbig 1929 (= Forschungen der Deutschen Akademie für soziale und pädagogische Frauenarbeit)

4 Historisches Museum Frankfurt: *Frauenalltag und Frauenbewegung in Frankfurt 1890–1980*, a.a.O., S. 129

5 Siehe Rüdiger Peuckert: *Familienformen im sozialen Wandel*, Wiesbaden: Verlag für Sozialwissenschaften, 7., vollst. überarb. Aufl. 2008, S. 233

6 Ebd., S. 229

7 Quelle: »50 Jahre Notizbuch«, Jubiläumssendung im Bayerischen Rundfunk (BR 2) am 03.05.2010

8 Brigitte-Studie 85: »Der Mann«, Hamburg 1985, S. 22 (auch im Folgenden)

9 Wolfgang Hartenstein: *Geschlechtsrollen im Wandel. Partnerschaft und Aufgabenverteilung in der Familie,* Stuttgart: Kohlhammer 1988, S. 57

10 www.ifb.bayern.de/forschung/inap_quali2.html

11 Laszlo A. Vaskovics u. a.: *Was machen junge Väter mit ihrer Zeit?,* a.a.O., S. 36

12 Feature »IQ – Wissenschaft und Forschung«, Radiosendung auf Bayern 2 am 29.04.2010 (auch im Folgenden)

13 Ebd.; Beitrag von Gabriele Knetsch: »Familien unter Stress. Von den Folgen flexibler Arbeit«

14 www.cesi.org/academie-europe/download/haeussling.pdf

15 Dieses und alle nachfolgenden Zitate zu den *Tatort*-Kommissaren und -Kommissarinnen fand ich unter www.tatort-fundus.de/web/ folgen/chrono. Die nachfolgenden Zitate zu Commissario Laurenti, Brunetti und Maurice LaBréa (Seite 187 f.) fand ich unter »Totentanz«, ARD-Sendung vom 08.01.2009 (Laurenti), www.daserste. de/donnaleon/darsteller.asp (Brunetti) und www.fernsehserien.de/ index.php?serie=13429&seite=12 (LaBréa).

16 www.tatort-fundus.de/web/folgen/chrono/2000-bis-2009/ 2008/693-erntedank-ev/hintergrundfakten.html

17 *der Freitag,* Kultur, vom 15.03.2009

18 Deutsche Polizeigewerkschaft: Studie »Schichtdienst belastet Polizisten enorm«, Hannover 2010, auf: www.dpolg.de/front_content.ph p?idcatart=947&lang=1&client=1

19 »Polizeiarbeit immer familienfeindlicher«, auf: http://polizeinotruf.de/index.php?option=com_content&view=article&id=56:poliz eiarbeit-immer-familienfeindlicher&catid=85:nachrichten-glv&lternid=57

20 Pressemitteilung Nr. 159/2004 des Bundesministeriums für Familie, Senioren, Frauen und Jugend vom 29.04.2004

21 www.beruf-und-familie-wiki.de/doku.php?id=schichtarbeit

22 Alexander Wendt: »Aufsteigerinnen gesucht«, in: FOCUS, Nr. 12/2000 (auch im Folgenden)

23 Alpha-Forum vom 26.01.2001: Monika Rühl im Gespräch mit Peter München (BR Online)

24 www.zeit.de/karriere/beruf/2009-10/quiz-familie-beruf

Kapitel »Familienpolitik – und wenn ja, für welche Familien?«

1 Hedwig Dohm: Der Frauen Natur und Recht, Berlin: Wedekind & Schweiger 1876, S. 124
2 Claudia Seifert: Aus Kindern werden Leute, aus Mädchen werden Bräute. Die 50er und 60er Jahre, München: dtv 2006, S. 126 (auch im Folgenden)
3 www.familie.hu-berlin.de/profbertram/2008/Enquete-Kommission
4 DER SPIEGEL, Nr. 21/1989
5 Der Tagesspiegel vom 29.05.2010
6 www.welt.de/politik/deutschland/article6365118/Der-Name-Schroeder-kehrt-zurueck-ins-Kabinett.html
7 www.maennerpartei.eu/index.php/familie
8 Pressemitteilung Nr. 18 des Bundesministeriums für Familie, Senioren, Frauen und Jugend (BMFSFJ) vom 15.01.2003 (auch im Folgenden)
9 Pressemitteilung Nr. 55 des BMFSFJ vom 03.05.2003
10 BMFSFJ-Internetredaktion: Start des »Aktionsprogramms Kindertagespflege« vom 14.10.2008
11 www.bmfsfj.de/RedaktionBMFSFJ/Abteilung2/Pdf-Anlagen/allensbach-familienmonitor
12 Pressemitteilung Nr. 13 des BMFSFJ vom 09.02.2010
13 Pressemitteilung Nr. 23 des BMFSFJ vom 21.04.2010 (auch im Folgenden)
14 »Kinder im Kanzleramt«, in: taz vom 08.12.2008
15 »Kinderbetreuungspolitik in Deutschland: Möglichkeiten nachfrageorientierter Steuerungs- und Finanzierungsinstrumente«, in: Zeitschrift für Erziehungswissenschaft, 5:2/2002, S. 201 ff.
16 www.bmfsfj.de/BMFSFJ/Service/rechner,did=16318.html